民族汉考全真模拟题集

（三级）

上 册

主编：董华荣

编者：罗花蕊　何　玲　连吉娥
　　　徐　芳　于红梅　马小雷

北京大学出版社

图书在版编目(CIP)数据

民族汉考全真模拟题集.三级.上册/董华荣 主编.—北京:北京大学出版社,2004.8

ISBN 978-7-301-07687-3

I.民… II.董… III.汉语—少数民族教育—水平考试—自学参考资料 IV.H19

中国版本图书馆CIP数据核字(2004)第075477号

书　　　名:	民族汉考全真模拟题集(三级)(上册)
著作责任者:	董华荣　主编
责任编辑:	刘　正
标准书号:	ISBN 978-7-301-07687-3/H·1088
出版发行:	北京大学出版社
地　　　址:	北京市海淀区成府路205号　100871
网　　　址:	http://www.pup.cn
电　　　话:	邮购部 62752015　发行部 62750672　编辑部 62752028　出版部 62754962
电子邮箱:	zpup@pup.pku.edu.cn
印　刷　者:	北京飞达印刷有限责任公司
经　销　者:	新华书店
	787毫米×1092毫米　16开本　16.25印张　490千字
	2004年8月第1版　2019年 7 月第7次印刷
定　　　价:	22.00元

未经许可,不得以任何方式复制或抄袭本书之部分或全部内容。
版权所有,侵权必究　举报电话:010-62752024
电子邮箱:fd@pup.pku.edu.cn

前　言

中国少数民族汉语水平等级考试（以下简称"民族汉考"）是专门测试母语非汉语的少数民族汉语学习者汉语水平的国家级标准的考试。本书是根据考试要求专门为参加民族汉考（三级）的考生编写的模拟题集，分上、下册。

本书主要编写依据是：
1. 《中国少数民族汉语水平等级考试大纲》（三级）。
2. 《汉语水平词汇与汉字等级大纲》。

本书共有30套试题，每套包括听力理解、阅读理解和书面表达（汉字书写）三大部分，通过主观试题和客观试题相结合的方式，全面考查考生运用汉语进行交际的能力。民族汉考没有专门设立单独的语法知识考试项目，而是将语法的考查寓于对听、说、读、写等语言技能的考查之中。

所有模拟题内容难易度略高于三级，有利于考生汉语水平的提高，可以使考生通过训练看到实效，增强考生的自信心，调动其积极性。内容上注重知识性、趣味性、新闻性；体裁包括趣闻逸事、科普小品，新闻采访等。这主要是根据训练的要求和目的来决定的。

编者董华荣、罗花蕊、何玲、连吉娥、徐芳、于红梅、马小雷是新疆医科大学从事汉语教学多年的中青年教师，对民族汉考进行过深入的分析、研究，有比较丰富的教学经验。本模拟试题集2003年8月起在校内试用，投入教学实践一年来，得到学生及授课教师的肯定。本书适用于准备参加民族汉考（三级）的自学者，也适用于民族汉考（三级）的短期辅导班。尽管我们努力使所有模拟试题严密，语言通俗，使用方便，但仍有一些不足之处，恳请广大师生及汉语教学工作者批评指正。

听力部分所采用的录音文本部分选自中央电视台和新疆电视台采访类节目，还有部分选自《财富人生》《张爱玲文集补遗》等访谈类书籍；阅读部分的资料主要选自《党建文汇》《乌鲁木齐晨报》《新疆日报》《速读中国》《读者》等报刊、书籍，在此向原著者表示诚挚的谢意。

编　者
2004年8月

目 录

中国少数民族汉语水平等级考试介绍 1
第一套试题 4
    一、听力理解 4
    二、阅读理解 6
    三、书面表达 13
    四、听力理解录音材料 16
第二套试题 21
    一、听力理解 21
    二、阅读理解 24
    三、书面表达 30
    四、听力理解录音材料 33
第三套试题 38
    一、听力理解 38
    二、阅读理解 40
    三、书面表达 47
    四、听力理解录音材料 50
第四套试题 54
    一、听力理解 54
    二、阅读理解 56
    三、书面表达 63
    四、听力理解录音材料 65
第五套试题 69
    一、听力理解 69
    二、阅读理解 71
    三、书面表达 77
    四、听力理解录音材料 80
第六套试题 84
    一、听力理解 84
    二、阅读理解 86
    三、书面表达 92

四、听力理解录音材料 ………………………………………………… 95
第七套试题 ……………………………………………………………… 100
　　一、听力理解 …………………………………………………………… 100
　　二、阅读理解 …………………………………………………………… 103
　　三、书面表达 …………………………………………………………… 110
　　四、听力理解录音材料 ………………………………………………… 113
第八套试题 ……………………………………………………………… 118
　　一、听力理解 …………………………………………………………… 118
　　二、阅读理解 …………………………………………………………… 120
　　三、书面表达 …………………………………………………………… 126
　　四、听力理解录音材料 ………………………………………………… 129
第九套试题 ……………………………………………………………… 134
　　一、听力理解 …………………………………………………………… 134
　　二、阅读理解 …………………………………………………………… 137
　　三、书面表达 …………………………………………………………… 144
　　四、听力理解录音材料 ………………………………………………… 147
第十套试题 ……………………………………………………………… 152
　　一、听力理解 …………………………………………………………… 152
　　二、阅读理解 …………………………………………………………… 154
　　三、书面表达 …………………………………………………………… 161
　　四、听力理解录音材料 ………………………………………………… 164
第十一套试题 …………………………………………………………… 169
　　一、听力理解 …………………………………………………………… 169
　　二、阅读理解 …………………………………………………………… 171
　　三、书面表达 …………………………………………………………… 178
　　四、听力理解录音材料 ………………………………………………… 180
第十二套试题 …………………………………………………………… 184
　　一、听力理解 …………………………………………………………… 184
　　二、阅读理解 …………………………………………………………… 186
　　三、书面表达 …………………………………………………………… 192
　　四、听力理解录音材料 ………………………………………………… 194
第十三套试题 …………………………………………………………… 198
　　一、听力理解 …………………………………………………………… 198
　　二、阅读理解 …………………………………………………………… 200
　　三、书面表达 …………………………………………………………… 206

四、听力理解录音材料 ·· 208
第十四套试题 ·· 213
　　一、听力理解 ·· 213
　　二、阅读理解 ·· 215
　　三、书面表达 ·· 222
　　四、听力理解录音材料 ·· 224
第十五套试题 ·· 229
　　一、听力理解 ·· 229
　　二、阅读理解 ·· 231
　　三、书面表达 ·· 238
　　四、听力理解录音材料 ·· 240
附：试题答案 ·· 245

中国少数民族汉语水平等级考试介绍

中国少数民族汉语水平等级考试（以下简称"民族汉考"）是专门测试母语非汉语的少数民族汉语学习者汉语水平的国家级标准化考试。民族汉考是一个可靠、有效，因而也是权威的汉语水平评价工具。考试的成绩可以比较客观、准确地反映应试者的实际汉语水平。

通过考试获得的相应等级证书是应考者实际汉语水平的证明。民族汉考主要考查应考者实际运用汉语进行交际的能力，考查应考者运用汉语工具完成生活、学习、工作和社会交往任务的能力。民族汉考的设计力求遵循第二语言教学与学习的规律，顺应全面推行素质教育的要求。

考试等级从低到高分为一、二、三、四共四个级别。考试项目包括听力理解、阅读理解、书面表达、口语表达四个部分。

民族汉考由教育部民族教育司组织以北京语言大学汉语水平考试中心人员为主的专家开发研制。

一、考试对象

母语非汉语的中国各少数民族汉语学习者。

二、考试用途

1. 评价应考者在不同汉语学习阶段中是否达到预期的学习目标，帮助他们了解自己在学习进程中的学习效果；
2. 有关部门在招生、招工、人员任用等决策过程中评价应考者汉语水平的依据；
3. 各类学校允许学生免修汉语课程的参考依据；
4. 以汉语授课的教师任职资格评审的参考依据之一；
5. 汉语教学机构汉语教学效果评价的参考依据之一。

三、考试的等级标准

中国少数民族汉语水平等级考试从低到高分为互相衔接的四个等级。对经考试达到某一等级标准者，授予相应的等级证书。从一级到四级，考生汉语水平的发展不仅体现为语言知识的不断积累增长，而且表现出语言交际能力的不断提高。这种变化，体现在以下几个方面：

1. 接受汉语正规教育学时的增加；
2. 掌握汉语字、词数量和语法知识的增加；
3. 可以完成的语言交际任务由简单到复杂；
4. 可以理解和表达的语言内容从具体到抽象；
5. 伴随对汉语的听、读等接收理解能力的提高，逐步形成运用汉语进行表达的能力。

（一）一级标准

通常接受过 400～800 学时现代汉语正规教育的初学者可以达到此标准。达标者掌握全部甲级词和少部分乙级词,可以适应初级民族中学中用汉语授课课程的学习;可以听懂日常生活和学习活动中的简单用语;可以完成简单的口头交际任务;可以用汉语认知一些很具体的信息,包括人物、地点、事件、时间和事物特征,以及数量、类型、动作、过程等;可以正确地书写常用汉字,能用一些最基本的词语写出一些简单句子;可以基本正确地理解简单的陈述句、祈使句和疑问句。

（二）二级标准

通常接受过800～1200学时现代汉语正规教育的学习者可以达到此标准。达标者掌握全部甲级、乙级词和部分丙级词,可以适应高级民族中学中用汉语授课课程的学习;能用汉语就日常生活、学习和一定范围内社会活动进行交际,可以完成一般日常生活的语言交际任务;能用汉语对具体行为和活动的目标、途径、条件、方法、各种可能性做出判断、说明和概括,能用汉语进行一些简单的推理;能根据所提供的信息材料判断一些前提、条件;基本掌握汉语单句句式和一部分复句句式,较为熟练地使用简单的陈述句、祈使句和疑问句;在日常生活和社会交往中,可以正确使用较多的常用汉字完成简单的书面表达任务,可以写简单的通知、条据类日常应用文。

（三）三级标准

通常接受过1200～1600学时现代汉语正规教育的学习者可以达到此标准。达标者掌握全部甲级、乙级、丙级词和部分丁级词,可以适应汉语授课的普通高等学校的学习;在生活、学习和工作中能使用汉语进行正常交际;在汉语授课课程的学习中基本没有听力和阅读方面的障碍;可以理解一些比较抽象的概念,概括事物的基本特征和要点,分析事情的原因,做出合理的推断;可以用汉语以口头和书面方式简单叙述事情的发展过程,做出简单的评论;可以较熟练地正确书写常用句子,会使用常用标点符号;在一般的叙述、说明、分析性的语段写作上,基本没有语言文字、一般句式和常见汉文化方面的障碍;可以阅读科普文章和新闻报道;可以做笔记、记录、写信,并能按要求完成归纳、概括、缩写等书面表达任务;可以撰写一般性学习活动的经验总结和常见叙述文、应用文。

（四）四级标准

通常接受过1600～2000学时现代汉语正规教育的学习者可以达到此标准。达标者掌握全部甲级、乙级、丙级、丁级词以及一些四级词表以外的词;能听懂广播、电视中的时事新闻、专题节目和娱乐节目;汉语口语流利,能自如地进行各种社会交际活动;可以运用汉语进行专业工作方面的交际;可以用汉语进行演讲,用汉语撰写专业文章;基本可以用汉语进行思维;可以理解一些抽象的概念,包括原因、结果、理由、证据、解释比较（对比、类比）、主题等;在语调、语气和语感的把握和运用方面,基本上与母语为汉语者没有明显的差距。

四、考试的依据

考试的主要依据：

1.《中国少数民族汉语水平等级考试大纲》(一、二、三、四级,三级已经颁布,其他级别正在编写中)

2.《中国少数民族汉语水平等级标准》(编写中)

3.《中国少数民族汉语水平词汇与汉字等级大纲》(编写中)

考试的参考依据：

1.《全日制民族中小学汉语教学大纲》

2.《中国少数民族中小学汉语课程标准》

在以上文件没有全部颁布以前，可以参考国家汉语水平考试委员会办公室考试中心编写的《汉语水平词汇与汉字等级大纲》(经济科学出版社，2001)和中国对外汉语教学领导小组办公室汉语水平考试部编写的《汉语水平等级标准与语法等级大纲》(高等教育出版社，1996)。

五、考试方式

民族汉考分为笔试和口试两部分。四个不同等级分别从听力理解、阅读理解、书面表达和口语表达等方面通过主观试题和客观试题相结合的方式，全面考查考生运用汉语进行交际的能力。民族汉考将把对语法的考查寓于对听、说、读、写等语言技能的考查之中，在语用之中考查语法，没有专门设立单独的语法知识考试项目。

各个级别的听力、阅读考试均采用客观性试题。在一、二级考试中，包含汉字书写，在三、四级考试中，包含书面表达。书面表达考试中包含客观性、半主观性和主观性试题。口语表达采用主观性试题。

在笔试之外，设置独立的主观性口语考试。凡笔试达到某一级别标准者，方可报名参加相应级别的口试。口试采用"考评员负责制"，由考评员根据考试标准和考试实施细则，对报考者的实际口语表达水平以"一对一"面试方式进行考查。口试可以在一次面试中完成，也可以通过多次面试完成。口试级别同笔试级别相对应，分为一、二、三、四共四个级别。每级口语考试中只评定"合格"或"不合格"，不计分数。口语考试成绩单独报告。

各个级别的笔试项目是：

一级考试：听力理解、阅读理解和书面表达(汉字书写)。

二级考试：听力理解、阅读理解和书面表达(日常应用文写作)。

三级考试：听力理解、阅读理解和书面表达(一篇作文)。

四级考试：听力理解、阅读理解和书面表达(两篇作文)。

六、成绩通知单和《中国少数民族汉语水平等级证书》

1.《中国少数民族汉语水平等级证书》分为笔试等级证书和口试等级证书两种。任何考生按考试要求参加笔试和口试，均可以得到相应级别的笔试和口试成绩通知单。笔试达标者可以获得相应级别的笔试等级证书。口试合格者可以获得相应级别的口试等级证书。不同级别的证书是应试者实际汉语水平的证明。

2. 笔试成绩包括总成绩和听力理解、阅读理解、书面表达三项单项成绩。

3. 笔试总成绩和单项成绩均以标准分方式报告。各个级别的笔试总成绩满分为300分。各个单项成绩的满分为100分。

4. 参加某一级别的笔试成绩合格后，可以申请参加同一等级的口语考试。口试成绩只有"合格"与"不合格"两种。合格者可获得相应等级的口试等级证书。

第 一 套 试 题

一、听 力 理 解

（40题，约30分钟）

第一部分

> 说明：1—15题，在这部分试题中，都是两个人的简短对话，第三人根据对话提出一个问题，请你在四个书面答案中选出惟一恰当的答案。

1. A. 教师　　　　　B. 经理　　　　　C. 研究生　　　　D. 干部
2. A. 不给她借　　　B. 会给她借　　　C. 不想给她借　　D. 不愿借给她
3. A. 足球　　　　　B. 排球　　　　　C. 羽毛球　　　　D. 篮球
4. A. 女儿岁数太大　　　　　　　　　　B. 女儿工作不顺心
   C. 女儿还没有找上对象　　　　　　　D. 女儿还没当上主任
5. A. 无所谓　　　　B. 很反感　　　　C. 很高兴　　　　D. 感到吃惊
6. A. 天池风景不比南山美　　　　　　　B. 天池风景比不上南山
   C. 天池风景比南山美　　　　　　　　D. 南山风景比天池美
7. A. 饭店　　　　　B. 家门口　　　　C. 学校　　　　　D. 医院
8. A. 打电话　　　　B. 讨论问题　　　C. 约会　　　　　D. 请客
9. A. 真不错　　　　B. 比较意外　　　C. 意料之中　　　D. 没有表态
10. A. 应该快乐，自寻烦恼　　　　　　　B. 还应快乐，自寻烦恼
    C. 应该快乐，不要自寻烦恼　　　　　D. 就应快乐，自寻烦恼
11. A. 向男的下命令　　　　　　　　　　B. 向男的征求意见
    C. 给男的安排工作　　　　　　　　　D. 和男的讨论问题
12. A. 同事关系　　　B. 父女关系　　　C. 兄妹关系　　　D. 师生关系
13. A. 瞧不起男的　　　　　　　　　　　B. 瞧不起自己
    C. 男的不该瞧不起她　　　　　　　　D. 男的就应该瞧不起女的
14. A. 不想去　　　　B. 很想去　　　　C. 没表态　　　　D. 想以后再去
15. A. 男的很有本事　　　　　　　　　　B. 男的不可能做到
    C. 男的在白天做梦　　　　　　　　　D. 男的没本事

第二部分

说明:16-40题,在这部分试题中,你将听到几段简要的对话或讲话。每段话之后,你将听到几个问题,请你在四个书面答案中选出惟一恰当的答案。

16. A. 买房　　　　　　B. 看新房　　　　　　C. 参观　　　　　　D. 检查工作
17. A. 房间大　　　　　　　　　　　　　　　B. 方便
    C. 光线好　　　　　　　　　　　　　　　D. 住别的房间太浪费
18. A. 商品房　　　　　　B. 经济适用房　　　　C. 自建房　　　　　D. 出租房
19. A. 地砖已铺好　　　　B. 墙砖已铺好　　　　C. 煤气已通　　　　D. 空调已安好
20. A. 一种媒体　　　　　B. 一种传播媒体　　　C. 一种通讯手段　　D. 一种生活手段
21. A. 大打折扣　　　　　B. 可信　　　　　　　C. 不可信　　　　　D. 可信度很高
22. A. 虚假信息　　　　　B. 垃圾信息　　　　　C. 黄色信息　　　　D. 环境污染
23. A. 零阶段　　　　　　B. 新阶段　　　　　　C. 创新阶段　　　　D. 改革阶段
24. A. 贸易中心　　　　　B. 交通中心　　　　　C. 制造中心　　　　D. 发展中心
25. A. 充分了解市场　　　　　　　　　　　　　B. 抓好改革工作
    C. 出口创汇　　　　　　　　　　　　　　　D. 充分了解中国目前改革开放的现状
26. A. 北京军区医院　　　B. 济南军区医院　　　C. 小汤山医院　　　D. 沈阳军区医院
27. A. 1000 名　　　　　　B. 1200 名　　　　　　C. 300 名　　　　　　D. 333 名
28. A. 1000 张　　　　　　B. 100 张　　　　　　C. 1200 张　　　　　　D. 333 张
29. A. 为战胜非典做出贡献　　　　　　　　　　B. 为保护人民的身体健康做出贡献
    C. 为建设小汤山医院做出贡献　　　　　　　D. 为保护人民的生命安全做出贡献
30. A. 电视机　　　　　　B. 洗衣机　　　　　　C. 电冰箱　　　　　D. 空调
31. A. 夏　季　　　　　　B. 春　季　　　　　　C. 销售旺季　　　　D. 销售淡季
32. A. 其他品牌洗衣机降价　　　　　　　　　　B. 原材料价格飞涨
    C. 国内家电企业苦不堪言　　　　　　　　　D. 其他厂家恶性竞争
33. A. 内地　　　　　　　　　　　　　　　　　B. 香港
    C. 台湾　　　　　　　　　　　　　　　　　D. 内地、香港和台湾
34. A. 70 年代　　　　　　B. 80 年代　　　　　　C. 90 年代　　　　　D. 没提到
35. A. 8800 美元　　　　　B. 14000 美元　　　　C. 8.6%　　　　　　D. 7.9%
36. A. 酒　　　　　　　　B. 相机　　　　　　　C. 鞋　　　　　　　D. 固定电话
37. A. 电影院　　　　　　B. 卡拉OK厅　　　　　C. 咖啡屋　　　　　D. 歌舞厅
38. A. 制作西装　　　　　B. 制作唐装　　　　　C. 制作中山装　　　D. 制作运动装
39. A. 中国的力量　　　　B. 中国的发展速度　　C. 中国的安全　　　D. 中国的经济
40. A. 上海　　　　　　　B. 北京　　　　　　　C. 广州　　　　　　D. 深圳

二、阅读理解

（35题，30分钟）

说明：41—75题，每段文字后都有几个问题，每个问题都有ＡＢＣＤ四个答案，请阅读后根据每题要求选择惟一恰当的答案，并在答卷相应字母上画一横道。

41

　　她个子矮小，驾车技术又不很熟，却驾了一辆排气量达2升的大车。车子在路上走时，犹如大船在浅水中行进，笨重地让人看了替她流汗。问她为什么不换辆小车，她想也不想，便说："不可以换，因为我妈胖，出门时喜欢坐大车。"

　　她去学插花。有一回去拜访她，满地的残枝败叶，而她呢，正在做最后修饰工作。插的是大菊花，嫩黄色，娇艳欲滴。我赞叹："哇，满室生辉！"

　　她讪讪地笑："我很喜欢花。"

41. 句中划线词语拼音不正确的一个是：

　　A. 犹如(yóurú)　　　　　　　B. 娇艳欲滴(jiāoyàn yù dī)

　　C. 满室生辉(mǎn shǐ shēn huī)　D. 讪讪(shànshàn)

42

　　事实上每次谈判我们事先预备五六种饮料，敬客自奉，随意挑选，别让人家把我们当老粗呀！

42. 根据文意，"老粗"的意思是：

　　A. 年纪大的人　　　　　B. 粗心的人
　　C. 不讲道理的人　　　　D. 没有文化的人

43—45

　　中国变革，启动积极的财政政策。增发国债和长期建设债券用于基础设施建设和西部开发，__43__ 公务员工资和城镇居民三条生活保障线标准，增加居民收入，提高出口退税率，__44__ 退税力度，积极鼓励出口……国家计委新闻发言人李铁军介绍：为了进一步扩大投资需求和消费需求，我国仅2002年就发行共1500亿的建设国债。

43. 文中43处应该填写的词是：

　　A. 提高　　　B. 加大　　　C. 增加　　　D. 加速

44. 文中44处应该填写的词是：

　　A. 增长　　　B. 增发　　　C. 加快　　　D. 加大

45. 从这段话中我们可以知道中国变革：
    A. 需要积极宽松的货币政策　　　　B. 需要拉动"内需"
    C. 需要积极的财政政策　　　　　　D. 需要相关的法律体制

46－48

科学家发现，引起此次"非典型肺炎"的"SARS病毒"与流感病毒存在着某种亲缘关系。

目前人类发现的流感病毒大约有1万种。令人吃惊的是，最常见的病毒携带者是禽类。鸭子身上就携带有多种流感病毒，__46__ 自己却从不得流感，当鸭子被送到市场上时就会把流感病毒传染给鸡，鸡群会引发禽流感进而殃及人类。

科学研究表明，事实上抗生素对于大部分病毒并不产生作用，因而病人只有依靠自身的抗体才能解决问题，但是对于陌生的病毒，任何人体内原本并不存在抗体。新病毒的产生往往不是无中生有，而大多源于变异，"非典型肺炎"病毒就是冠状病毒的变种。变种其实是病毒所犯的错误。遗传物质的复制是一个极其复杂的过程，病毒自己也很难把握，而基因的甄别和修补能力又不足以纠正错误，所以就产生出了变种的病毒。

46. 文中46处应该填写的词是：
    A. 所以　　　　B. 但　　　　C. 关于　　　　D. 就
47. 根据文章"殃及"的"殃"是下面哪个意思？
    A. 植物的幼苗　　B. 祸害　　C. 讨厌　　D. 央求
48. 不属于"科学家发现"的一项是：
    A. "SARS病毒"与流感病毒存在着某种亲缘关系
    B. 鸭子自身携带多种流感病毒，所以自身易得流感
    C. 新病毒的产生往往不是无中生有
    D. 遗传物质的复制是一个极其复杂的过程

49－50

当银行现金支出增加的时候，现金的回笼也要按比例增加，避免有过多的货币 __50__ 在市场，造成物价上涨。

49. 根据文意"回笼"的意思是：
    A. 把蒸熟的冷包子等放回笼屉再加热
    B. 回收
    C. 已进入流通渠道的货币又回到银行
    D. 回炉
50. 文中50处应该填写的词是：
    A. 停留　　　　B. 停泊　　　　C. 滞留　　　　D. 停滞

51—53

长江三峡西起重庆奉节白帝城,东至湖北宜昌南津关,瞿塘峡、巫峡、西陵峡总称"长江三峡",全长193公里。三峡两岸风光如画,是驰名中外的游览胜地。西段的__51__长约33公里,景色雄奇壮观;中段的巫峡长约40公里,山峰秀丽多姿;东段的西陵峡长120公里,<u>奇石峻峭</u>,<u>古树苍郁</u>。

三峡沿岸<u>名胜古迹</u>甚多,如白帝城、石宝寨、张飞庙、神女峰、高唐观、秭归屈原沱、香溪<u>昭君故里</u>均闻名遐迩。

唐代著名诗人李白(701—762)曾写过赞美三峡的名诗《早发白帝城》:

朝辞白帝彩云间,千里江陵一日还。
两岸猿声啼不住,轻舟已过万重山。

51. 文中<u>51</u>处应该填写的词语是:
　　A. 西峡　　　　　B. 瞿塘峡　　　　C. 巫峡　　　　D. 乌峡
52. 文中划线词语拼音正确的一个是:
　　A. 奇石峻峭(qíshí jūnqiào)　　　B. 古树苍郁(gǔshū cāngyù)
　　C. 名胜古迹(míngshèng gǔjī)　　　D. 昭君故里(Zhāojūn gùlǐ)
53. 下面哪句能概括这段话的主要内容?
　　A. 三峡沿岸的名胜古迹　　　　　B. 三峡的得名之由
　　C. 李白的名诗《早发白帝城》　　D. 简介长江三峡

54—56

2002年,克拉玛依市政府将本着对魔鬼城进行高起点、高标准、高效益的原则进行开发建设规划。

沉睡了几千年的魔鬼城,坐落在古尔班通古特大沙漠西北角,属于克拉玛依市管辖。

魔鬼城方圆几十公里,被人们发现后,吸引了中外游客。魔鬼城的自然风光很有特色。各种山形千姿百态。有的像雕塑的人体,有的像万马奔腾,有的像老牛拉犁,还有的像西藏的布达拉宫。在山与山之间还有一道道小小的沙梁,有出土不久的小梭梭柴,看上去晶莹剔透,翠绿欲滴。也正是那些风蚀地貌和那一道道翻动的沙浪点缀着魔鬼城风光,构成一幅美丽的图画。夜晚,大风狂呼时,声音凄厉,__54__取名魔鬼城。画家曾多次到这里采风,摄影家更是不遗余力地带上干粮,吃在魔鬼城,睡在魔鬼城的荒滩上。等日出,拍摄旭日东升辉映着魔鬼城的道道霞光;到傍晚,再拍下那夕阳中的魔鬼城—__55__晚霞。许多电视剧组多次深入到这里拍摄外景。

魔鬼城一直保持它原始自然风光,没有进行人工建设。

魔鬼城是全国八大影视外景地之一。它典型的雅丹景观被确定为世界一级雅丹地貌景观。

魔鬼城还有古地质生物化石,有全国惟一的天然沥青矿脉等。

中科院地理研究所专家对魔鬼城进行旅游资源普查后认为,魔鬼城景区资源密度、资源价值、资源品质较高,内容丰富,潜力大,其旅游资源评价等级为一级。

54. 文中54处应该填写的词是:
    A. 因为　　　　B. 因而　　　　C. 但是　　　　D. 也
55. 文中55处应该填写的词是:
    A. 层层　　　　B. 串串　　　　C. 股股　　　　D. 缕缕
56. 下面哪项文中没提到?
    A. 魔鬼城的山形姿态各异
    B. 魔鬼城的景色深受各界艺术家的喜爱
    C. 魔鬼城是全国八大影视外景地之一
    D. 魔鬼城除有古地质生物化石外,还有全国惟一的天然沥青矿脉等。

57—59

高山族的大多数人民居住在台湾省,大约有40多万人,约占台湾省全省人口的2%。高山族按照居住地区、风俗习惯和语言的不同,可分为9个族群,即泰雅、赛夏、布农、曹、鲁凯、排湾、卑南、阿美、雅美。在日本侵略者侵占台湾的50年期间,这些族群大部分被迫到高山上居住,1945年日本投降后统称"高山族"。其生产以农业为主,狩猎、捕鱼为副,有雕刻和编织等手工艺。长期以来,高山族和汉族人民共同开发台湾,并坚持与外国侵略者作斗争。

聚居在台湾省东部峡谷和海岸线一带的阿美族群,及台湾东南部的卑南族群,至今还保存着母系为社会主体的传统,是今天东台湾种族文化的一大特征。

57. 高山族约有40多万人,约占台湾全省人口的:
    A. 4%　　　　B. 3%　　　　C. 2%　　　　D. 1%
58. 下面哪个族群至今还保存着以母系为社会主体的传统?
    A. 雅美和卑南　　　　　　　　B. 阿美和卑南
    C. 阿美和赛夏　　　　　　　　D. 阿美和雅美
59. 高山族按居住地区,风俗习惯和语言不同,可分为几个族群:
    A. 7个　　　　B. 8个　　　　C. 9个　　　　D. 10个

60—62

人的力气是从哪里来的?

力气是肌肉收缩时产生的,要使肌肉收缩有力,就得供给大量能量,这能量就是从体内的脂肪、蛋白质和糖分解时得来的。实验证明:1克脂肪分解能供给36000焦耳热能,1克蛋白质或1克糖分解后能供给16000焦耳热能,人就是从这些物质的分解中得到能量,产生力气的。

那么,为什么人在情急时力气就特别大呢?

___60___ 由于神经系统强烈活动可以引起全身各处肌肉发生强烈收缩之外,在人的两个肾脏上面,各有一个榛子般大小的腺体,能分泌肾上腺素,这种物质只需极少量进到血液里,就会立刻使心跳跳动加快,血压上升,大量贮藏的糖调拨到血中,提供大量能量,随时准备___61___紧急情况。人在遇到危险或情况紧急时,交感神经就会兴奋,生理学家把这种现象称之为"应激反应"。可见,肾上腺素的大量分泌和血糖的急剧增高,与人在情急时获得力量有很大关系。

60. 文中60处应该填写的词是:
   A. 只是   B. 在   C. 除了   D. 可能

61. 文中61处应该填写的词是:
   A. 应对   B. 应答   C. 回应   D. 应付

62. 下列哪一项文中没提到?
   A. 人体能量是从脂肪、蛋白质、糖分解时得来的
   B. 1克脂肪分解能供给36000焦耳的动能
   C. 人在情急时,力气就特别大
   D. 肾上腺素的大量分泌和血糖的急剧增高是人在情急时力气特别大的原因

63—67

甭提了,装修那滋味儿!

建材店十家百家找不着便宜的一家,材料千种万种选不到满意的一种。直到累了急了豁出去了,说,好赖就它了,便拉回一大捆地板革,给地面披一件带花的奶黄色的外衣。结果地板革竟然莫名其妙地短了一尺。买之前经过精确丈量仔细计算,咋还会让屋角露出个长方形的恶心大嘴呢?将房间再做度量,长乘宽,算出面积,确信原来的数字无误后,这才恍然大悟:原来是奸商为蝇头小利而恶毒克扣。我最后只有改变房间格局,把沙发挪到缺口处,永远将长方形的伤痛置于屁股之下。

墙本是很干净的,像圣洁的天空,买了喜爱的浅蓝色涂料欲为其做番精致的"美容"。涂料上了墙壁,如梦如幻的浪漫感觉温馨而来。几样家具高高矮矮紧紧凑凑一组合,家的氛围骤然浓得化不开。舒心地住了一个月,谁知,墙就开始患"皮肤病",先是起点小斑点,接着成片溃烂,开始脱皮,甚至掉渣。刚刚受了奸商的欺骗,接着又挨劣质品的坑害,要不是咱肺的质量过关,不气炸才怪呢。"病"在墙上,痛却在心里。经过琢磨,我采取的战术是大量地往墙上移植风景:在患病最严重的那堵墙前,依壁高高地垒上一大堆书,倒也有一种"很学问"的派头。什么挂历、风景画、明星照、石英钟、镜子、相框、刻有经文的西藏牦牛头等等饰品往墙上一个劲地猛贴,哪里脱皮受了伤,哪里就只管钉钉子,糊胶水挂物贴画,上一块大小不一的"膏药"。收拾下来,纰漏无存,竟也颇具效果,于零乱中流露"错落之美"。

但是墙上的相框我从来不敢摘下欣赏。那是我心中的一块伤疤,一揭就痛。也许正是这种痛得深刻痛得难忘的感觉,才创造了所谓的艺术吧。

63. 下面划线词语拼音正确的一个是：

　　A. 甭提（béntí）　　　　　　　　B. 恶心（èxīn）

　　C. 纰漏（pīlòu）　　　　　　　　D. 相框（xiāngkuàng）

64. 对文中第一句的理解正确的是：

　　A. 装修那滋味儿太棒了　　　　　B. 装修那滋味儿不错

　　C. 装修那滋味儿说不上　　　　　D. 装修那滋味儿真糟

65. "地板革竟然莫名其妙地短了一尺"的原因是：

　　A. "我"在测量时粗心量错了　　　B. 商人在卖货时量错了

　　C. "我"眼花了　　　　　　　　　D. 奸商为了蝇头小利恶意克扣

66. "墙就开始患皮肤病"的原因是：

　　A. 房间漏雨了　　　　　　　　　B. 劣质产品的坑害

　　C. 空气污染太严重　　　　　　　D. 细菌的侵入

67. 面对"皮肤病"，作者采取的战术不是哪个？

　　A. 依壁高高垒上一大堆书

　　B. 挂历、明星照、内景画等装饰品往墙上猛贴

　　C. 糊胶水挂物贴画

　　D. 钉钉子挂衣服

68－71

　　很多时候，节约并不完全是为降低成本，严格说来，它是一种意识，是境界和习惯的产物。

　　节约首先是对企业负责的表现。一个人如果对集体的财物毫不珍惜，甚至任意__68__，__69__挥霍的对象很小，也能表现出他的自私和冷漠，说明他仅仅把集体作为生活的环境，把工作当作自身发展的手段，对集体只有利用之心，而无奉献和爱护之意。这种人在集体中的权势越大，对集体的危害也就越大。

　　节约同时还是对社会负责的表现，地球的资源是有限的，每一样事物都有它正常的作用和寿命，浪费一样东西无异于把它们的生命扼杀掉，对于地球资源来说就是一种额外的负担，对依赖地球生存的人类来说，就是一种潜在的威胁。

　　节约也意味着对别人的尊重，在企业中一件产品要由很多道工序完成，__71__工序的点滴浪费，都会抹煞掉前面很多人的劳动成果。在社会上也是一样，一点一滴的事物都是别人劳动的结晶，浪费就是对别人劳动的不尊重。

　　当然节约更直接地体现为朴素、现实、严谨的生活态度，节约的人能够理解一件事物的价值，并且懂得珍惜和利用，这与华而不实正好相反。懂得惜物往往也懂得惜人，所以在与人相处中更能尊重人、理解人，更有细腻的感情色彩，这就是他们使人感到可以信赖的原因。

68. 文中68处应该填写的词是：

　　A. 挥发　　　　B. 挥霍　　　　C. 挥动　　　　D. 挥去

69. 文中69处应该填写的词是：
    A. 既然　　　　B. 可是　　　　C. 因为　　　　D. 哪怕
70. 根据此文，我们可以知道：
    A. 节约完全是为了降低成本　　　B. 个别浪费的人对集体并无很大影响
    C. 浪费就是对别人的劳动不尊重　　D. 懂得惜物者不一定懂得惜人
71. 文中71处应填写的词是：
    A. 因为　　　　B. 任何　　　　C. 即使　　　　D. 随便

72—75

　　大姐上班的银行里有一部提款机，邻近小区居民常隔两天便过来取个五十、一百的，有一个抱着小宝宝的少妇吸引了她的注意。

　　宝宝大概一两岁吧，正是咿呀学语、到处乱摸的年龄，在母亲怀里也不安分，小手伸出去，把屏幕使劲拍得"砰砰"直响。少妇怕宝宝把提款机敲坏了，将他放到地上。操作完了，低头一看，宝宝早摇摇晃晃走出好几步远，她赶紧上去，一把抱起宝宝才匆匆跑回来。而此时，提款机早已"嘎嘎嘎嘎"，吐出纸币，在出币口上搁了好一会了。

　　银行里向来人多手杂，大姐便好心地提醒她："你最好先把钱收好再抱孩子，一旦人家把你的钱抓了就跑，该怎么办？"

　　她连连道歉："对不起，家里没人，我不能把宝宝一个人丢在家里，只好带过来了……实在谢谢你了。"脸上泛起羞涩的笑，"我也是怕宝宝摔跤，或者……遇到坏人。"

　　大姐失笑："只一两分钟时间，宝宝出事的可能性只怕还不及钱被抢的万分之一呢。"

　　她将宝宝在自己脸上轻轻一贴，宝宝咯咯地笑起来，她柔声说："可是对我来说，宝宝比钱要重要一万倍呀。"

72. 哪项是少妇把宝宝放在地上的原因？
    A. 宝宝大哭　　　　　　　　　B. 宝宝要下地玩
    C. 少妇累了　　　　　　　　　D. 怕宝宝把提款机敲坏了
73. 操作完后，少妇发现：
    A. 宝宝摇摇晃晃走出好几步　　　B. 宝宝摔跤了
    C. 宝宝大哭　　　　　　　　　D. 宝宝丢了
74. 好心的大姐劝少妇的建议不是哪一项？
    A. 先收好钱再抱孩子　　　　　B. 先抱孩子再收钱
    C. 小心一点　　　　　　　　　D. 别让人把钱拿跑了
75. 下面哪项文中没提到？
    A. 大姐是个善良好心的人　　　B. 宝宝年龄小，很可爱，很调皮
    C. 银行里向来十分安全　　　　D. 宝宝对少妇来说非常重要

三、书面表达

（16题，40分钟）

第一部分

（15题，10分钟）

说明：76—85题，每段文字后都有几个问题，每个问题都有ＡＢＣＤ四个答案，请阅读后根据每题要求选择惟一恰当的答案，并在答卷相应字母上画一横道。

76. 音乐伴随着我成长，_____。
    A. 人生的美好使我逐渐体会到。 B. 使我逐渐体会到人生的美好。
    C. 逐渐使我人生的美好体会到。 C. 我人生的美好使我逐渐体会到。

77. _____生命已有了一个不寻常的开头，_____应当有一个不寻常的结尾。
    A. 与其……不如…… B. 虽然……但是……
    C. 既然……就……   D. 不是……而是……

78. _____在家坐着闲聊，_____去看电影。
    A. 就是……也……   B. 假如……就……
    C. 与其……不如…… D. 一旦……就……

79. _____，她早已不是昨天那弱不禁风的小女孩了。
    A. 在你的养育下，   B. 于你的养育下
    C. 当你的养育时，   D. 从你的养育中

80. _____，从那平静的大海里涌了出来。
    A. 它的像一面光芒四射的银盘似 B. 它一面银盘似的像光芒四射的
    C. 它像一面光芒四射的银盘似的 D. 一面银盘似的光芒四射它像。

81. 当我走出图书馆时，我似乎理解了_____。
    A. 那因为自己的无知而抽泣的女孩子 B. 无知女孩那因为自己而抽泣的
    C. 而抽泣的女孩因为自己的无知   D. 那因为无知而为自己抽泣的女孩

82. 我回忆起了_____。
    A. 在青岛过夏令营时1983年发生的一件事情
    B. 一件发生在过夏令营时1983年在青岛的事情
    C. 1983年在青岛过夏令营时发生的一件事情
    D. 一件1983年在青岛过夏令营发生了事情

83. 她_____来到我的身边，_____给我带来爱，带来欢乐。
    A. 尽管……却…… B. 一……就……

C. 一方面……一方面……　　　　　D. 首先……其次……

84. 我穿错了许多珠子,她没有责怪我,_____。
    A. 耐心和蔼地而是我的错误指出　　B. 而是我的错误耐心和蔼地指出
    C. 耐心和蔼地而是指出我的错误　　D. 而是耐心和蔼地指出我的错误

85. 像这样的教师,我们_____会不喜欢她,_____会不愿意和他亲近呢?
    A. 那么……那么……　　　　　　B. 怎么……怎么……
    C. 又……又……　　　　　　　　D. 是……还是……

说明:86-90题,在这一部分里,每题的语句中有ABCD四个划线的词语,去掉其中某一个词语会使句子变成病句。请找出这个不能删去的词语,然后在答卷的字母上画一横道。

---

86. 作为一个老师,应该对学生负责,而作为学生,一定要好好学习。
     A　　　　　　B C　　　　　　　　　　　　D

87. 银行每天营业到下午几点钟为止?
          A　　　B　　C　　D

88. 地震给当地居民带来了极其严重的后果。
        A B　　　　　　C D

89. 她对采访的记者说,我只是一名普通的劳动者。
     A B　　　　　　　　　C D

90. 台湾是中国不可分割的一部分,连美国政府也承认,世界上只有一个中国。
              A　　　　　　　B　　　　　　　　C　　　D

第二部分

(作文,30分钟)

作文要求:1. 写作前认真阅读作文前的提示,按提示要求在规定的时间内写完。
         2. 用简化汉字书写,每个空格写一个汉字,汉字书写要清楚工整;每个标点符号占一个空格,标点符号要正确。
         3. 作文中不得出现跟考生有关的校名、地名和真人姓名。

作文提示:

　　在下面的作文中,你将有35分钟的时间来写一篇短文。请看清题目,按照题目和短文开头、中间段、结尾提示部分的话语写下去。使全篇文章内容不得少于350字(不包括已给出的提示语言文字)。

发生在我身边的事

　　汽车停下来了,上来一个年轻戴大檐帽的人。他站在一位老大爷身后。他似乎有点腼腆,身子总是向一旁侧着,像怕沾着我似的。我以为他是个老实人。

突然，我发现

　　这件事使我深深地感到内疚，我没能挺身而出和坏人坏事作斗争。同时，也使我领悟了一个道理，不能从外表来判断一个人的品质的好坏。

四、听力理解录音材料

（40题，约30分钟）

第一部分

说明：1—15题，在这部分试题中，都是两个人的简短对话，第三人根据对话提出一个问题，请你在四个书面答案中选出惟一恰当的答案。

1. 女：王强，你好！红山的桃花都开了，你还不去看看？
   男：咳，我现在正在准备硕士论文答辩，忙得焦头烂额，哪儿有闲功夫呀！
   问：男的现在是什么身份？

2. 女：我想借你的自行车用用，你不会不借吧？
   男：你说的哪儿的话，我是那种小气鬼吗？
   问：男的这话是什么意思？

3. 女：看什么节目呢，看得这么专注？
   男：刚才，迈克·乔丹又远距离投中一个三分球，这场NBA总决赛真是太精彩了。
   问：男的在看什么球赛？

4. 男：您看您，闺女又有才又有貌，工作单位又好，您多有福气呀！
   女：工作倒是没什么愁的，可到如今，这么大的人了还没个主啊！
   问：女的在担心什么？

5. 男：你知道吗？西部最大的超市——"诺玛特"开张了！
   女：噢，不就是个超市开业吗，有什么大惊小怪的。
   问：女的是什么态度？

6. 男：天池的风景可是比南山的风景美多了。
   女：可不是嘛。
   问：女的是什么意思？

7. 男：进屋坐一会儿吧？
   女：不了，时间不早了，孩子快放学了，我得赶紧回去做饭。
   问：他们有可能在什么地方说话？

8. 女：电话里说不清楚，我们还是约个时间单独谈吧！
   男：那好，今晚八点在天津茶馆见，不见不散。
   问：他们俩在干什么？

9. 女：你觉得这个饭馆怎么样？
   男：你还别说，这儿的菜做得还真不错。
   问：男的认为这饭馆怎么样？

10. 男：做人嘛，就应快乐点儿，干嘛自己跟自己过意不去？
    女：说是这么说，可做起来就不那么容易了。
    问：男的认为女的应该怎么样？

11. 女：老张，一会儿我们碰碰头讨论一下这个问题，你看怎么样？
    男：好啊！
    问：女的在干什么？

12. 男：你找谁？
    女：金老师！您不认识我了？
    问：女的和男的最有可能是什么关系？

13. 男：就你，一个黄毛丫头，还嫩了点儿。
    女：我说你可别门缝里瞧人啊！
    问：女的是什么意思？

14. 男：妈，我们现在分了大房子，您也搬来一块儿住吧。
    女：再说吧。
    问：女的是什么意思？

15. 男：就这些钱，要不了多久我就会挣回来的。
    女：你别白日做梦了。
    问：女的是什么意思？

第二部分

说明：16－40题，在这部分试题中，你将听到几段简要的对话或讲话。每段话之后，你将听到几个问题，请你在四个书面答案中选出惟一恰当的答案。

16到19题是根据下面的一段对话：
   男：妈，到这边看看，这间朝南，光线好，有15.6平米，你就住这间吧！
   女：我一个老太婆，住这么大的房间也有点太浪费了吧？
   男：看您说哪儿的话呀，走，我们再去卫生间和厨房看看。
   女：厨房真大哟。
   男：是啊，地砖、墙砖都铺好了，煤气也通了，别的经济适用房两年后才通呢。

16. 问：他们在干什么？
17. 问：为什么让老太太住15.6平方米的这间卧室？

18. 问：他们住的是什么房？
19. 问：房间的哪一项条件没提到？

20 到 22 题是根据下面的一段对话：
  男：赵处长，有人说手机短信是当今社会的第五媒体，你怎么看？
  女：首先，短信只是一种通讯手段，不能称作媒体。另外，手机短信的真实性值得怀疑，媒体是信息发布的权威部门，手机短信的可信程度相对于媒体就大打折扣。因为手机短信息的随意性，它的出现也带来了不容忽视的负面影响，其中垃圾信息、虚假信息、黄色信息等，形成一种新的社会污染。
  男：有人说手机短信就是一种媒体革命。
  女：这种说法太夸大其辞。其实手机短信只是网络媒体的产物和衍生，根本上还属于网络革命的一部分，短信是通过手机来传播的，手机依赖于网络，没有网络短信就无法实现。
20. 问：手机短信是什么？
21. 问：手机短信的可信度如何？
22. 问：下面哪一项不是手机短信形成的社会污染？

23 到 25 题是根据下面的一段对话：
  女：石教授，您对目前中国改革开放的现状怎样理解？
  男：我认为，目前中国的改革发展处在一个"新阶段"。中国入世后，使其整个改革发展的重心从企业层面转到政府层面上了；其次我们面临的挑战与问题也在升级；再次，中国在全球格局中的地位也在不断发生变化，现在的中国已成为全世界的制造中心，中国的未来发展是不可忽视的。
  女：你认为作为城市的经营者应该如何把握好目前的时机？
  男：作为城市的经营者应该对整个中国目前的改革开放有一个充分的了解。
23. 问：目前中国的改革发展处在一个什么阶段？
24. 问：现在中国已成为全世界的什么中心？
25. 问：作为城市的经营者应该如何把握好目前的时机？

26 到 29 题是根据下面一段话：
  经中央军委主席江泽民批准，全军各大单位将紧急抽调 1200 名医护人员支援北京市组建非典型肺炎收治定点医院。
  目前，由北京军区、沈阳军区、济南军区和总后勤部直属单位抽调的第一批 333 名医护人员已到位入驻。
  28 日下午，中央军委委员、总后勤部部长廖锡龙来到小汤山看望了先期到达的医务人员，勉励大家积极履行共产党员和革命军人的光荣职责,为战胜非典、保护人民的身体健康和生命安全做出更大贡献。总后勤部有关负责人介绍,北京小汤山非典型肺炎收治定点医院设有床位1000个,1200名医务人员均从全军抽调,定于一周后正式启用。据了解,从全军抽调的1200名医护人员将分三批进驻小汤山医院,预定于5月5日全部到位。

26. 问:这次组建的非典型肺炎收治定点医院是哪个?
27. 问:第一批入驻的医护人员是多少?
28. 问:此医院共设有多少张床位?
29. 问:下面哪一项不是小汤山医务人员要履行的职责?

30到32题是根据下面一段话:

　　从去年开始,洋品牌松下洗衣机就开始改变策略,不断有惊人的低价产品推出。今年临近旺季,松下洗衣机又出惊人之举:从本周起,三款"爱妻号"洗衣机降价,最高降幅达300元。降价对于家电产品来说本是常事,但松下此次在原材料价格飞涨、同行业竞争激烈、国内家电企业苦不堪言的背景下突然逆市降价。所以有专家断言,此举动对其他企业形成的打击决非平日可比,也使许久以来波澜不兴的洗衣机市场陡生变数。

30. 问:文章中的洋品牌松下是指什么商品?
31. 问:"爱妻号"是在怎样的销售季节降的价?
32. 问:哪种情况不是松下洗衣机面临的困境?

33到37题是根据下面一段话:

　　有人常把中国内地、香港、台湾联系在一起,说它汇合了台湾省的技术与经济力量,香港的国际销售技术和内地广大的土地、众多劳动力和勃勃的雄心。实际上,这是世界上经济增长最为迅猛的地区。

　　香港和台湾自20世纪70年代开始经济腾飞,双双跻身于"亚洲四小龙"之列,人均年收入已分别达到8800美元和14000美元。中国自1979年开始实行改革开放以来,国民生产总值的平均增长率高达8.6%。让我们来看看外国记者笔下的中国:

　　"熙熙攘攘的街道两边众多装潢华丽、时髦的商店里出售着日本的高级相机、法国的白兰地酒、美国的耐克运动鞋和摩托罗拉移动电话。夜幕降临后,人群涌进卡拉OK厅,安装着大屏幕彩电的咖啡屋和彩灯闪烁、播放着西方摇滚乐的舞厅。难道是在香港?不,这是在中国内地。"

33. 问:世界经济增长最迅猛的地区是哪里?
34. 问:中国改革开放政策是从什么时候开始的?
35. 问:改革开放以来,中国国民生产总值的平均增长率是多少?
36. 问:下面哪种商品录音中没有提到?
37. 问:下面哪种场所录音中没有提到?

38 到 40 题是根据下面一段话:

　　2001 年的夏天,浙江余杭的一家丝绸小厂承接了一个只有几百米的订单,当时,工人们还不明白面料图案上的 APEC 这 4 个字母是什么意思。后来他们才知道,那批面料被裁剪成了 20 套中国传统的唐装。

　　2001 年 10 月 20 日,在上海秋日的晴空下,参加亚太经合组织领导人第九次非正式会议的 20 位领导人,身穿这些唐装站到了一起。江泽民主席与各经济体领导人的手握在了一起。这是一个节日,在这一天,上海代表中国向世界展示了中国的速度、中国的力量和中国的安全。瞩目中国,2001 年,摩托罗拉公司的全球董事会选在北京举行,做出了 5 年内把中国的投资增加到 100 亿美元的决定,北京将成为摩托罗拉的研发中心。人们评价说,摩托罗拉的这一决定真聪明,因为它在中国的投资仅占总投资额的 9%,但它获得的回报却达到总利润的 17%。

38. 问:这批面料是做什么用的?
39. 问:下面哪一项不是上海向世界展示的内容?
40. 问:摩托罗拉公司把中国的哪个城市定为摩托罗拉的研发中心?

第二套试题

一、听力理解

（40题，约30分钟）

第一部分

> 说明：1—15题，在这部分试题中，都是两个人的简短对话，第三人根据对话提出一个问题，请你在四个书面答案中选出惟一恰当的答案。

1. A. 职员　　　　　　B. 推销员　　　　　　C. 售货员　　　　　　D. 经理
2. A. 应该陪她去　　　　　　　　　　　　　B. 不应该陪她去
   C. 必须你去陪　　　　　　　　　　　　　D. 可以由别人陪着去
3. A. 肚子在叫　　　　B. 肚子饿了　　　　　C. 肚子疼　　　　　　D. 肚子难受
4. A. 赞扬　　　　　　B. 否定　　　　　　　C. 不清楚　　　　　　D. 赞同
5. A. 工厂　　　　　　B. 学校　　　　　　　C. 医院　　　　　　　D. 社区
6. A. 她的丈夫去世了　　　　　　　　　　　B. 她的丈夫出了远门
   C. 她的丈夫离家出走了　　　　　　　　　D. 她的丈夫和她离婚了
7. A. 怀疑　　　　　　B. 否定　　　　　　　C. 称赞　　　　　　　D. 愉快
8. A. 工人　　　　　　B. 教师　　　　　　　C. 干部　　　　　　　D. 警察
9. A. 在摆架子　　　　　　　　　　　　　　B. 在摆官架子
   C. 在故弄玄虚　　　　　　　　　　　　　D. 在捉弄她
10. A. 气愤　　　　　　B. 不满　　　　　　　C. 训斥　　　　　　　D. 责骂
11. A. 反映老年人生活的片子　　　　　　　　B. 反映古代生活的片子
    C. 反映现代生活的片子　　　　　　　　　D. 具有时代特色的片子
12. A. 着急　　　　　　B. 不着急　　　　　　C. 不能着急　　　　　D. 可能着急
13. A. 赞成　　　　　　B. 反对　　　　　　　C. 支持　　　　　　　D. 没表态
14. A. 书法比赛　　　　B. 绘画比赛　　　　　C. 桥牌比赛　　　　　D. 钓鱼比赛
15. A. 去岳父家　　　　　　　　　　　　　　B. 去饭店
    C. 去女儿的婆家　　　　　　　　　　　　D. 去女儿的娘家

第二部分

说明：16—40题，在这部分试题中，你将听到几段简要的对话或讲话。每段话之后，你将听到几个问题，请你在四个书面答案中选出惟一恰当的答案。

16. A. 这边房子大 B. 想和奶奶住在一起
    C. 为了照顾奶奶 D. 没提到
17. A. 搬来会别扭 B. 不习惯住楼房
    C. 在老房子她说了算 D. 分开住客客气气
18. A. 怕奶奶骂他 B. 怕奶奶担心他
    C. 怕奶奶想他 D. 怕奶奶唠叨
19. A. 找对象 B. 结婚
    C. 女孩子的长相 D. 对美女的评价
20. A. 学历 B. 身高 C. 工作 D. 长相
21. A. 自己长得不好看 B. 想有个漂亮媳妇
    C. 使下一代漂亮起来 D. 没提到
22. A. 工人 B. 中学生 C. 研究生 D. 大学生
23. A. 宿舍太吵 B. 学校没宿舍
    C. 不喜欢住宿舍 D. 房租并不贵
24. A. 200多元 B. 300多元 C. 400多元 D. 500元
25. A. 开销太大 B. 会夺取爹娘的命
    C. 开销并不大 D. 没反映
26. A. 志愿到艰苦地区工作的大学生
    B. 志愿到边远地区工作的中专生
    C. 志愿到乡以下卫生机构工作的大学生
    D. 志愿到西部工作的大中专学生
27. A. 高于同类人员1档 B. 高于同类人员2档
    C. 高于同类人员3档 D. 高于同类人员1~2档
28. A. 评价农村卫生专业技术人员要从实际出发
    B. 评价农村卫生专业技术人员要以业绩为主
    C. 评价农村卫生专业技术人员要以能力为主
    D. 评价农村卫生专业技术人员要以文凭为主
29. A. 美国 B. 费城 C. 纽约 D. 华盛顿
30. A. 6年 B. 15年 C. 31年 D. 5年

31. A. 乔丹在篮球场上立了一座碑
    B. 乔丹在篮球场上立了一座供人们观赏的碑
    C. 后来的人员能仰视这座丰碑
    D. 他所取得的篮球比赛成绩很难有人超越

32. A. 30 岁   31 岁   C. 40 岁   D. 没得到
33. A. 2008 年   B. 2010 年   C. 2020 年   D. 2015 年
34. A. 城镇自来水普及率达 60%   B. 村镇自来水普及率达 60%
    C. 城镇实现自来水化   D. 乡镇实现自来水化
35. A. 没有解决   B. 基本解决   C. 解决   D. 没提到
36. A. 2000 万   2000 多万   C. 5 亿   D. 没提到
37. A. 新疆外贸一季度成绩喜人   B. 进出口总额累计达到 8.3 亿美元
    C. 增长速度居全国首位   D. 进出口贸易额居全国首位
38. A. 本季度假日较少   B. 工作日较多
    C. 改革开放的政策   D. 中亚国家经济增长加快
39. A. 3.07 亿   B. 4.7 亿   C. 1.36 亿   D. 1.26 亿
40. A. 外贸   B. 经贸   C. 边贸   D. 没提到

二、阅 读 理 解

(35题,30分钟)

> 说明:41—75题,每段文字后都有几个问题,每个问题都有ＡＢＣＤ四个答案,请阅读后根据每题要求选择惟一恰当的答案,并在答卷相应字母上画一横道。

41—42

苏轼号东坡居士,眉州眉山(今四川眉山)人,为北宋(960—1127)中期的文坛领袖,他的诗、词、散文、书画都称得上传世大作。苏轼曾任过翰林学士等职,也曾做过地方官,又曾以做诗"谤讪朝廷"罪而受贬谪。其父苏洵、弟苏辙都是著名的散文家,世称"三苏"。

41. 句中划线词语拼音正确的一项是:
A. 谤讪(bàngshān)　　　　B. 贬谪(biǎn zhái)
C. 苏辙(Sū Zhé)　　　　　D. 世称(shìchēn)

42. 下面哪项文中没提到?
A. 苏洵、苏轼、苏辙的诗、词、散文都称得上传世大作
B. 苏轼为北宋中期的文坛领袖
C. 苏轼曾做过地方官,又被朝廷贬谪
D. 苏轼曾任过翰林学士等职

43—47

长江又称扬子江,在中国大河中排名第一,世界排名第三。世界第一大河是非洲的尼罗河,第二大河是南美洲的亚马逊河。长江西起青海省南部唐古拉山山口的格拉丹冬雪山,向东流经青海、西藏、四川、重庆、云南、湖北、湖南、江西、安徽、江苏、上海等 11 个省、市、自治区、全长 6300 公里,__44__ 700 多条支流,流域面积 180 万平方公里。长江两岸居住着 3 亿多人口,有 2700 多万公顷耕地,__45__ 水稻、棉花、油菜、蚕丝、茶叶、烟草等,其中,水稻产量占全国的 70%,棉花占三分之一。长江水系发达,入海的水量相当于黄河的 20 倍,可通航里程有 7 万多公里。

从 1127 年南宋首都南迁开始,中国的文化中心便从黄河中下游转向了长江流域,尤其是长江下游的江浙地区,成为中国最近 1000 年以来人才辈出、群英荟萃的"人才渊薮"。

43. 世界三大河排名顺序(从大到小)为:
A. 长江、尼罗河、亚马逊河　　B. 尼罗河、长江、亚马逊河
C. 尼罗河、亚马逊河、长江　　D. 亚马逊河、尼罗河、长江

44. 文中44处应该填写的词是：
   A. 集合   B. 集会   C. 汇总   D. 汇集
45. 文中45处应该填写的词是：
   A. 丰富   B. 盛产   C. 茂产   D. 富产
46. 棉花占全国产量的：
   A. 1/2   B. 1/3   C. 1/4   D. 1/5
47. 从哪年开始，中国的文化中心发生了迁移：
   A. 1217 年   B. 1127 年   C. 1721 年   D. 1271 年

48—51

那时候，我在张家口乡下的一所偏僻的乡中学教书。每天上午，我总会看见一个<u>跛脚</u>的女人，推着一辆自行车进来，斜穿过办公室与教室之间的过道，去给食堂送豆腐。女人上身穿着一件发黄的棉衣，腰间胡乱地捆着一根布绳。下面是一条黑棉裤，和与时令并不<u>匹配</u>的胶鞋。头发<u>蓬乱</u>着，乱麻一般，被冷风<u>一绺</u>一绺地翻卷起来，人就愈发地显得憔悴。她的脚跛得很厉害，一高一低的，自行车推得也不平稳，我几次都担心她后边的豆腐会掉下来。

48. 句中划线词语拼音正确的一项是：
   A. 跛脚（pǒjiǎo）   B. 匹配（pīpèi）
   C. 蓬乱（pēngluàn）   D. 一绺（yīliǔ）
49. "我"那时的职业是：
   A. 画家   B. 作家   C. 教师   D. 送豆腐的
50. "我"和那个跛脚女人的关系是：
   A. 很熟   B. 亲戚   C. 母女   D. 文中没提
51. 这段话运用的是：
   A. 语言描写   B. 肖像描写   C. 动作描写   D. 心理描写

52—53

如果我们连八股也打倒了，那就___52___对于主观主义和宗派主义最后地"将一军"，弄得这两个怪物原形毕露，"老鼠上街，人人喊打"，这两个怪物也就容易消灭了。

52. 文中52处应该填写的词语是：
   A. 也   B. 都   C. 和   D. 算
53. 文中的"将一军"的意思是：
   A. 一个将军   B. 比喻给对方一道难题
   C. 比喻带有决定性的攻击   D. 比喻给对方一点厉害

54—59

凤阳花鼓因__54__于凤阳县而得名。明清时代(1368—1911),淮河两岸"三年恶水三年旱,三年蝗虫灾不断",因此每年秋收之后,常有成群结队的妇女离家乞讨,或__56__卖唱。那时候,有的姑嫂两人合作演唱,一人腰系花鼓,一人手提碟形小锣,称为花鼓女。演唱时两人同坐一条板凳上卖唱。段落之间敲锣击鼓,没有其他乐器伴奏。后来,为外出卖艺携带方便,把腰鼓改成双条鼓,演唱时左手持小鼓,右手提双鼓箭击鼓。花鼓艺人在花鼓调的基础上,广泛吸收各种民间曲乐,__59__出了多种歌舞形式。演唱的内容也贴近生活,打动人心,催人泪下。例如,当时广为流传的一首唱词是:

说凤阳,道凤阳,凤阳本是个好地方,自从出了个朱皇帝(即朱元璋,凤阳人),十年倒有九年荒。大户人家卖骡马,小户人家卖儿郎。奴家没有儿郎卖,身背花鼓走四方。

凤阳花鼓节奏鲜明,表演简便,唱法自由,有说有唱,很适于民间演唱,因此,在安徽省内外广泛流传,并对各地曲艺影响很大。

54. 文中54处应该填写的是:
    A. 产　　　　B. 出　　　　C. 源　　　　D. 原

55. 下面的解释哪项不是每年秋收后,妇女们离家乞讨的原因?
    A. "三年恶水三年旱,三年蝗虫灾不断"　　B. "大户人家卖骡马,小户人家卖儿郎"
    C. "凤阳本是好地方"　　　　　　　　　　D. "十年倒有九年荒"

56. 文中56处应该填写的词是:
    A. 去外　　　B. 外出　　　C. 到外　　　D. 外面

57. 最初,凤阳花鼓是哪两人合作演唱的?
    A. 母女　　　B. 姐妹　　　C. 婆媳　　　D. 姑嫂

58. 下面哪一项文中没提到?
    A. 演唱两人各坐一条板凳卖唱,段落之间敲锣击鼓,没有其他乐器伴奏
    B. 为外出卖唱方便,把腰鼓改成双条鼓
    C. 演唱的内容贴近生活,打动人心,催人泪下
    D. 凤阳花鼓在安徽省内外广为流传

59. 文中59处应该填写的词是:
    A. 演化　　　B. 演变　　　C. 产生　　　D. 繁衍

60—65

众所周知,指纹是手指端的皮肤花纹,它看上去差不多,实际上却千变万化,到现在为止,还没有发现世界上有两个人的指纹完全相同。正因为指纹的这种特点,警察可以通过__60__罪犯在作案现场留下的指纹痕迹,确认出罪犯是谁。

指纹很容易理解,可基因指纹是怎么回事呢?这是一种遗传学上的概念。我们知道,不同的人之间,体内的基因虽然基本上相同,但仍有或多或少的区别。可以这样说,它和__61__

一样,世界上不存在基因完全相同的两个人,就连双胞胎也有微小的区别。科学家可以根据基因密码,经过特殊处理后会显示出某种"图案",看上去好像黑白相间的条形码,这就是基因指纹了。

基因指纹和普通指纹一样,对警察有重大帮助。现代的科技水平,已经能从一滴血、一根头发、一口唾液中找到罪犯的基因指纹。例如,罪犯在与被害人进行搏斗时,很可能弄破自己的皮肤,以致在现场留下少量的血迹。这就是一个重要线索,警察能从血迹中找到基因指纹,如果嫌疑犯的基因指纹与作案现场血迹的基因指纹一致,那就可以 60 ,这个嫌疑犯就是作案的罪犯。

60. 文中60处应该填写的词是:
　　A. 确定　　　　B. 决定　　　　C. 敲定　　　　D. 鉴定

61. 文中61处应该填写的词是:
　　A. 皮肤　　　　B. 基因　　　　C. 指纹　　　　D. 花纹

62. 现代的科技水平,不能从哪项中找到罪犯的基因指纹?
　　A. 一滴血　　　　　　　　　　B. 一根头发
　　C. 一口唾液　　　　　　　　　D. 一张有罪犯背影的照片

63. 关于基因指纹下面哪一项正确?
　　A. 双胞胎有可能相似　　　　　B. 经处理会显示出美丽的图案
　　C. 人与人之间体内基因相差很大　D. 基因是一种遗传学上的概念

64. 根据文章,我们可以知道:
　　A. 指纹不容易理解　　　　　　B. 基因指纹不是遗传学上的概念
　　C. 基因指纹对警察破案有很大帮助　D. 指纹不是千变万化的

65. 如果给本文加一个标题,最好的一项是:
　　A. 指纹　　　　B. 基因指纹　　C. 基因　　　　D. 警察破案

66—70

到目前为止,我国拥有世界遗产三十八 66 ,仅次于西班牙、意大利,位居第三,已跻身于"遗产大国"行列。近年来国内出现前所未有的世界遗产申报热,是联合国教科文组织始料不及的。

世界遗产分为自然遗产、文化与自然遗产、文化景观三大类。联合国教科文组织评定、确认世界遗产时,主要考证申报单位的独特性、珍稀性、不可再生性和文化内涵的含金量,目的是对各国、各地区的珍贵历史文化遗产加以保护,真正成为人类社会的共同财富而永世留存。遗憾的是,国人争抢申报世界遗产,多为跟风随潮凑热闹,急功近利,一哄而上,借助世界遗产的知名度进行泛滥的旅游开发,视世界遗产为推销旅游产品的最佳卖点, 68 获取巨大的经济效益。一旦申报成功,世界遗产在短时间内必将变成当地财政收入的"龙头企业"。所有这些,完全违背了联合国教科文组织制订的《保护世界文化与自然遗产公约》,也偏离了申报世界遗产的根本目的。

　　风景名胜区被列入世界遗产名录,则表明保护遗产的责任更加重大,工作更加艰巨,决非一劳永逸,高枕无忧。世界遗产不是"摇钱树",如不严肃对待,加强保护,认真管理,善始善终,又何必兴师动众、劳民伤财去申报世界遗产呢?

66. 文中66处应该填写的是:
   A. 个　　　　　　B. 场　　　　　　C. 处　　　　　　D. 所

67. 三个遗产国由小到大依次为:
   A. 中国、意大利、西班牙　　　　B. 中国、西班牙、意大利
   C. 西班牙、意大利、中国　　　　D. 意大利、西班牙、中国

68. 文中68处应该填写的词是:
   A. 为　　　　　　B. 为了　　　　　C. 以　　　　　　D. 即

69. 下面哪项偏离了申报世界遗产的根本目的?
   A. 保护各国、各地区珍贵的历史文化遗产
   B. 使这些遗产成为人类社会的共同财富
   C. 使这些遗产永世留存
   D. 借助世界遗产的知名度进行泛滥的旅游开发获取巨大的经济效益

70. 如果给本文加一个标题,最好的一项是:
   A. 世界遗产不是摇钱树　　　　B. 世界遗产概况
   C. 世界遗产的分类　　　　　　D. 世界遗产的申报

71—75

　　有些人在与别人交往时,特别是在陌生人、老师或长辈面前,总是感到羞怯和害怕。如果要交谈,那情况就更尴尬。他们往往会口吃、说话打顿、声音微弱,或干脆说不出话来。

　　人为什么会害羞呢?

　　首先,这是心理上的原因。害羞的人往往妄自菲薄,十分自卑。其中,有的对自己缺乏信心,过分考虑自己给别人的印象,总是担心别人看不起自己;有的在大庭广众之中发言遭到过冷淡,或在交往中遇到过挫折,从此一蹶不振。

　　其次,是生理上的原因。害羞时的生理反应,与紧张状态下的完全相同:心跳加快,肌肉紧张,血液中肾上腺皮质激素含量增加,大脑中的去甲肾上腺素和多巴胺水平提高。这时,人就会心慌、脸红、手抖、出汗。

　　第三,是人类社会的原因。《红楼梦》中的林黛玉刚到贾府时,羞羞答答地见过众姐妹,女性的这种易害羞的形象,得到了人类社会的认同。日本学者作过一番调查,绝大多数被调查的人都认为,男性应有的品质是刚毅,女性应有的品质是温柔,而羞涩、含羞等是女性温柔的一种表现。

　　怎样克服羞怯心理呢?第一,要增强自信心,充分肯定自己的长处,扬长避短;其次,可以

先易后难地多争取一些锻炼的机会,比如先在熟人中多发发言,然后再扩大范围、增加难度;最后,多接近性格开朗、乐观、热情的人,也有利于害羞心理的克服。

71. 根据文意,可以替换"特别是"的是:
    A. 可是   B. 只是   C. 因为   D. 尤其是

72. 下面哪项不是害羞的表现?
    A. 心慌   B. 发火   C. 脸红   D. 出汗

73. "对自己缺乏信心,过分考虑自己给别人的印象,总是担心别人看不起自己"是下面哪项的表现?
    A. 心理上的   B. 生理上的
    C. 人类社会的   D. 对失败的恐惧

74. 下面哪项不利于克服羞怯心理?
    A. 增强自信心,充分肯定自己的长处   B. 争取锻炼的机会,多发发言
    C. 能不说就先别说,等准备好再说   D. 多接近开朗、热情、乐观的人

75. 文中没有提到下面哪一项?
    A. 害羞的人谈话时,总是挺尴尬
    B. 害羞的人往往妄自菲薄,十分自卑
    C. 社会上绝大多数人认为含羞、羞涩是女性温柔的表现
    D. 害羞时生理反应与紧张状态下的不完全相同

三、书面表达

(15题,40分钟)

第一部分

(15题,10分钟)

> 说明:76-85题,每段文字后都有几个问题,每个问题都有ＡＢＣＤ四个答案,请阅读后根据每题要求选择惟一恰当的答案,并在答卷相应字母上画一横道。

76. 注视着这风景,一种说不出的惊奇与感动,_____。
    A. 从自己那充满渴望的内心悄悄升起   B. 那充满渴望的内心从自己悄悄升起
    C. 从自己悄悄升起那充满渴望的内心   D. 那充满渴望的内心从自己升起悄悄

77. 我是_____开始我的学习生涯的。
    A. 作为生活本身   B. 通过生活本身
    C. 看作生活本身   D. 以为生活本身

78. 我感到一阵轰鸣声,_____。
    A. 树枝我坐的更厉害了摇晃得   B. 我坐的树枝摇晃得更厉害了
    C. 我坐的树枝更厉害了摇晃得   D. 更厉害了摇晃得我坐的树枝

79. _____,一个多月暑假该是多么漫长啊!
    A. 出于一个喜欢他的老师的孩子来说   B. 由于一个喜欢他的老师的孩子来说
    C. 为了一个喜欢他的老师的孩子来说   D. 对于一个喜欢他的老师的孩子来说

80. 中国正_____,在国际社会占据越来越重要的地位。
    A. 以一个政治、经济大国的形象   B. 把一个政治、经济大国的形象
    C. 为一个政治、经济大国的形象   D. 拿一个政治经济大国的形象

81. 汉字是一种形、音、义相结合的独特的文字体系,_____汉字属于表意文字。
    A. 总而言之   B. 顾名思义   C. 也就是说   D. 综上所述

82. 说话_____要清楚,_____要简洁,不啰唆
    A. 因为……所以……   B. 无论……都……
    C. 虽然……但是……   D. 不仅……还……

83. _____已经是白雪皑皑的季节,_____这里却是个温暖的世界。
    A. 尽管……但……   B. 只要……就……
    C. 一边……一边……   D. 要么……要么……

84. 人类的生存空间_____。
    A. 正在变得越来越狭窄和恶化   B. 变得正在越来越狭窄和恶化

C. 越来越狭窄和恶化正在变得　　　　　D. 狭窄和恶化越来越正在变得
85. 要多吃蔬菜，_____这可以使人变得聪明。
   A. 以便　　　　B. 从而　　　　C. 据说　　　　D. 可是

说明：86—90题，在这一部分里，每题的语句中有ＡＢＣＤ四个划线的词语，去掉其中某一个词语会使句子变成病句。请找出这个不能删去的词语，然后在答卷的字母上画一横道。

86. 小李只 不过是一名普通的售票员，但她在日常工作中表现的良好职业道德十分可贵。
      A   B   C   D
87. 在饭店里，绝大多数的顾客都称女服务员为"小姐"，尽管有时显得不那么自然。
    A   B   C   D
88. 从北京到曼谷的飞行距离大概是三千三百多公里。
    A   B   C   D
89. 再 在这里呆下去已经没有什么意义。
    A B   C   D
90. 他平时 作画时养成的那种不顾一切、全神贯注的作风给他带来了好处。
       A   B   C   D

第二部分

（作文，30分钟）

作文要求：1. 写作前认真阅读作文前的提示，按提示要求在规定的时间内写完。
　　　　　2. 用简化汉字书写，每个空格写一个汉字，汉字书写要清楚工整；每个标点符号占一个空格，标点符号要正确。
　　　　　3. 作文中不得出现跟考生有关的校名、地名和真人姓名。

作文提示：
　　在下面的作文中，你将有30分钟的时间来写一篇短文。请看清题目，按照题目和短文开头、中间段、结尾提示部分的话语写下去，使全篇文章内容不得少于350字（不包括已给出的提示语言文字）。

时　间

　　时间是公平的，它给每个人每天都是24小时，一分不多，一分不少。只有抓紧时间，充分利用时间，你的一天才是充实的，你的人生才是充实的。

　　　　对于我们年青人来说，

每当撕下一张日历,我们要检视一下这一天过得怎么样,而当掀开一张日历时,要计划一下在新的一天做些什么。时间就是这样关心、鼓励、督促我们,使我们紧张而有序地学习。

四、听力理解录音材料

（40题，约30分钟）

第一部分

> 说明：1—15题，在这部分试题中，都是两个人的简短对话，第三人根据对话提出一个问题，请你在四个书面答案中选出惟一恰当的答案。

1. 女：老王，听说近来贵公司的业绩不错，您这一把手可是身手不凡啊。
   男：哪里，哪里，您过奖了。
   问：根据对话，男的可能是：

2. 女：哎呀！真不巧，明天我得陪同学去看病。
   男：什么病？非得你陪着去？
   问：男的认为什么？

3. 男：丽丽，你还没做好饭呢？我的肚子早就咕咕叫了。
   女：好了，好了，马上就好了。
   问：男的怎么了？

4. 男：这个故事非常感人。
   女：没错，回去后我一定把它讲给我们全宿舍的人听。
   问：女的对男的的话持什么态度？

5. 男：咱爸怎么样了？思思。
   女：正在里面抢救呢，到现在为止还没脱离生命危险。
   问：他们说话的地方有可能在哪里？

6. 女：老张这一走，天都好像塌下来了。
   男：老张走了，您可要保重身体啊。
   问：女的为什么会这样？

7. 女：快来，尝尝我们新疆的哈密瓜，感觉如何？
   男：唉呀，真是百闻不如一尝啊，新疆的瓜果的确名不虚传。
   问：男的可能是什么态度？

8. 女：我知道你现在正在调查海阳的案子，怎么样了？
   男：不怎么样，到现在为止一点线索都没有。
   问：男的可能是什么人？

9. 男：小芳，我得到一个绝密的可靠消息，想不想听呀？
   女：别卖关子了，究竟是什么消息？你倒是快说呀！
   问：女的认为男的在干什么？

10. 男：怎么到今天还不把这一个月的销售额报上来？
    女：前两天会计的小孩病了，所以耽搁了几天。
    问：男的对女的持什么态度？

11. 男：小芳，听说人民影院正在上映《笔中情》，咱们一起去看吧？
    女：这个片子有什么好看的？我喜欢看反映现代生活的、有时代特色的片子。
    问：《笔中情》有可能是一部什么样的影片？

12. 女：家里出了这么大的事，我怎么能不着急呢？
    男：光着急又有什么用啊。
    问：女的现在是什么心情？

13. 女：天天跳什么迪斯科，也不看看自己多大岁数了。
    男：你呀，到公园去看看，跳迪斯科的人多着呢。
    问：女的对跳迪斯科是什么态度？

14. 女：我跟你商量，能不能把咱们老年人都约在一起，搞搞钓鱼比赛、桥牌比赛、书法比赛什么的。
    男：这倒是个好主意。
    问：下面哪一项对话中没有提到？

15. 男：哎呀，我得赶紧走了，今天老亲家请我去他家吃饭。
    女：看把你着急的。
    问：男的要去哪里吃饭？

第二部分

说明：16—40题，在这部分试题中，你将听到几段简要的对话或讲话。每段话之后，你将听到几个问题，请你在四个书面答案中选出惟一恰当的答案。

16到18题是根据下面的一段对话：
男：奶奶，这边房子大，您还是搬过来和我们一起住吧，这样我们好照顾您。
女：我还舍不得那老房子呢。老房子虽说旧了点儿，可那是老祖宗留下来的。在那儿我说了算，到你们这里来别扭死了，分开住客客气气。
男：那我还是跟您一块儿住吧，省得到时候一天到晚念叨我。
女：还是孙子好，不像你爸，看见你妈吓得连一声都不敢吭。
男：奶奶，您可真有意思。

16. 问：男的希望奶奶搬过来住的主要原因是什么？
17. 问：下面哪一项不是奶奶不搬的原因？
18. 问：男的为什么决定跟奶奶一起住？

19 到 21 题是根据下面的一段对话：
　　女：你到底要找什么样儿的？
　　男：我的条件其实并不高，不要求学历，不看重工作，不求身高，只有一点……
　　女：哪一点？
　　男：只要女孩子长得漂亮，其他的条件都可以忽略不计。
　　女：真的？为什么？
　　男：因为我长得不好看，所以就想找一个漂亮的媳妇，让我的下一代漂亮起来。
　　女：这好办，改天我给你介绍一个绝代佳人。
19. 问：他们在谈论什么？
20. 问：哪一点是男的找对象最看重的？
21. 问：男的找对象要求漂亮的真正原因是什么？

22 到 25 题是根据下面的一段对话：
　　女：张锋，学校有宿舍你干嘛还要搬到外面去住？
　　男：我不喜欢住宿舍，住宿舍太吵，在外面住，两人合租，一人才掏200多块钱。
　　女：你说得倒轻松，光房租就200多，再加上吃饭、穿衣、买书、上网等等，一个月得花多少钱呢。
　　男：不多，一个月下来也就千把块钱吧！
　　女：天哪，这还不算多，你这个大学上的，真是得要你爸妈的命啊！
22. 问：男的是什么身份？
23. 问：下面哪一项不是男的出去租房住的理由？
24. 问：租一套房子需要多少钱？
25. 问：女的对男的开销如何看待？

26 到 29 题是根据下面的一段话：
　　据新华社报道，卫生部等部委下发《关于加强农村卫生人才培养和队伍建设的意见》，对农村卫生人才给予政策倾斜，这些政策包括：志愿到艰苦、边远地区以及乡以下卫生机构工作的各类大、中专学校毕业生，可以提前定级，定级工资标准可高于同类人员1～2档；对长期在乡下工作的卫生专业技术人员，各省、自治区、直辖市应根据农林一线科技工作人员的工资待遇情况给予政策倾斜；坚持从实际出发，以业绩、能力为主的原则，评价和使用农村卫生专业技术人员；对长期在农村基层工作的卫生技术人员职称晋升，给予适当倾斜。
26. 问：《关于加强农村卫生人才培养和队伍建设的意见》中没有提到对哪部分人的政策？

27. 问：到艰苦地区工作的大中专学生可在工资上如何定级？
28. 问：下面哪种说法是错误的？

29 到 32 题是根据下面的一段话：

  北京时间 4 月 17 日，美国费城联合体育中心，全世界的篮球迷在此时此地见证了篮球之神——迈克尔·乔丹的离去。
  两次退役、两次复出，飞翔了 15 年的篮球之神终于要在这里结束他的 NBA 球员生涯了。6 枚 NBA 总冠军戒指，15 个赛季全部当选全明星，5 次常规赛成为 MVP 最有价值球员，6 次总决赛 MVP，常规赛场均保持 31 分的 NBA 个人得分纪录，这些只是乔丹在球场上所创造的奇迹的一部分，但凭借数据，乔丹已经在篮球场上立起一座丰碑——一座后来人只能仰视的丰碑。
  曾幻想过飞人永远不会老去，因为他钟爱他的飞翔，但篮球之神终究还只是个凡人，40 岁的他再无力带领平庸的"奇才"创造奇迹，他终于选择了永久地离开球场。乔丹走了，再也不会回来，有一点伤感，有一点迷惘，但心中神的影像却清晰如故。
  迈克尔，一路走好。

29. 问：乔丹最后告别篮球之时是在哪个城市？
30. 问：乔丹的 NBA 球员生涯有多少年？
31. 问："乔丹已在篮球场上立起一座丰碑——一座后来人只能仰视的丰碑。"这句话的真正含义是什么？
32. 问：乔丹最后退役时是多少岁？

33 到 36 题是根据下面一段话：

  据新华社报道，水利部副部长翟浩辉提出，我国到 2010 年底将全面解决农村饮水困难问题，村镇自来水普及率达到 60%，至 2020 年底农村基本普及自来水，乡镇实现自来水化。他说，目前我国农村继续要求饮水解困的人数还有 2000 多万，要求改善饮水条件、发展自来水的约为 5 亿人。

33. 问：我国何时全面解决农村饮水困难问题？
34. 问：到 2020 年底，农村饮水将要达到什么样的目标？
35. 问：目前我国农民饮水问题是否已解决？
36. 问：目前需要改善饮水条件的人数是多少？

37 到 40 题是根据下面一段话：

  新疆外贸一季度迎来了"开门红"，进出口总额累计达到 8.3 亿美元，增长速度位居全国第一。
  乌鲁木齐海关统计数字显示，一季度的进出口额比去年同期增长 91.8%，这一增长速度高出全国平均增长速度 49.4 个百分点。

"这在新疆外贸进出口的历史上是少见的。"自治区外贸厅有关专业人士解释,由于每年一季度节假日较多,造成贸易双方实际工作日相比全年其他季度少,致使一季度少有增长情况。这位人士认为,中亚国家经济增长造成的最直接影响就是需求旺盛,这直接带动了我区外贸出口的增长。该人士所言,从乌鲁木齐海关统计数字中可见一斑,一般贸易方式进出口3.07亿美元;累计边境小额贸易方式进出口4.7亿美元,其中,出口1.36亿美元。两种贸易方式进出口合计占新疆外贸进出口总值93%。

　　边贸仍然占据我区外贸进出口的"半壁江山",以此种方式出口的传统大宗商品服装、鞋类产品及进口的铜类产品均有所增长。

37. 问:下面哪种说法不正确?
38. 问:直接带动我区外贸出口增长的原因是什么?
39. 问:其中累计边境小额贸易方式进出口多少美元?
40. 问:什么贸易占我区外贸进出口的"半壁江山"

第 三 套 试 题

一、听 力 理 解

（40题，约30分钟）

第一部分

说明：1—15题，在这部分试题中，都是两个人的简短对话，第三人根据对话提出一个问题，请你在四个书面答案中选出惟一恰当的答案。

1. A. 男的做的饭菜没味　　　　　　B. 男的不会做饭
   C. 男的做的饭菜挺好吃　　　　　D. 男的做的饭菜不好吃
2. A. 男的听错了　　　　　　　　　B. 男的又听错了
   C. 女的并没有认为男的是听错了　D. 女的认为男的的确听错了
3. A. 他想下海经商　　　　　　　　B. 他想照顾老人和孩子
   C. 他想照顾妻子　　　　　　　　D. 他想增加收入，养家糊口
4. A. 相信　　　B. 怀疑　　　C. 反驳　　　D. 厌恶
5. A. 可以少吃肉　B. 不能少吃肉　C. 不能少吃饭　D. 什么都可以少吃
6. A. 道歉　　　B. 赞扬　　　C. 反悔　　　D. 后悔
7. A. 教师　　　B. 学生　　　C. 职员　　　D. 司机
8. A. 派出所　　B. 公司　　　C. 管教所　　D. 医院
9. A. 认为男的的字写得确实漂亮　　B. 认为男的字写得不漂亮
   C. 认为男的像是在卖瓜　　　　　D. 认为男的在吹牛
10. A. 蔑视　　　B. 讨厌　　　C. 赞许　　　D. 认可
11. A. 唱歌　　　B. 跑步　　　C. 跳舞　　　D. 游泳
12. A. 美国队占据了各种优势　　　　B. 美国队的技术占优势
    C. 美国的天气更有利于比赛　　　D. 美国的地理条件更适合比赛
13. A. 非常热　　　　　　　　　　　B. 非常冷
    C. 可游玩的地方太少　　　　　　D. 可游玩的地方很多
14. A. 手痒　　　B. 手抖　　　C. 想下棋　　D. 下起棋来
15. A. 他没有看上这两场球赛　　　　B. 他看上了这两场球赛
    C. 看两场球赛是他最痛苦的事　　D. 最痛苦的是他不能同时看两场球赛

第二部分

说明:16—40题,在这部分试题中,你将听到几段简要的对话或讲话。每段话之后,你将听到几个问题,请你在四个书面答案中选出惟一恰当的答案。

16. A. 售票员　　　　B. 司机　　　　　C. 乘客　　　　　　D. 没提到
17. A. 安全　　　　　B. 高兴　　　　　C. 享受　　　　　　D. 没提到
18. A. 客容量大　　　B. 外观漂亮　　　C. 安全性能好　　　D. 速度缓慢
19. A. 高山　　　　　B. 草原　　　　　C. 沙漠　　　　　　D. 骆驼
20. A. 很高　　　　　B. 很低　　　　　C. 一般　　　　　　D. 没提到
21. A. 喜欢写作　　　B. 喜欢文学　　　C. 喜欢绘画　　　　D. 喜欢聊天
22. A. 余秋雨的　　　B. 琼瑶的　　　　C. 安徒生的　　　　D. 王蒙的
23. A. 桌子　　　　　B. 门把手　　　　C. 椅子　　　　　　D. 地面
24. A. 跑步　　　　　B. 打篮球　　　　C. 打羽毛球　　　　D. 做操
25. A. 草莓　　　　　B. 西红柿　　　　C. 胡萝卜　　　　　D. 白菜
26. A. 中国人　　　　B. 英国人　　　　C. 美国人　　　　　D. 没提到
27. A. 可以讲价　　　B. 商店决定的　　C. 固定不变的　　　D. 顾客决定的
28. A. 180元　　　　 B. 150元　　　　 C. 100元　　　　　 D. 120元
29. A. 180元　　　　 B. 150元　　　　 C. 80元　　　　　　D. 60元
30. A. 30岁　　　　　B. 30多岁　　　　C. 40岁　　　　　　D. 40多岁
31. A. 父母　　　　　B. 岳父岳母　　　C. 他们自己　　　　D. 没提到
32. A. 很轻松　　　　B. 很富裕　　　　C. 不宽裕　　　　　D. 很贫穷
33. A. 精打细算　　　B. 精心打理　　　C. 不轻易上街购物　D. 细心理财
34. A. 自己做的　　　B. 商店买的　　　C. 专卖店买的　　　D. 没提到
35. A. 很旧　　　　　B. 不时尚　　　　C. 很廉价　　　　　D. 端庄而时尚
36. A. 去　　　　　　B. 不去　　　　　C. 只是春天去一次　D. 只是秋天去一次
37. A. 去旅游　　　　B. 去打工　　　　C. 去农村　　　　　D. 回自己家
38. A. 没反映　　　　B. 很感兴趣　　　C. 不感兴趣　　　　D. 没提到
39. A. 挖花生　　　　B. 捡花生　　　　C. 捡玉米　　　　　D. 捡土豆
40. A. 很失望　　　　B. 有盼头　　　　C. 有滋味　　　　　D. 充满希望

二、阅读理解

（35题，30分钟）

说明：41－75题，每段文字后都有几个问题，每个问题都有ＡＢＣＤ四个答案，请阅读后根据每题要求选择惟一恰当的答案，并在答卷相应字母上画一横道。

41

咱们公司的规划，我已粗线条地拟了一稿，请大家充分发表意见，使之更充实、更完善。

41. 这段话中"粗线条"的意思是：
　　A. 粗粗的线绳　　　　　　　　B. 比喻粗略的构想或叙述等
　　C. 表示不仔细　　　　　　　　D. 表示不认真

42－43

五指山地处海南岛琼中县境内，距通什市较近。因五座山峰并列而立，好像五个手指，故名五指山。五峰__42__被热带林木覆盖，奇花异草满山遍野。此山最高处海拔1867米。登上五指山举目四眺，时而群山戴冠，薄雾缭绕，时而光明晶透，诸峰峥嵘。穿行在山林之间，有时会遇见长臂猴、梅花鹿等珍贵动物。

42. 文中42处应该填写的词是：
　　A. 就　　　　B. 而　　　　C. 即　　　　D. 均

43. 文中划线词语拼音正确的是：
　　A. 满山遍野(mǎn shān piàn yě)　　B. 举目四眺(jǔ mù sì tiāo)
　　C. 薄雾缭绕(báo wù liáoráo)　　　D. 诸峰峥嵘(zhū fēng zhēngróng)

44－47

在广阔的海洋世界中，鲨鱼有着极长的__44__，从不感染疾病，外伤能很快愈合，并且没有一条鲨鱼生癌。

鲨鱼不生癌这一问题早就引起了世界各国科学家的关注和兴趣，1982年美国麻省理工学院的科学家在研究中发现，鲨鱼的骨骼完全由软骨组成，软骨中含有一种"抑制血管生成物质"，能阻断癌肿周围的血管网络，断绝癌细胞的供养而使癌肿萎缩，同时能杀死癌细胞。在实验中证实鲨鱼软骨成分能完全阻止癌细胞的生长并无任何副作用。美国哈佛大学试用鲨鱼软骨治疗32个晚期癌症病人，结果11人治愈，其余的人癌肿明显缩小，1991年墨西哥康脱拉斯医院用鲨鱼软骨治疗晚期癌肿病人8例，其中癌细胞缩小30%～100%。为此，鲨鱼不生癌引起了世界各国科学家的广泛关注，现代科学家证明鲨鱼软骨具有明显防癌抗癌作用，并能起到抗炎、抗血栓生成、抗糖尿病的疗效。

44. 文中44处应填写的词是：
   A. 寿辰　　　　B. 寿诞　　　　C. 寿命　　　　D. 寿数

45. 首次发现鲨鱼不生癌这一现象是在：
   A. 墨西哥康脱拉斯医院　　　　B. 美国哈佛大学
   C. 美国麻省理工学院　　　　　D. 英国剑桥大学

46. 下面哪项不是"抑制血管生成物质"的主要作用？
   A. 阻断癌肿周围的血管网络
   B. 断绝癌细胞的供养而使癌肿萎缩
   C. 杀死癌细胞
   D. 对生物本身有一定副作用

47. 下面哪项文中没提到？
   A. 鲨鱼活得很久，外伤很快愈合
   B. 鲨鱼的骨骼中一部分完全由软骨组成
   C. 用鲨鱼软骨治疗晚期癌症病人，疗效明显
   D. 鲨鱼软骨还能起到抗炎、抗血栓生成等疗效

48—52

有这样一个故事：

海德先生的小印刷厂投入　48　不久，一封镇上居民的联名信便摆上了海德的办公桌。信中说："我们住在这个镇上，你的工厂排放到空气里的东西，随着呼吸进入到我们的肺里，还有我们的孩子的肺里；排放在河里的东西，也被我们喝进了肚子里。"

尽管工厂早已　49　了污染处理设备，并且达到了环保局的要求，海德先生心里还是非常不安，于是他打电话给环保局的检查员，向他说了这件事。还告诉他："希望你能帮助我，我要把我的工厂，还有我们所有的工厂，都彻底弄干净。"

接下来的时间，海德检查了各种污染源，发现印刷用的墨水是污染的最大源头，还发现这种墨水其实可以用黄豆来制造。经过反复实验，海德制成几近完美的黄豆墨水，不仅大大减少了对镇上人们饮用河水的污染，还成为世界上最大的黄豆墨水制造商。

几年后政府强令关闭一批中小印刷厂，海德的小厂也在其中。不过这时海德早因制造黄豆墨水而腰缠万贯，且因人类对环保的日益重视而更加生意兴隆。生活中，聪明的人会记得这样一句名言："上帝在你面前关闭一道门，同时也会为你开启一扇窗。"但更聪明的人则会在上帝尚未关闭那道门时，提前为自己打开一扇窗。所以当上帝关上那道门，人们还在苦苦寻找上帝为其开启的那扇窗的时候，他早已成功在别处。

48. 文中48处该填写的词是：
   A. 运动　　　　B. 运筹　　　　C. 运行　　　　D. 运载

49. 文中49处应该填写的词是：
    A. 安定　　　　B. 安营　　　　C. 安排　　　　D. 安装

50. 根据文章，还可以替换"几近"的词是：
    A. 近乎　　　　B. 几乎　　　　C. 很近　　　　D. 近来

51. 下面哪项文中没提到？
    A. 海德的小厂开业不久，就有居民们表示不满
    B. 海德看完联名信后，对此置之不理
    C. 后来海德成为世界上最大的黄豆墨水制造商
    D. 海德就是那种"更聪明的人"

52. 如果给本文加一个标题，最好的一项是：
    A. 上帝的门　　B. 黄豆墨水　　C. 成功在别处　　D. 海德创业史

53—56

要注意卫生保健。春天气候变化无常，时风时雨，外出春游一定要备足衣服，携带雨具，以防雨淋，伤风感冒。登山下坡，切勿迎风而立，避免受凉。

春游时，如在外野炊野餐，不要坐在阴凉潮湿的地方，以防受潮致病；野炊时要注意风向，不要随便丢弃火种，余火熄灭，__54__引起火灾。

适当预备一些常用药，如黄连素、避瘟丹等治疗腹泻及消炎的药物。

春游的时候，美丽的鲜花总是会吸引游客的视线，但是，好看的东西却不一定安全，因为有不少观赏价值极高的奇异花草具有毒性，比如仙人掌、龟背竹、青紫木、文殊兰、曼陀罗、光棍子、霸王鞭、珊瑚花、马蹄莲、报春花等。因此，旅游时应该谨防花毒，有些美丽的鲜花最好远看而不要近触。

避免过分劳累，特别是患有慢性病的中老年人，春游时要量力而行。不要走得过远，登山过高。

由于体力消耗较大，出汗多，易口渴，但此时应特别注意饮水卫生。春游途中，可能会遇到许多山涧、山泉，千万不能贪图一时痛快和方便，直接喝山涧水、山泉水。这些水水质并不纯净，受到雨水冲刷后，常混入土壤中的细菌、病毒、寄生虫等，还有可能受深山老林中的野兽、鸟类等的粪便的污染。即使是十分著名的泉水，其中也含有许多肉眼看不见的大肠杆菌、伤寒杆菌等致病细菌。春游期间最好是自备饮料，如淡盐水、淡茶水等。

53. 对春天气候变化无常，我们不应采取的措施：
    A. 备足衣服　　　　　　　　B. 切勿迎风而立
    C. 携带雨具　　　　　　　　D. 最好不要登山

54. 文中54处应该填写的词是
    A. 以便　　　　B. 以及　　　　C. 以免　　　　D. 免除

55. 以下哪项不是美丽的鲜花的主要特点?
    A. 总会吸引游客的视线　　　　　B. 其中不少有毒性
    C. 好看但不一定安全　　　　　　D. 对其能看、闻,绝不能摸

56. 根据本文,我们可以知道:
    A. 患慢性病的中老年人春游时要量力而行
    B. 春游途中,口渴时可直接喝山河水、山泉水
    C. 经过雨水的冲刷,这些水是天然的,很纯净
    D. 那些十分著名的泉水就是以纯净出名的

57-59

　　乡下的日子宁静、祥和,暖暖的阳光照在身上,可我万念俱灰的内心仍然寒气袭人。公司即将倒闭的事实毒蛇般缠绕着我,想到苦心经营了十几年的公司转瞬之间化为乌有,我的心情糟透了。

　　母亲在院子里赶着几只调皮的鸡。古老的磨台上,晾晒着长了毛的馒头——那些<u>扔之不迭</u>的坏了的东西,母亲竟然宝贝似地看护着……

　　十来天后的一个晌午,母亲端上一碟红彤彤的甜酱,奇香扑鼻,用大葱一蘸,醉心地香甜。问母亲,这酱哪儿买的?母亲回答:剩馒头扔了可惜,就<u>发酵</u>做成了这酱。我为母亲这<u>出神入化</u>的"酱术"深深地感动了。

　　多少日子,我任自己的坏情绪发霉变烂,在痛苦的泥沼里不能自拔,因为扭转乾坤看起来是天方夜谭。我何尝不能将那些痛苦的记忆制成一坛香甜的酱呢?

　　第二日,我回到<u>破败不堪</u>的公司。

　　第二年,我的公司奇迹般起死回生。那碟剩馒头做成了酱,成了一生最美的回忆。

57. 下面划线词语拼音正确的是:
    A. 扔之不迭(rēng zhī bù dié)　　B. 发酵(fā xiào)
    C. 出神入化(chū shéng rù huà)　　D. 破败不堪(pòbài būkān)

58. 文中的"天方夜谭"是什么意思?
    A. 阿拉伯地区的称谓　　　　　　B. 晚上讲的故事
    C. 著名阿拉伯民间故事　　　　　D. 表示离奇的故事,不足凭信的说法

59. 母亲没扔剩馒头的原因不是哪个?
    A. 家里很穷　　　　　　　　　　B. 认为扔了可惜
    C. 可以用之发酵做甜面酱　　　　D. 废物有时也可以再利用

60. 可以作这篇短文标题的是:
    A. 母亲　　　B. 一碗甜酱　　　C. 天方夜谭　　　D. 奇迹

61—64

黎族有50多万人，集中居住在海南岛黎族苗族自治州首府通什市，以及通什周围的保亭、乐东、琼中等县。

在中国历史上，黎族人民以精于纺织而闻名。黎族女孩子从七八岁起就开始学习纺线织布。她们用来纺织的工具非常简单，但是，织出来的头巾、被单等构图丰富，色彩绚丽，经久耐用，很有本民族的特点。

据史书记载，宋末元初（公元13世纪末）汉族著名女纺织技术革新家黄道婆，曾来海南向黎族人民学习纺织方法。这说明汉族与黎族自古以来就有亲密的交往。

在过去漫长的岁月里，黎族地区实行原始社会公社式的"合亩"制度。"合亩"，黎语是"家庭"的意思，是由两三户到一二十户有血缘关系的家庭组成的共耕组织，普通成员称为"亩众"，首领称为"亩头"，由辈分最长者担任，指挥、组织合亩的生产活动。

黎族婚姻实行一夫一妻制。新中国建立前，青年男女婚姻由父母包办，小时候订婚，要付很重的订婚金。有些人因没钱付订婚金，先去女家做工数年，然后接妻子回家，建立家庭。这种旧习俗早已经被废除。

黎族人民能歌善舞，有些歌舞节目已经被列为全国歌舞团体的保留节目。例如，反映劳动生活的《打柴舞》，反映丰收后喜悦心情的《丰收舞》等，源于生活，而又高于生活，很有民族特点，深受各族人民的欢迎。

61. 在中国历史上，黎族人民以什么而闻名？
    A. "合亩"制度　　　　　　　　B. 能歌善舞
    C. 一夫一妻制　　　　　　　　D. 精于纺织

62. 下面哪项说明汉族和黎族自古以来就有亲密的交往？
    A. 黎族人民精于纺织　　　　　B. 黎族实行一夫一妻制
    B. 黎族女孩子从很小就学习纺织　D. 黄道婆来海南学习纺织

63. 关于"合亩"制度说法错误的是？
    A. "合亩"黎族是"家庭"的意思
    B. 是由两三户到一二十户有血缘关系的家庭组成的共耕组织
    C. 普通成员称为"亩众"
    D. 首领称为"亩头"，由年龄最大者担任

64. 下面哪项文中没有提到？
    A. 黎族人民用来纺织的工具很简单
    B. 织出的头巾、被单等美丽耐用，有本民族特点
    C. 现在黎族青年男女婚姻仍由父母包办，小时候订婚
    D. 黎族人民的《打柴舞》《丰收舞》源于生活又高于生活，深受各族人民的欢迎

65—69

今天,许多杰出的科学家在研究这样的一个课题——破译人类基因的秘密,绘出一张精确的人类基因图。__65__ 有不少人会问,我们即使攻克了这个难关,将会对人类的生存带来什么实际的意义呢?

现代遗传学告诉我们,基因是遗传的基础,由脱氧核糖核酸(DNA)组成,它决定人体的各种性状,例如亚洲人有黑眼珠,__66__ 欧洲人则长着蓝眼珠,眼珠的不同颜色,就受到基因的控制。

不仅如此,人类所患的疾病有许多是基因病。基因与疾病有密不可分的关系。可以这样说,单基因病是因为某个基因的结构发生变化而引起的,最__69__的例子就是镰刀状细胞贫血。而多基因病则是多个基因结构改变而引起的,例如肿瘤、高血压等。

正因为如此,如果掌握了人体中每个基因的结构,以及与它所对应的一种性状或一种疾病,不管病人患什么病,只要克隆出与这种病对应的基因,就等于拿到了治病的秘方。所以,科学家渴望破译人类基因的所有秘密,其重要意义就在于此。

65. 文中65处应填写的词是:
   A. 然而   B. 虽然   C. 既然   D. 如果

66. 文中66处应该填写的词是:
   A. 却   B. 而   C. 如   D. 及

67. 下面哪项文中没有提到?
   A. 许多杰出的科学家正在破译人类基因的秘密
   B. 基因与疾病有密不可分的关系
   C. 镰刀状细胞贫血是多基因病的病例
   D. 单基因病是某个基因的结构发生变化而引起的

68. 现代遗传学告诉我们:
   A. 遗传是基因的基础
   B. 基因是由核糖核酸构成的
   C. 基因决定人体的各种性状
   D. 基因的控制决定于眼珠的颜色

69. 文中69处应该填写的词是:
   A. 重点   B. 重要   C. 古典   D. 典型

70—75

烟台清泉学校是山东清泉集团投资兴建的一所全日制寄宿学校。学校位于黄海之滨,与烟台市大学区__70__,人文地理环境优越,交通便利。校园占地8公顷,建筑面积5万多平方米,教学设施一流。

学校自2000年开始面向全国招生,经过近三年的发展,被确定为山东省一类民办学校、山东省多媒体网络教学研究基地,承担了多项国家、省级"十五"教科规划研究课题并被评为优秀实验学校。

为适应学校发展的需要,现面向全国招聘高中、初中、小学教师和韩国语教师。

一、招聘条件

小学教师专科以上学历,三年以上教龄,年龄35岁以下;中学教师本科以上学历,三年以上教龄,年龄40岁以下。市(地)级以上优秀教师,韩国语教师,具有中、高级以上职称者,优秀应届大学本科毕业生条件可适当放宽。

二、报名时间及办法

应聘者请将本人亲笔书写的简历、学历证、教师资格证、职称证、荣誉证等复印件、1张近期免冠照片、通讯地址、联系地址、联系电话于5月30日前寄烟台清泉学校。初审合格,通知面试、试讲。

三、待遇

试用合格后,签订聘用合同,可迁户口、转档案,按规定交纳社会养老保险;在分房、子女入托、入学等方面予以照顾;薪水丰厚,详情面议。

70. 文中70处应该填写的词是:

    A. 相安   B. 相邻   C. 接壤   D. 相接

71. 对烟台清泉学校的叙述,错误的一项是:

    A. 是山东清泉集团投资兴建的一所全日制寄宿学校

    B. 人文地理环境优越,交通便利

    C. 承担了多项国家、省级"十六"教科规划研究课题

    D. 被确定为山东省一类民办学校、山东省多媒体网络教学研究基地

72. 条件中没有提到哪一项?

    A. 初高中教师   B. 韩国语教师

    C. 小学教师   D. 学前班教师

73. 关于招聘条件,错误的是:

    A. 小学教师专科以上,35岁以下,教龄3年以上

    B. 中学教师专科以上,40岁以下,教龄3年以上

    C. 市(地)级以上优秀教师、韩国语教师可适当放宽条件

    D. 具有中、高级以上职称者、优秀应届大学本科毕业生可适当放宽条件

74. 报名时间是:

    A. 2000年5月30日前   B. 2002年5月30日前

    C. 2001年5月30日前   D. 2003年5月30日前

75. 本文是一份:

    A. 报名通知   B. 开业启事   C. 招聘启事   D. 教学计划

三、书面表达

（16题，40分钟）

第一部分

（15题，10分钟）

说明：76－85题，在每题的语句中有一划横线处，题后有ＡＢＣＤ四个答案，其中只有一个可以放入横线处使语句表达通顺。请找出来并在答卷字母上画一横道。

76. ＿＿＿＿＿＿＿，我专门参观了故事主人公的故居。
    A. 以为对这个故事的好奇　　　　B. 况且对这个故事的好奇
    C. 根据对这个故事的好奇　　　　D. 出于对这个故事的好奇

77. 一开始，＿＿＿＿＿＿＿。
    A. 乘客们对此并不在意　　　　　B. 对此并不乘客们在意
    C. 并不在意对此乘客们　　　　　D. 乘客的并不不在意对此

78. ＿＿＿＿＿＿＿就这样在海面上消失了。
    A. 最大最豪华的世界上这艘客船　B. 这艘世界上最大最豪华的客船
    C. 世界上最大这艘最豪华的客船　D. 客船最大最豪华的这艘世界上

79. 这对一个人来说是走了一小步，＿＿＿＿＿＿＿。
    A. 但对人类来说是跃出了一大步　B. 是跃出了一大步但人类对来说
    C. 对人类来说但是跃出了一大步　D. 一大步跃出了但对人类来说

80. ＿＿＿＿＿＿＿你过于关心收入的话，你＿＿＿＿＿＿＿不太可能成功。
    A. 非……不可……　　　　　　　B. 越……越……
    C. 如果……就……　　　　　　　D. 只有……才……

81. 一个人的财富并＿＿＿＿＿＿＿他钱袋里的几个铜板＿＿＿＿＿＿＿……
    A. 是……还是……　　　　　　　B. 不是……而是……
    C. 尽管……还是……　　　　　　D. 无论……都……

82. 许多科学家都试图得到确切答案，＿＿＿＿＿＿＿。
    A. 真正身高增长的原因究竟什么才是
    B. 身高增长的真正原因什么才是究竟
    C. 什么才是究竟身高增长的真正原因
    D. 究竟什么才是身高增长的真正原因

83. 我发现他住在租的房子里，＿＿＿＿＿＿＿。
    A. 令房子简陋我大吃一惊　　　　B. 房子的简陋令我大吃一惊

C. 房子的简陋大吃一惊令我　　　　　D. 令我大吃一惊房子的简陋

84. _____实验结果_____，多年的教学改革已见成效。
   A. 对……来说……　　　　　　　　B. 以……为……
   C. 由……组成……　　　　　　　　D. 从……来看……

85. 这里的学生从来没有_____享受阅读的乐趣_____去阅读。
   A. 为了……而……　　　　　　　　B. 之所以……是因为……
   C. 随之……而……　　　　　　　　D. 不但……而……

说明：86—90题，在这一部分里，每题的语句中有ＡＢＣＤ四个划线的词语，去掉其中某一个词语会使句子变成病句。请找出这个不能删去的词语，然后在答卷的字母上画一横道。

---

86. 我们向沙漠进军，<u>不但</u>保护了<u>农田</u>，开辟了绿洲，而且<u>对</u>交通<u>线路</u>也起了防护作用。
      　　　　　　　A　　　　　　B　　　　　　　　　　　　C　　　D

87. 大自然<u>中</u>的<u>各种</u>物质<u>都</u>时时<u>刻刻</u>在运动着。
       　　　A　　 B　　　　　C　　　 D

88. 时间是没有脚<u>的</u>，<u>而</u>人们却想出<u>了</u>许多法子记录<u>下</u>它的踪迹。
           　　　　A　　 B　　　　　　C　　　　　　　　　D

89. 恐龙<u>实际上</u><u>并</u>不<u>适应</u>寒冷的气候，但1986年在南极<u>确实</u>发现了这种古老两栖动物的
         　　 A　　 B　　　C　　　　　　　　　　　　　　　D
   化石。

90. 他过去身体<u>很</u>弱，<u>得过</u>肺病，<u>又</u><u>曾</u>患过几十年严重的胃病。
              　　A　　　　B　　　　　CD

第二部分

（作文，30分钟）

作文要求：1. 写作前认真阅读作文前的提示，按提示要求在规定的时间内写完。
   2. 用简化汉字书写，每个空格写一个汉字，汉字书写要清楚工整；每个标点符号占一个空格，标点符号要正确。
   3. 作文中不得出现跟考生有关的校名、地名和真人姓名。

作文提示：

在下面的作文中，你将有30分钟的时间来写一篇短文。请看清题目，按照题目和短文开头、中间段、结尾提示部分的话语写下去，使全篇文章内容不得少于350字（不包括已给出的提示语言文字）。

论自立

当前,随着物质条件越来越好,娇宠子女的现象也日趋普通,但如果一味地呵护,把孩子培养成衣来伸手,饭来张口,说话做事听之任之,投其所好,尽其所需的人,这就不能不令人担忧。

在我的身边就发生过这样一件事

作为子女,应该自觉脱离长辈的摇篮,在艰苦的环境中磨炼自己,自强自立,方能有所作为。

四、听力理解录音材料

(40题,约30分钟)

第一部分

说明:1—15题,在这部分试题中,都是两个人的简短对话,第三人根据对话提出一个问题,请你在四个书面答案中选出惟一恰当的答案。

1. 男:请尝尝我的手艺,怎么样?还行吧?
   女:哟,味道还真不赖。
   问:女的是什么意思?

2. 男:我没听错。
   女:我又没说你听错。
   问:女的是什么意思?

3. 女:听说你最近辞了工作开了个小店儿,生意不错。
   男:唉,我是上有老,下有小,妻子又下了岗,这也是不得已而为之啊!
   问:男的为什么要辞去工作开小店?

4. 男:小丽,听说了吗?闫钰出国了。
   女:什么,别跟我开玩笑了,昨天我还见她了呢!
   问:女的持什么态度?

5. 女:小胖,看你胖的,以后少吃点肉。
   男:咳,我呀,什么都能少吃,唯独肉不能少。
   问:男的是什么意思?

6. 女:东西弄成这个样子,都是我的错,实在对不起。
   男:快别这么说,其中也有我的份儿呀!
   问:女的在向男的干什么?

7. 男:你能行吗?骑自行车要两个小时呢?
   女:能行,我上学那会儿参加过全市的自行车大赛呢!
   问:下面哪一项最不可能是女的现在的身份?

8. 男:南南,是我晕了头,害了你和孩子。
   女:行了,再别说了,在里面要好好改造,我等你回来。
   问:男的现在可能在哪儿?

9. 男:这里面数我的字写得最漂亮。
   女:你别王婆卖瓜,自卖自夸了!
   问:女的是什么意思?

10. 男：你看人家小钰都在报刊上发表了许多文章了！
    女：不就写了几篇儿臭文章嘛,有什么了不起的！
    问：女的持什么态度？

11. 女：我说你整天不好好学习,什么打球哇、跑步哇、唱歌、跳舞哇,以后最好少搞点儿。
    男：打打球、跑跑步有什么不好？没有好的身体怎么能学习好呢？
    问：下面哪一项活动女的没有提到？

12. 男：这次世界女足锦标赛因SARS的原因,举办地由中国改为美国了。
    女：可不是么,这下美国队可是天时、地利、人和都占全了。
    问：女的是什么意思？

13. 男：咱们去北京旅游吧？
    女：现在北京跟个蒸笼似的,能去嘛？
    问：现在北京怎么了？

14. 女：你呀,一看见棋盘手就痒痒,一下起来,什么事都搁在脑后去了。
    男：唉,我平生就这么点爱好,你就饶了我吧！
    问：男的一看见棋盘就怎么了？

15. 男：咳！天底下最不幸的事就是两场精彩的球赛碰到了一起。
    女：难道少看一场就活不了了？
    问：男的为什么会这么说？

第二部分

说明：16－40题,在这部分试题中,你将听到几段简要的对话或讲话。每段话之后,你将听到几个问题,请你在四个书面答案中选出惟一恰当的答案。

16到19题是根据下面一段对话：
    男：古丽,你真行,公司刚进了60辆城市之星旅游观光车就有你的份,开着它什么感觉？
    女：这种新车窗户大,底盘高,安全性能好,开着它真是一种享受。
    男：听说它的车身长有12米？
    女：是的,它的客容量很大。
    男：我觉得它的最大特点是外观漂亮。
    女：是啊,印有沙漠、骆驼、草原及民族歌舞的图案最能反映新疆的风貌,这也给乌市增添了一道亮丽的风景线。

16. 问：古丽是什么身份？
17. 问：开这种观光旅游车是一种什么感觉？
18. 问：下面哪一项不是新车的特点？
19. 问：下面哪种图案对话中没有提到？

20到22题是根据下面一段对话：
    女：听说你喜欢写作？

男：啊，只是随便写着玩玩而已。
女：我从小爱好文学，可我光是会看不会写。
男：你喜欢谁的作品？
女：谁的？可多呢！小时候我喜欢安徒生的。后来我喜欢琼瑶的。现在我又对余秋雨、张贤亮等人的作品很感兴趣。你呢？
男：我没什么偏爱，只要觉得内容好我都喜欢看。

20．问：女的写作水平如何？
21．问：他们有一个什么样的共同爱好？
22．问：对话中没有提到谁的作品？

23到25题是根据下面一段对话：
女：刘医生，防非典期间，学校应做好哪些工作？
男：不但教室及宿舍要保持空气流通，每日至少用过氧乙酸或84消毒液对地面、桌椅进行消毒，而且学校必备体温表，早晚测量体温，同时禁止闲杂人员进入学校。
女：为了增强体质，学生可做哪些运动？
男：可以加强户外运动，如晨跑、打羽毛球、做操等。
女：在饮食上应如何注意呢？
男：可多吃新鲜蔬菜和水果，如西红柿、草莓、胡萝卜等。还可吃适量的维生素。

23．问：对下面哪一项的消毒对话中没有提到？
24．问：下面哪项运动对话中没提到？
25．问：下面哪种食品对话中没有提到？

26到29题是根据下面一段话：

我来中国之前，很多人对我说："如果你打算去中国，那么一定要知道怎么讲价。"当时，我对这个问题没有在意，因为在美国，所有的价格都是商店决定的，而且都很固定。到了中国之后，我才发现，中国的情况很不一样，很多地方都可以讲价。

我忘不了第一次"上当"的经历。我想买一条裤子，选了半天终于选中了一条，我问："多少钱？"小姐狡猾地说："本来价格是180块，看你是大学生就卖你150块吧。"我当时很高兴，以为自己买下了个便宜东西呢。结果我的美国和中国朋友都笑我，他们说："在中国，摊贩们往往会把价抬高3倍。"天哪，我又吃惊又愤怒。从此，我再也不那么容易上当了。

26．问：这篇文章的作者是哪国人？
27．问：中国的商品价格是怎么样的？
28．问：作者买的裤子要价是多少？
29．问：这条裤子的实价可能是多少？

30到33题是根据下面一段话：

三年前，过了而立之年的我们在一无双方父母支持、二无额外收入的情况下，在单位集资了8万余元，得到一套新房。这使我们的日子一下变得拮据起来。可同事们都说："看你过得好轻松，一点也看不出你们不宽裕。"其实，在拮据的日子里，精打理、细理财是我的持家之道。

30. 问:作者现在大概是多大年龄?
31. 问:作者是靠谁买下了8万多的新房?
32. 问:他们的日子过得怎么样?
33. 问:下面哪一项不是作者的持家之道?

34到36题是根据下面一段话:
　　因为拮据,平时同事们谈论街上哪家精品屋家具款式新,哪家专卖店衣服做工考究时,我总是不参与,而我穿的衣服又令同事们赞叹不已。一件丈夫穿旧的黑呢短大衣,经我一翻新,裁剪成上个世纪50年代列宁装式样,再在领口与袖口部位配上花格呢,穿在身上既端庄又时尚。买房之前,在每年的春、秋之际,我们一家都得外出旅游一次。买房后因为拮据,这个项目暂时取消了。
34. 问:她穿的衣服是哪里来的?
35. 问:作者穿的衣服怎样?
36. 问:买房后他们还去旅游吗?

37到40题是根据下面一段话:
　　为了开阔孩子的视野,到大自然中增长知识,我们就利用星期天带孩子去乡下外婆家。在汽车上孩子指着河里的野鸭,田里的老牛以及各种农作物,问这问那,我们总是不厌其烦地解答。
　　到了外婆家,大人帮着收玉米、挖花生、挖土豆,小孩也帮着捡。这样,孩子在大自然中既增长了知识,又得到了劳动锻炼,更知道粮食是来之不易的,我们也达到了旅游的效果。
　　拮据的日子只要理好财,就有盼头,更有滋味。虽然物质生活清苦一些,但这并没有影响我们的心情。只要精打理、细理财,我们的未来就会充满希望。
37. 问:他们的孩子现在怎样过周末?
38. 问:孩子对农村的态度如何?
39. 问:下面哪一项农活不是小孩子干的?
40. 问:下面哪一种说法不是他们过拮据日子的感受?

第 四 套 试 题

一、听力理解

（40题，约30分钟）

第一部分

说明：1—15题，在这部分试题中，都是两个人的简短对话，第三人根据对话提出一个问题，请你在四个书面答案中选出惟一恰当的答案。

1. A. 2个 B. 3个 C. 4个 D. 5个
2. A. 衣着朴素 B. 举止端庄 C. 心灵高尚 D. 言谈高雅
3. A. 师生 B. 兄妹 C. 夫妻 D. 同事
4. A. 他想管 B. 他可能管 C. 他愿意管 D. 他不愿意管
5. A. 不拿钱开玩笑 B. 常拿钱开玩笑
   C. 不常开玩笑 D. 不开玩笑
6. A. 想偷紫微的钱 B. 想骗紫微的钱
   C. 想借紫微的钱 D. 想让紫微请客
7. A. 别看不起人 B. 别讥笑我了 C. 别开玩笑 D. 别夸奖我了
8. A. 上大学 B. 孝顺 C. 老实巴交 D. 找个对象
9. A. 无所谓 B. 很反感 C. 很吃惊 D. 很高兴
10. A. 应该减肥 B. 必须减肥 C. 不要减肥 D. 不必减肥
11. A. 男的应该听她的话 B. 男的应该同意
    C. 男的不应该草率决定 D. 男的应该听她说话
12. A. 肯定 B. 赞成 C. 不相信 D. 否定
13. A. 强词夺理 B. 说谎话 C. 吵架 D. 骂人
14. A. 男的还不老 B. 男的并没老到那份上
    C. 男的还年轻 D. 男的已八十岁了
15. A. 年龄大了 B. 海拔太高了 C. 身体欠佳 D. 他太累

第二部分

说明：16—40题，在这部分试题中，你将听到几段简要的对话或讲话。每段话之后，你将听到几个问题，请你在四个书面答案中选出惟一恰当的答案。

16. A. 加拿大　　　　　B. 美国　　　　　　C. 巴西　　　　　　D. 加拿大和美国
17. A. 1399.6米　　　　B. 400米　　　　　C. 58米　　　　　　D. 580米
18. A. 高度低　　　　　B. 雾气大　　　　　C. 水汽大　　　　　D. 高度高
19. A. 尼亚加拉瀑布是世界上最宽的瀑布　　　B. 尼亚加拉瀑布是世界上最高的瀑布
    C. 尼亚加拉瀑布是世界上最大的瀑布　　　D. 尼亚加拉瀑布是世界上最小的瀑布
20. A. 民间艺术家　　　B. 艺术家　　　　　C. 民间音乐家　　　D. 民间艺人
21. A. 第六代　　　　　B. 第七代　　　　　C. 第八代　　　　　D. 没提到
22. A. 歌声　　　　　　B. 走钢丝　　　　　C. 音乐　　　　　　D. 绘画
23. A. 达到72岁　　　　B. 不到72年　　　　C. 超过72岁　　　　D. 近72岁
24. A. 走钢丝的奖金　　B. 吉尼斯纪录的报酬　C. 拍广告的报酬　　D. 各企业赞助的
25. A. 广州的　　　　　B. 上海的　　　　　C. 北京的　　　　　D. 天津的
26. A. 5项　　　　　　　B. 6项　　　　　　　C. 8项　　　　　　　D. 没提到
27. A. 路易丝　　　　　B. 韦斯利　　　　　C. 布朗　　　　　　D. 穆林德
28. A. 100万　　　　　　B. 100多万　　　　　C. 近100万　　　　　D. 不清楚
29. A. 24岁　　　　　　B. 20岁　　　　　　C. 25岁　　　　　　D. 33岁
30. A. 4个　　　　　　　B. 5个　　　　　　　C. 4到5个　　　　　D. 不确定
31. A. 长征三号甲　　　　　　　　　　　　　B. 第一颗"北斗一号"
    C. 第二颗"北斗一号"　　　　　　　　　　D. 第三颗"北斗一号"
32. A. 负责通讯　　　　B. 进行太空探测　　C. 导航定位　　　　D. 用于军事领域
33. A. 西昌　　　　　　B. 西安　　　　　　C. 南宁　　　　　　D. 没提到
34. A. 2003年　　　　　B. 2001年　　　　　C. 2000年　　　　　D. 没提到
35. A. 工作稳定　　　　　　　　　　　　　　B. 状态良好
    C. 效益显著　　　　　　　　　　　　　　D. 创造了很大经济价值
36. A. 此卫星单独完成导航定位系统　　　　　B. 此卫星和前两颗组成了完整的导航定位系统
    C. 此系统将全天候提供卫星导航服务　　　D. 此系统将全天时提供卫星导航服务
37. A. 200万　　　　　　B. 220万　　　　　　C. 800万　　　　　　D. 8000万
38. A. 30分钟　　　　　B. 40分钟　　　　　C. 5分钟　　　　　　D. 20分钟
39. A. 30分钟　　　　　B. 40分钟　　　　　C. 50分钟　　　　　D. 没提到
40. A. 公交车　　　　　B. 班车　　　　　　C. 地铁　　　　　　D. 出租车

二、阅读理解

(35题,30分钟)

说明:41—75题,每段文字后都有几个问题,每个问题都有ＡＢＣＤ四个答案,请阅读后根据每题要求选择惟一恰当的答案,并在答卷相应字母上画一横道。

41—43

　　他花钱请我吃饭,这无异于小恩惠,可吃人家的嘴短,如果吃了"白饭"还怎么拒绝呢?我灵机一动。告诉服务小姐:"我们来尝试 AA 制的。"小姐应道:"好吧。"我赶紧把我那份钱交了。他却木然地看着我不知所措,我赶快起身示意要走,他才转过神来付了他的那份,悻悻地和我一起出了那家餐馆。

41. 文中的"吃白饭"是什么意思?

　　A. 吃米饭　　　　　　　　　　　　B. 吃素食

　　C. 吃干净的饭　　　　　　　　　　D. 指吃饭不付钱,只吃饭不干事

42. 文中划线词语拼音不正确的是:

　　A. 恩惠(ēnhuì)　　B. 木然(mùrán)　　C. 灵机(língjī)　　D. 悻悻(xìngxìng)

43. 关于"AA 制"的解释错误的一项是:

　　A. 原指医学处方用语,表示"上述药品各用若干量(等量)"

　　B. 今多指聚餐时各人平摊出钱

　　C. 也指聚餐时付各人的账

　　D. 也指各领域中最基本的制度

44—47

　　明中都城位于凤阳县城西北的凤凰山南面。1368 年,朱元璋建立明朝,定都南京。之后,他觉得南京"偏于江左,不便于控制"。第二年他便　46　:"取中天下立,定四海之民",决定在他的家乡凤阳建造城池宫阙,名为"中都"。当时,集中全国名材百工技艺,营建达六年之久,建成外、中、内三城。外城周长 45 里,土筑高墙 3 丈;中城为皇城,周长 13 里半,城墙高 2 丈;内城为紫禁城,周长 6 里,城墙高 4 丈 5 尺。城内殿宇壮丽辉煌,在中国古代都城建筑史上占有重要地位。明朝灭亡后,内城建筑完好,曾作为凤阳县官府多年,此后逐渐被破坏,现仅存紫禁城墙、午门、西华门、残破的墙基以及一些碑刻、石雕等。

44. 哪年,朱元璋立明朝,定都南京?

　　A. 1638 年　　　　B. 1386 年　　　　C. 1836 年　　　　D. 1368 年

45. "中都"位于:

　　A. 南京　　　　B. 凤阳　　　　C. 燕京　　　　D. 成都

46. 文中46处应该填写的词是:

　　A. 下令　　　　B. 下达　　　　C. 下诏　　　　D. 下本儿

47. 根据这段话,我们可以知道:

　　A. 内中外城中,中城周长最长

　　B. 内中外城中,外城城墙最高

　　C. 至今内城建筑完好

　　D. 城内殿宇壮丽辉煌,在中国古代都城建筑史上占有重要地位

48－54

　　在我们周围,有时候能发现这样一种人,看他们的脸,分明已经是成人了,但身体却特别矮小,就像还没经过青春发育期的少年儿童。

　　人体的生长发育, 48 脑垂体分泌的生长激素控制。这种激素如果分泌过多可能形成巨人症,但如果病人发育前分泌不足,则会形成侏儒症。由于缺乏生长激素,这种人的身高,男性一般停留在132厘米左右,而女性则停留在123厘米左右。 51 侏儒的头颅大小与正常人相差不大,所以就形成了一种很不匀称的特殊体形,在众多正常身体的人群中尤为显得突出。侏儒的智力虽不会受到影响,但这种体形对生活和工作带来许多不便,同时也会在心理上产生巨大压力。

　　这种垂体性侏儒症病人,脑垂体为什么不能分泌出足够的生长激素,原因到现在还不很清楚,可能是先天发育不全所致,但也有些科学家认为,它与猩红热、血吸虫病等感染有关。还有少数侏儒症病人,是因为脑垂体受到附近的肿瘤压迫而引起的。

　　因为生长激素而引起的垂体性侏儒,可以通过 53 生长激素进行治疗。由肿瘤引起的侏儒症,则应该先设法治疗肿瘤。

48. 文中48处应该填写的词是:

　　A. 被　　　　　B. 受　　　　　C. 把　　　　　D. 拿

49. 可以替换划线词语"则"的是:

　　A. 尺　　　　　B. 就　　　　　C. 而　　　　　D. 也

50. 由于缺乏生长激素,男性的身高一般停留在:

　　A. 132cm　　　B. 123cm　　　C. 142cm　　　D. 152cm

51. 文中51处应该填写的词是:

　　A. 虽然　　　　B. 是因为　　　C. 可是　　　　D. 由于

52. 下面哪项文中没提到?

　　A. 脸是成人的脸,身体却特别矮小,这种人是侏儒

　　B. 生长激素分泌过多,可能形成巨人症

C. 女性侏儒的身高一般停留在 132 厘米

D. 侏儒的智力不会受到影响，但体形给生活工作带来许多不便，同时也会在心理上产生巨大压力

53. 文中 53 处应该填写的词是：
    A. 发射　　　　B. 扫射　　　　C. 反射　　　　D. 注射

54. 垂体性侏儒症的病人病因不可能是：
    A. 脑垂体先天发育不全　　　　　　B. 与猩红热、血吸虫病等感染有关
    C. 脑垂体受附近的肿瘤压迫而引起　　D. 生长激素分泌过多

55—60

在人际___55___中，让步是一种常用的处理问题的方式。让步不是懦弱、失去人格的表现，而是一种修养。

美国著名政治家帕金斯 30 岁那年就任芝加哥大学的校长，有人怀疑他那么年轻是不是能胜任大学校长的职位，他知道后只说了一句："一个 30 岁的人所知道的是那么少，需要依赖他的助手兼代理校长的地方是那么多。"就这短短一句话，那些原来怀疑他的人一下子就放心了，像这样的谋略一般人是不愿采用的。

人们遇到了这样的情况，往往喜欢尽量表现自己比别人强，或努力证明自己是有特别才干的人，然而一个真正有能力的领袖是不会自吹自擂的，所谓"自谦则人必服，自夸则人必疑"就是这个道理。

让步其实只是暂时的、虚拟的退却，为进一尺有必要先做出退一步的忍让，为避免吃大亏就不应计较吃点小亏。

55. 文中 55 处该填写的词是：
    A. 交往　　　　B. 来往　　　　C. 往来　　　　D. 过往

56. 美国著名政治家帕金斯多大时就任芝加哥大学的校长？
    A. 29 岁　　　　B. 30 岁　　　　C. 31 岁　　　　D. 32 岁

57. 为什么有人怀疑他能否胜任大学校长的职位？
    A. 因为年轻　　　B. 因为长相　　　C. 因为学历　　　D. 因为出身

58. 对别人的怀疑，他的回答是：
    A. 幽默　　　　B. 愤怒　　　　C. 让步　　　　D. 伤心

59. 遇到帕金斯这类情况，人们一般不愿：
    A. 自吹自擂　　　　　　　　　B. 尽量表现自己比别人强
    C. 采取让步的谋略　　　　　　D. 努力证明自己是特别有才干的人

60. 下面哪项是错误的说法？
    A. 让步是一种常用的处理问题的方式
    B. 让步是懦弱、失去人格的表现

C. 让步是一种修养
D. 一个真正有能力的领袖是不会自吹自擂的

61－66

有一个人很不满足自己的工作,他忿忿地对朋友说:"我的上司一点也不把我放在眼里,改天我要对他拍桌子,然后辞职不干。"

"你对那家贸易公司弄清楚了吗?对他们做国际贸易的窍门完全搞通了吗?"他的朋友反问。

"没有!"

"君子报仇三年不晚,我建议你好好地把他们的一切贸易技巧、商业文书和公司组织完全搞通, 63 连怎么修理影印机的小故障都学会,然后辞职不干。"他的朋友建议,"你用他们的公司,做免费学习的地方,什么东西都通了之后,再一走了之,不是既出了气,又有许多收获吗?"

那人 64 了朋友的建议,从此便默记偷学,甚至下班之后,还留在办公室研究写商业文书的方法。

一年之后,那位朋友偶然遇到他:

"你现在大概多半都学会了,准备拍桌子不干了吧!"

"可是我发现近半年来,老板对我刮目相看,最近更总是委以重任,又升官、又加薪,我已经成为公司的红人了!"

"这是我早就料到的!"他的朋友笑着说,"当初你的老板不重视你,是因为你的能力不足,却又不努力学习;而后你痛下苦功,担当日巨,当然会令他对你刮目相看。只知抱怨上司的态度,却不反省自己的能力,这是人们常犯的毛病啊!"

61. 文中那个人当初对自己的工作怎样:
    A. 很满意   B. 不太满意   C. 有点儿满意   D. 很不满意

62. 老板当初对他如何:
    A. 不重视   B. 拍桌子   C. 辱骂   D. 重视

63. 文中63处应该填写的词是:
    A. 特别   B. 甚至   C. 不是   D. 而是

64. 文中64处应该填写的词是:
    A. 服从   B. 服气   C. 听从   D. 听凭

65. 根据文章,划线词语"红人"的意思是:
    A. 穿红衣服的人   B. 刚刚结婚的人   C. 受宠信的人   D. 肤色较红的人

66. 当初老板不重视那个人的原因不是:
    A. 他能力不足   B. 只知抱怨上司的态度
    C. 他不努力学习   D. 他人缘很好

67—70

　　夏日炎炎,大自然中的动物都有各自避暑的诀窍,大象在热天不停地___67___大耳朵,产生凉风,使自己的头部降温,当来到泉水或河边时,大象常常用长鼻子吸满水,喷向自己的背部和腹部,痛痛快快地洗一个凉水澡。

　　狗则靠它那特殊的___68___。它的汗腺不长在皮肤上,而是长在舌头上。天气炎热时,狗就把舌头伸出来,借以散发热量。狗的舌头是一种高效率的天然散热器。

　　蜜蜂依靠集体力量来避暑。大热天,蜜蜂在蜂巢里一起用较快的频率振动翅膀,其作用如同电风扇,可使巢内凉风___70___,空气新鲜,降温4到6摄氏度。

　　非洲白蚁避暑的方法更妙,它们营造起高大的蚁塔,形似金字塔。蚁塔的外壳有50厘米厚,开有许多"气窗",里面隧道密布,弯弯曲曲,长约几百米,结构恰似"空调住房",尽管外面"赤日炎炎似烧",里面却是一片清凉世界。

67. 文中67处应该填写的词是:
　　A. 吹动　　　　B. 打动　　　　C. 扇动　　　　D. 颤动

68. 文中68处应该填写的词是:
　　A. 唾液腺　　　B. 汗腺　　　　C. 泪腺　　　　D. 胰腺

69. 蜜蜂依靠集体力量来降温:
　　A. 1～2℃　　　B. 3～4℃　　　C. 4～6℃　　　D. 7～8℃

70. 文中70处可以填写的词是:
　　A. 炎炎　　　　B. 晰晰　　　　C. 灰灰　　　　D. 习习

71—75

　　在工厂中,机器需要经常滴加润滑油,以减少运转时的摩擦力。其实,我们的身体也是一部"大机器",体内器官也在不停地运动,为了保证各种器官不被磨损,我们的身体内部也会分泌出一些特殊的"润滑油"。

　　在人体腹腔中,居住着大肠、胃、脾、胆、肝和胰等许多器官,非常拥挤,更何况它们要各自运动。例如,胃每分钟蠕动3次,小肠和大肠盘旋曲折,也时常在蠕动,这样,器官免不了会产生摩擦。可天长日久,腹腔内的这些器官并没有因为摩擦而受到损伤,这一切应该归功于人体内一种特殊的"润滑油"。

　　原来,腹内有一层腹膜,能够___74___不断地分泌出少量浆液,这种浆液具有润滑作用,一刻不停地润滑着腹腔里的器官。

　　除内脏器官外,关节的运动也离不开"润滑油"。我们知道,关节是骨骼系统的重要部分,是骨头与骨头相连接的地方。有了关节,我们的四肢和躯干才能进行上下左右的弯曲运动。关节之所以能转动自如,除了在关节面上有一层特别光滑的软骨外,而且在软骨表面总显得很湿润,因为表面有一层极薄的液体,这就是体内分泌的"润滑油",它能进入到关节表面处,使关节在转动时受到的摩擦力尽可能变小。

71. 我们身体内部分泌出一些特殊的"润滑油"的目的是：
    A. 为了保证各种器官不被磨损　　　B. 为了清洁各种器官
    C. 为了营养各种器官　　　　　　　D. 为了使各种器官保持很好的联系
72. 胃每小时蠕动：
    A. 3 次　　　　　　B. 30 次　　　　　　C. 300 次　　　　　　D. 180 次
73. 能润滑腹腔内各器官的浆液由什么分泌的？
    A. 胰腺　　　　　　B. 腹膜　　　　　　C. 胆　　　　　　　　D. 肝脏
74. 文中 74 处应该填写的词语是：
    A. 匆匆　　　　　　B. 哗哗　　　　　　C. 咕咕　　　　　　　D. 源源
75. 如果给本文加一个标题，最好的一项是：
    A. 浆液　　　　　　B. 人体"润滑油"　　C. 关节液　　　　　　D. 润滑油的作用

61

三、书面表达

(16题,45分钟)

第一部分

(15题,10分钟)

说明:76-85题,每段文字后都有几个问题,每个问题都有ＡＢＣＤ四个答案,请阅读后根据每题要求选择惟一恰当的答案,并在答卷相应字母上画一横道。

76. 这不过是件小事_____。
    A. 然而他却很认真地追问此事发生在何时
    B. 然而此事发生在何时他却很认真地追问
    C. 在何时发生此事然而他却很认真地追问
    D. 此事发生在何时然而他却很认真地追问

77. 我和她几乎_____。
    A. 到了无话地步的可说   B. 到了无话可说的地步
    C. 可说无话的地步到了   D. 到了的地步无话可说

78. 我们这些外孙们,永远_____我们的外祖母_____荣。
    A. 把……叫……   B. 从……而……   C. 以……为……   D. 一……就……

79. 警察提醒我说,以后碰到有人在偷、在抢,_____记住其相貌,打电话报警,不要抓,_____伤着自己。
    A. 无论……那……   B. 只管……以免……
    C. 除非……才……   D. 虽然……然而……

80. _____,问一问他们究竟交换了什么东西。
    A. 我从隐蔽处立刻真想就跑出来   B. 我立刻真想就从隐蔽处跳出来
    C. 我真想立刻就从隐蔽处跳出来   D. 我就从隐蔽处真想立刻跳出来

81. 她走近王英,_____。
    A. 从后面轻轻拽了拽她的衣角   B. 后面拽了拽从轻轻她的衣角
    C. 轻轻拽了拽后面她的衣角   D. 她的衣角从后面轻轻拽了拽

82. 现在,她_____搞女子健身美容,_____进行义务社会服务工作。
    A. 无论……都……   B. 一边……一边……
    C. 不管……都……   D. 越……越……

83. _____有没有解决的矛盾,_____就有问题。
    A. 哪里……哪里……   B. 有时……有时……

C. 不是……就是…… D. 一边……一边……

84. _____,车间里的人都发出轻蔑的嘲笑声。
   A. 他以主任的身份当出现在包装车间时
   B. 当他以主任的身份出现在包装车间时
   C. 在包装车间时当他以主任的身份出现
   D. 他以主任的身份出现当在包装车间时

85. 我是一名重庆的读者_____。
   A. 首先我代表所有读者向你们说一声"谢谢"
   B. 首先向你们说一声"谢谢"我代表所有读者
   C. 首先一声"谢谢"向你们说我代表所有读者
   D. 首先我所有读者代表向你们说一声"谢谢"

说明:86—90题,在这一部分里,每题的语句中有ＡＢＣＤ四个划线的词语,去掉其中某一个词语会使句子变成病句。请找出这个不能删去的词语,然后在答卷的字母上画一横道。

86. 在 一次闲聊中,我知道你竟然是我的同乡。
    A   B   C   D

87. 你一定照顾好自己,我在远方 期待 着好消息传来。
     A   B   C D

88. 近来,为赶写文章,我常常要工作到深夜四五点才能休息。
          A   B   C   D

89. 一天,我带儿子坐公共汽车,上来一位抱小孩的妇女,满车的人都没让座。
              A   B   C   D

90. 我宁愿用这点时间来多睡上 一会儿。
     A   B   C   D

第二部分

(作文,30分钟)

作文要求:1. 写作前认真阅读作文前的提示,按提示要求在规定的时间内写完。
         2. 用简化汉字书写,每个空格写一个汉字,汉字书写要清楚工整;每个标点符号占一个空格,标点符号要正确。
         3. 作文中不得出现跟考生有关的校名、地名和真人姓名。

作文提示：

在下面的作文中，你将有30分钟的时间来写一篇短文。请看清题，按照题目和短文开头、中间段、结尾提示部分的话语写下去，使全篇文章内容不得少于350字（不包括已给出的提示语言文字）。

<h3 style="text-align:center">"滥竽充数"新议</h3>

滥竽充数的故事，我们都读过，可是现在我们还会发现在我们的身边这种现象时时出现。

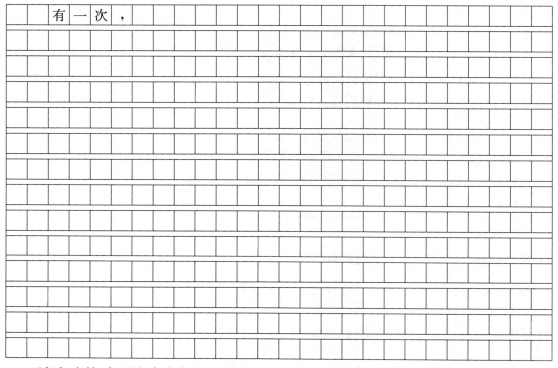

有一次，

干任何事情，都要有真才实学，不懂就是不懂，滥竽实在是不能充数了。

四、听力理解录音材料

(40题,约30分钟)

第一部分

> 说明:1—15题,在这部分试题中,都是两个人的简短对话,第三人根据对话提出一个问题,请你在四个书面答案中选出惟一恰当的答案。

1. 男:咱们定个时间,把老赵,老孙,还有老周都叫上,一起去爬红山。
   女:那太好了,就下个星期天吧!
   问:爬红山一共有几个人?

2. 女:你认为当老师应该具备哪些素质?
   男:我觉得作为一个老师应该知识渊博,言谈高雅,举止端庄,心灵高尚。
   问:下面哪一项男的没提到?

3. 女:你这坏脾气就是不改,我这一辈子跟着你真是活受罪。
   男:唉!都老夫老妻了,还说这些有啥用!
   问:男的和女的是什么关系?

4. 女:这是我个人的事,用不着你来管闲事。
   男:让我管?恐怕还得磕上三个响头!
   问:男的是什么意思?

5. 女:中西文化的确存在许多差异。
   男:是啊,就拿开玩笑来说,中国人常在钱的问题上开玩笑。西方人则不然。
   问:西方人怎么样?

6. 女:赵强,听说紫微最近得了一笔数目不小的奖金,咱们去敲敲她的竹杠去,怎么样?
   男:这回一定得让她放放血。
   问:对话中的男女是什么意思?

7. 女:李强,你真有能耐啊,都快成了全校的大红人了。
   男:行了,你别寒碜人了。
   问:男的是什么意思?

8. 男:赵妈,您看您有这么个孝顺儿子真是好福气啊!
   女:唉,光孝顺有什么用啊,老实巴交的,连个对象都处不上。
   问:女的最希望儿子怎么样?

9. 男:丽丽,你到底走不走?你不走我走了啊!
   女:爱走不走,我又没拽着你。
   问:女的是什么态度?

10. 女:唉呀,我现在都胖得不成样子了,我得赶紧减减肥。
    男:有那必要吗?
    问:男的是什么意思?

11. 男:行了,行了,你再怎么说我也不会同意的。
    女:你先听我把话说完嘛!
    问:女的是什么意思?

12. 女:听说王明被公安局抓走了。
    男:瞎说!我昨天还看见他了呢。
    问:男的持什么态度?

13. 男:你这个人总是没理也要狡辩三分。
    女:你怎么会这样评价我?
    问:男的认为女的总爱怎么样?

14. 男:唉,老喽,吃饭也不香了,腿脚也不灵活了。
    女:看你说的,好像七老八十了似的。
    问:女的是什么意思?

15. 男:正常人在海拔这么高的地方都会呼吸困难,更何况他呢?
    女:是啊,我怎么把他做过手术这茬给忘了呢!
    问:对话中的他呼吸困难的主要原因是什么?

第二部分

说明:16—40题,在这部分试题中,你将听到几段简要的对话或讲话。每段话之后,你将听到几个问题,请你在四个书面答案中选出惟一恰当的答案。

16到19题是根据下面一段对话:

女:阿迪力,听说你又要向横跨加拿大与美国之间的尼亚加拉大瀑布发起挑战?
男:是的,我们正在积极筹备这次活动。
女:这与你以前400米的高空跨越长江三峡,1399.6米的高空跨越南岳顶峰有什么不同?
男:这又是一次挑战极限。尼亚加拉瀑布宽近千米,高58米。这是世界上最大的天然瀑布,雾和水汽都很大,而且在5公里以外能听到瀑布声,朋友们劝我放弃,但我还是决定7月份去考察考察。

16. 问:尼亚加拉大瀑布位于哪个国家?
17. 问:尼亚加拉瀑布的高度是多少米?

18. 问:下面哪一项不是挑战尼亚加拉瀑布的困难?
19. 问:下面哪种说法最正确?

20 到 23 题是根据下面一段对话:
　　女:王洛宾用歌声让世界了解新疆,同样作为民间艺术的发扬者,您认为自己做了哪些?
　　男:我是家庭的第6代传人,8岁开始学艺。与王洛宾老先生不同的是,他用"歌声"向世界展现着中国民间艺术的魅力,而我是用"走"。
　　女:高空演艺需要充沛的体力,它也有年龄极限,你认为你能在高空走到哪一天?
　　男:我父亲走到了72岁。我今年32岁,但在达瓦孜艺术上,我已将先辈们的事业很好地继承和发扬光大了。所以,如果长寿的话,我在高空行走的年龄极限会超过先辈。
20. 问:确切地说王洛宾是个什么样的人?
21. 问:男的是他们家庭中的第几代达瓦孜传人?
22. 问:男的要用什么来向世界展现中国民间艺术?
23. 问:如果男的能长寿,他走钢丝的年龄将会达到多少岁?

24 到 26 题是根据下面一段对话:
　　女:听说"格兰仕空调"的电视广告得到了一笔赞助费,今后你还继续拍广告吗?
　　男:那次拍广告,我得到了150万元的赞助费,此后,北京、天津、上海的许多家企业都找过我,提出过给予赞助。但从内心讲,我很想为家乡的企业宣传出一点力。
　　女:"阿迪力"这个名字已成为"品牌",你将来准备怎样将这个品牌维护下去?
　　男:达瓦孜事业在我这一代得到了很好的发展,"阿迪力"的品牌是大家给我的荣誉。目前,我已打破了5项吉尼斯世界纪录,我要一直不停地向极限挑战,我要一直走下去。
24. 问:阿迪力得到的150万元是怎样获得的?
25. 问:下面哪些省区的企业,对话中没有提到?
26. 问:目前,阿迪力已打破多少项吉尼斯世界纪录?

27 到 30 题是根据下面一段话:
　　全球首名试管婴儿路易丝·布朗就要结婚啦。布朗出生于1978年7月25日,在她之后,全球共有超过100万名试管婴儿相继诞生。现年24岁的布朗长得活泼可爱,在一所邮局任职邮递员,刚在不久前与33岁的银行保安员韦斯利·穆林德定下终身。这对年轻的夫妇还没有决定在哪一天举行婚礼,小两口都表示暂时没有计划要生BB,布朗还略带羞涩地告诉记者:"小的时候我常想要生至少4到5个小孩,不过现在我对这个问题就没有那么肯定了,一切顺其自然吧。"
27. 问:全球首名试管婴儿叫什么名字?
28. 问:全世界共有多少试管婴儿?
29. 问:现在布朗有多大年龄?
30. 问:他们打算将来要生多少孩子?

31 到 33 题是根据下面一段话：

据新华社西昌 5 月 25 日电，北京时间 5 月 25 日零时 34 分，我国在西昌卫星发射中心用"长征三号"运载火箭，成功地将第三颗"北斗一号"导航定位卫星送入了太空。

第三颗"北斗一号"的成功发射，标志着我国已自主建立了完善的卫星导航系统，对我国国民经济建设将起到积极作用。

子夜，高高的卫星发射塔架上，耸立着"长征三号甲"运载火箭和"北斗一号"导航定位卫星。按预定发射计划，5 月 25 日零时 34 分，火箭托举着"北斗一号"卫星与火箭分离。根据西安卫星测控中心实时传来的测控数据，卫星准确进入预定轨道。

31．问：5 月 25 日发射的是哪一颗卫星？
32．问：第三颗"北斗一号"是干什么的？
33．问：第三颗"北斗一号"是从哪里发射出去的？

34 到 36 题是根据下面一段话：

这次发射的是第三颗"北斗一号"导航定位卫星。前两颗"北斗一号"卫星分别于 2000 年 10 月 31 日和 12 月 21 日发射升空，运行至今导航定位系统工作稳定，状态良好，产生了显著效益。这次发射的第三颗"北斗一号"卫星是导航定位系统的备份星。它与前两颗"北斗一号"工作星组成了完整的卫星导航定位系统，确保全天候、全天时提供卫星导航信息。

34．问：第二颗"北斗一号"是哪一年发射的？
35．问：下面哪一项不是此卫星目前的工作状态？
36．问：下面哪句话不对？

37 到 40 是根据下面一段话：

2002 年国庆节期间，220 多万游客来到首都，给北京的交通带来了不小的压力。2008 年奥运会，北京将会迎来 800 多万人。按规划，奥运会期间，运动员、教练员从驻地到达距离最远的训练或比赛场馆，耗时不超过 30 分钟；再加上北京上千万的居民，北京将如何实现城市交通的畅通承诺？

2002 年 10 月 19 日，面对 CCTV 经济半小时主持人的提问，北京市市长刘淇胸有成竹地说，保证到 2008 年以后，北京再也不会为堵车而烦恼！在市区里的任何一点，步行 5 分钟就会有一个地铁站，坐公交车一次出行时间不超过 40 分钟，市区范围内上下班时间不超过 50 分钟。

37．问：2008 年奥运会将有多少人来北京？
38．问：按规划，奥运期间，运动员、教练员从驻地到比赛场馆不得超过多少分钟？
39．问：目前市区内上下班路程所需时间是多少？
40．问：到 2008 年你坐什么车将会 5 分钟就可以找到一个站点？

第五套试题

一、听力理解

（40题，约30分钟）

第一部分

说明：1—15题，在这部分试题中，都是两个人的简短对话，第三人根据对话提出一个问题，请你在四个书面答案中选出惟一恰当的答案。

1. A. 很卖力 B. 很努力 C. 很认真 D. 很粗心
2. A. 酒 B. 烟 C. 茶 D. 肉
3. A. 丈夫 B. 子女 C. 自己 D. 同事
4. A. 杨华比他还要快 B. 杨华不如他快 C. 他比杨华还要快 D. 两个人都很快
5. A. 成了老太婆 B. 成了有钱的女人
   C. 成了有钱人的妻子 D. 成了老人
6. A. 看病 B. 旅游 C. 钓鱼 D. 吃饭
7. A. 父女 B. 夫妻 C. 兄妹 D. 姊妹
8. A. 气愤 B. 生气 C. 不安 D. 着急
9. A. 太自私 B. 太贪心 C. 太要强 D. 太爱吃
10. A. 时机不成熟 B. 过一段时间再搞 C. 现在必须搞 D. 没有必要搞
11. A. 让老板给他炒鱿鱼吃 B. 他不给老板炒鱿鱼吃
    C. 老板辞退他 D. 主动辞去工作而另谋出路
12. A. 他能买得起 B. 他买不起 C. 她能买得起 D. 她买不起
13. A. 不知道 B. 没看过 C. 看过很多遍 D. 看过几遍
14. A. 无话可说 B. 只能用一句话来说
    C. 一句话就说清楚了 D. 不是一两句话能说清的
15. A. 说话算数 B. 说话可以不算数
    C. 他是一个君子 D. 他跑得很快，也都追不上

第二部分

说明：16—40题，在这部分试题中，你将听到几段简要的对话或讲话。每段话之后，你将听到几个问题，请你在四个书面答案中选出惟一恰当的答案。

16. A. 雅山　　　　　B. 天山区　　　　C. 新市区　　　　D. 沙区
17. A. 健身　　　　　B. 娱乐　　　　　C. 商贸　　　　　D. 休闲
18. A. 统一思想　　　B. 先期绿化　　　C. 统一规划　　　D. 逐步实施
19. A. 欧式建筑　　　B. 苏式建筑　　　C. 仿古建筑　　　D. 民族建筑
20. A. 1亿　　　　　B. 1亿多　　　　C. 8800万　　　　D. 6900万
21. A. 4000多万　　　B. 4000万　　　　C. 400万　　　　D. 400多万
22. A. 荒山可任意开发　　　　　　　　B. 70%的土地可绿化
　　C. 30%的土地可搞开发　　　　　　D. 没提到
23. A. 雅山是开放式的　　　　　　　　B. 雅山是一个休闲场所
　　C. 雅山属于某个部门的财产　　　　D. 雅山将成为公共设施
24. A. 会的　　　　　B. 不会的　　　　C. 或许会　　　　D. 不知道
25. A. 雅山的土质好　　　　　　　　　B. 山的两面坡度较缓
　　C. 第一步计划绿化一万亩　　　　　D. 下一步计划绿化一万亩
26. A. 不清楚　　　　B. 并不少见　　　C. 很少见　　　　D. 很少有
27. A. 东京的　　　　B. 日本的　　　　C. 中国的　　　　D. 没提到
28. A. 它是冠状病毒　　　　　　　　　B. 非典不等人
　　C. 迅速地发展，吞噬着人们的生命　D. 单靠某个国家的力量难以攻克
29. A. 阿尔卑斯　　　B. 喜马拉雅　　　C. 亚马逊　　　　D. 高加索
30. A. 越南　　　　　B. 加拿大　　　　C. 美国　　　　　D. 日本
31. A. 十所　　　　　B. 十几所　　　　C. 九所　　　　　D. 不清楚
32. A. 中国　　　　　B. 加拿大　　　　C. 日本　　　　　D. 新加坡
33. A. 快速　　　　　B. 紧密的　　　　C. 必要的　　　　D. 有效的
34. A. 10家　　　　　B. 14家　　　　　C. 8家　　　　　D. 不清楚
35. A. 8家　　　　　B. 10家　　　　　C. 14家　　　　　D. 没提到
36. A. 旅游　　　　　B. 城建　　　　　C. 高科技　　　　D. 棉纺
37. A. 英国　　　　　B. 新加坡　　　　C. 美国　　　　　D. 韩国
38. A. 旅游　　　　　B. 荒山绿化　　　C. 农产品加工　　D. 原材料加工
39. A. 4749.97万美元　B. 30%　　　　　C. 35%　　　　　D. 没提到
40. A. 14家　　　　　B. 8家　　　　　C. 5家　　　　　D. 15家

二、阅读理解

（35题,30分钟）

> 说明:41-75题,每段文字后都有几个问题,每个问题都有ＡＢＣＤ四个答案,请阅读后根据每题要求选择惟一恰当的答案,并在答卷相应字母上画一横道。

41

　　他就是当了这个企业的老总,也绝无发福标志的"将军肚""双下巴"。

41. 根据文意,"将军肚"是什么意思?
　　A. 形容人很霸气的样子　　　　　　B. 形容人很生气的样子
　　C. 形容人很有风度的样子　　　　　D. 形容人发胖,肚子突出的样子

42—43

　　有几次上课,我提问她,她的声音很轻,谨小慎微的样子,生怕自己说错了什么而引起别人的笑话。我常常鼓励她,尽管有时候她答非所问,我还是给予了极大的肯定。我知道,这样的学生,这样的孩子,此刻是多么需要来自别人尤其是老师的肯定。

42. 文中划线词语拼音正确的是:
　　A. 谨小慎微(jǐngxiǎo shènwēi)　　B. 答非所问(dá fēi suǒ wèng)
　　C. 尽管(jǐnguàn)　　　　　　　　　D. 给予(jǐyǔ)

43. 文中"我"和"她"之间的关系是:
　　A. 母女　　　B. 同学　　　C. 师生　　　D. 恋人

44

　　这会儿又听到老两口在客厅一起吃饭,又说又笑,上午厨房里那点小小的不愉快,早已冰释了。

44. 文中的"冰释"的意思是:
　　A. 冰雪融化　　　　　　　　　　　B. 很难解释
　　C. 冻结　　　　　　　　　　　　　D. 形容怀疑、误会等一下子消除了

45—46

　　手抓肉是蒙古族牧民的家常便饭,也称"手抓羊肉"。把带骨的羊肉在大锅里煮熟,吃时一手抓羊骨,一手拿蒙古刀剔肉。如果有客人在,主人要按照客人的年龄,选择不同的部位的肉请客人45。老年人一般吃羊大腿,肉嫩好嚼;青年人吃羊肋巴骨和脖子肉,小孩子啃羊

小腿。

45. 文中45处应该填写的词是：
   A. 使用　　　B. 享用　　　C. 实用　　　D. 采用

46. 下列哪项文中没提到：
   A. 手抓肉是蒙古族牧民的家常便饭
   B. 把剔骨肉放在大锅里煮熟
   C. 按客人的年龄，选择不同部位的肉请客人吃
   D. 老年人一般吃羊大腿，肉嫩好嚼

47—49

　　五台山是中国"四大佛教名山"之一（其他三座山是四川峨眉山、浙江普陀山、安徽九华山），位于山西省五台县东北。此山__47__250多公里，由五座山峰环抱而成，因每座山峰顶部都像个平台，__48__称五台山。东汉永平年间（公元58年公元75）印度僧人来中国传扬佛教，确定五台山为文殊菩萨的演教场所。从此，五台山寺庙日渐增多，最多时有200多座，现存58座。

47. 文中47处应该填写的是：
   A. 环绕　　　B. 四周　　　C. 环周　　　D. 周围

48. 文中48处应该填写的词是：
   A. 而　　　　B. 并　　　　C. 就　　　　D. 故

49. 五台山位于：
   A. 陕西省　　B. 东北省　　C. 山西省　　D. 山东省

50—55

　　新华社北京4月3日电　　国务院新闻办公室3月____50____《2002年美国的人权纪录》。以下是这份报告列举的关于美国人权状况的一些数字与事实。社会暴力____51____，平均每2.7秒发生一起案件。

　　2001年，美国的谋杀、强奸、抢劫、盗窃等各类案件比上年增加2.1%，犯罪案件总数达1180万件，平均每天发生44起谋杀案、248起强奸案、26起寻仇案，每2.7秒就有15980人被杀、90491人遭强奸。2002年，美国许多大城市犯罪率上升。首都华盛顿的犯罪率比2001年上升36%、波士顿上升67%、洛杉矶上升27%。美国的枪杀案比大多数工业国高5至7倍。美国青少年犯罪率居高不下，20%的暴力犯罪案件是青少年所为。美国私人拥有枪支2亿多支，平均几乎人手一枪。枪泛滥导致枪杀事件频发，枪支犯罪的受害者每年达3万多人。

50. 文中50处该填写的词是：
   A. 发表　　　B. 发起　　　C. 发生　　　D. 投发

51. 文中51处应该填写的词是：
    A. 过分　　　　B. 过大　　　　C. 过度　　　　D. 过强
53. 2002年美国的各类案件比2002年：
    A. 增加了2.1%　　　　　　　　B. 增加到2.1%
    C. 降低了2.1%　　　　　　　　D. 降低到2.1%
54. 美国各大城市中哪个的犯罪率上升最快：
    A. 洛杉矶　　　B. 波士顿　　　C. 芝加哥　　　D. 华盛顿
55. 美国枪杀事件频发是因为：
    A. 居民文化素质低　　　　　　B. 枪支泛滥
    C. 贫富差距太大　　　　　　　D. 种族歧视

56—61

　　是什么令爱吃辣椒的人乐于给辣得嘴发烧、泪直流、气喘如牛的呢？一个解释说，那与脑部对辣椒那种令人有火烧般感觉的反应有关。辣椒素__56__接触到舌头与嘴里的神经末梢，称为神经传递物质的痛苦信使就会把大祸临头的信息——"火警！火警！"传送到脑部。脑部<u>于</u>吃惊之余会全身戒备：心跳加速、嘴里分泌唾液、鼻子大声吸气、胃肠道加紧工作，满头满脸汗水直冒。

　　心理学家保尔·罗津说，当身体设法保护自己不受辣椒素侵袭时，以为身体受了伤的脑部会赶快释放出内啡肽——天然止痛剂。因为辣椒实际上并没有对身体造成任何伤害，__58__辣一下就像轻轻吸了一口鸦片那样。若是再吃一口辣椒，脑部又会以为有痛苦__60__，释放出更多的内啡肽。不断释放出的内啡肽会使人们感到轻微兴奋，产生吃辣椒后的快感。

56. 文中56处应该填写的词是：
    A. 在　　　　　B. 当　　　　　C. 一　　　　　D. 因
57. 下列哪项可以替换划线词语"于"？
    A. 在　　　　　B. 当　　　　　C. 处　　　　　D. 从
58. 文中58处应填该写的词语是：
    A. 因此　　　　B. 所以　　　　C. 虽然　　　　D. 但是
59. 下列哪项文中没提到？
    A. 全身戒备的反应有：心跳加速、分泌唾液、鼻子大声吸气、胃肠道加紧工作等
    B. 内啡肽是一种天然止痛剂
    C. 辣椒实际上已对身体造成了一定的伤害
    D. 不断释放出内啡呔会使人感到轻微兴奋，产生吃辣椒后的快感
60. 文中60处应该填写的词是：
    A. 来到　　　　B. 来往　　　　C. 来袭　　　　D. 来潮

61—64

臭氧的 __62__ 研究和应用已有160多年,近年来国内外科学家们多次验证臭氧有广谱<u>杀菌</u>作用。科学家实验证实臭氧对空气中大肠杆菌、绿脓杆菌、金黄色葡萄球及甲型流感病毒等杀灭率达99%以上;将臭氧气体通入染有金黄色葡萄球菌、大肠杆菌、荧光假单胞菌、鼠伤寒沙门氏菌、福氏<u>痢疾</u>杆菌和霍乱弧菌的缓冲液中作用15秒钟后,细菌全部杀死;使用臭氧浓度13.6毫克/立方米达30分钟,甲肝病毒抗原和乙肝病毒抗原均被破坏达99.99%。这主要是得益于臭氧的灭菌原理;臭氧有很强的氧化能力,氧化分解了细菌内部的氧化葡萄糖所需的葡萄糖氧化酶;臭氧可以直接与细胞、病毒发生作用,破坏其细胞器和核糖核酸,分解DNA、RNA、蛋白质、脂质类和多糖等大分子聚合物,使细菌、病毒的物质代谢生产和繁殖过程受到破坏;臭氧还能渗透细胞膜组织,侵入细胞膜内作用于外膜脂蛋白和内部脂多糖,使细胞发生通透<u>畸变</u>,导致细胞溶解死亡,并将细胞病毒代谢产物、内毒素等溶解<u>变性</u>灭亡。臭氧的灭菌速度要比氯快300600倍,比紫外线快3000倍。

61. 下面划线词拼音正确的是:
　　A. 杀菌(shā jǔn)　　B. 畸变(jībiǎn)　　C. 痢疾(lìji)　　D. 变性(biàn xìn)
62. 文中62处应该填写的词是:
　　A. 发明　　　　　　B. 发展　　　　　　C. 发现　　　　　　D. 发挥
63. 臭氧的灭菌速度比紫外线快多少倍?
　　A. 30倍　　　　　　B. 300倍　　　　　　C. 3000倍　　　　　D. 30000倍
64. 下面哪项文中没有提到?
　　A. 臭氧对空气中大肠杆菌、绿脓杆菌等杀灭率达99%以上
　　B. 将臭氧通入染有霍乱弧菌的缓冲液中作用15秒,所有细菌全部杀死
　　C. 臭氧在工农业及医学领域被广泛利用。
　　D. 臭氧能直接与细菌、病毒发生作用,使其物质代谢生产和繁殖过程受到破坏

65—69

花钱买时尚;街上只流行一种颜色、一种款式衣服的时代已一去不复返了。在<u>衣着</u>与国际化 __65__ 的今天,更多的人喜欢花钱买时尚。在2001年上海召开的APEC会议上,20多位来自不同国家和地区的领导人身穿象征着吉祥如意的唐装。随后,唐装<u>彻底</u>火了一把,兴高采烈过年的人们,把购置唐装看成最时尚的选择。黄金周的7天长假使出门旅游也成为一种时尚,许多人过节举家到外地度假。南方人到北方看<u>皑皑</u>白雪,北方人到南方看小桥流水,还有不少人出国旅游去体验异域风情。旅游直接带来的交通、购物、餐饮、娱乐及住宿等方面的繁荣兴旺,已成为中国消费领域的一种景观。短信息和QQ也是这5年来不能不提的时尚,短信息不但能传情达意,还能用于订票订餐,QQ已是年轻人每天离不了的沟通方式。有的人一个月的短信息花费竟然比通话费还要高。

65. 文中65处应该填写的词是：
   A. 接洽　　　B. 接管　　　C. 接续　　　D. 接轨
66. 下面划线词语拼音正确的是：
   A. 衣着(yī zhuō)　B. 皑皑(āi āi)　C. 彻底(chè dǐ)　D. 异域(yì yǔ)
67. 在2001年,过年的人们认为什么是最时尚的选择：
   A. 购置唐装　　B. 餐饮娱乐　　C. 外出度假　　D. 短息和QQ
68. 根据这段话,我们可以知道：
   A. 街上现在只流行一种颜色、款式的衣服
   B. 在2001年上海召开的APEC会议上,只有中国领导身穿唐装
   C. 信息只能传情达意；
   D. QQ已是年轻人每天离不了的沟通方式
69. 在这段话中,作者对花钱买时尚的态度是：
   A. 赞许　　　B. 怀疑　　　C. 否定　　　D. 批评

70－75

4月22日是人类关爱地球家园的节日——"世界地球日"。这一纪念日起源于美国。1969年,民主党参议员益洛德·尼尔森提议,在全国各校园内举办有关环境问题的讲习会。当时25岁的哈佛大学法学院学生丹尼斯·海斯很快就将尼尔森的提议变成了一个在全美各地展开大规模社区性活动的具体__72__,并得到很多青年学生的热烈支持。尼尔森提议以次年的4月22日作为"地球日"在全美开展环保活动。

1970年的首次"地球日"活动声势浩大,美国各地约2000万人参加,被誉为二战以来美国规模最大的社会活动。这次活动标志着美国环保运动的崛起,并促使美国政府采取了一些治理环境污染的措施。

但是,美国环保问题并没有得到根本解决,同时环境污染问题趋于国际化,人类面临着日趋严重的环境污染和地球生态危机。1990年4月22日,140多个国家的两亿多人同时在各地举行了多种多样的纪念活动。这次行动把重点放在了全球整体环境的改善上。它使人们更加清醒地认识到,地球环境质量的急剧下降成为直接威胁人类生存的世界性问题。其后,每年4月22日被确定为"世界地球日"。

我国从上世纪90年代起,每年4月22日都举办世界地球日纪念活动,并根据每年的情况确定活动主题,在全国进行大规模的宣传活动,唤起人们爱护地球、保护家园的意识。今年的主题是"善待地球"。

70. 世界地球日是：
   A. 4月22日　　B. 5月20日　　C. 7月22日　　D. 12月6日
71. 这一纪念日起源于：
   A. 英国　　　B. 日本　　　C. 法国　　　D. 美国

72. 文中72处应该填写的词是：

    A. 思想　　　　B. 幻想　　　　C. 构想　　　　D. 梦想

73. 被誉为二战以来美国规模最大的社会活动是：

    A. 首次"地球日"活动　　　　　　B. 1990年的纪念活动

    C. 1969年的讲习会　　　　　　　D. 1987年的环保会议

74. 谁提议以1970年4月22日作为"地球日"在全美开展环保活动：

    A. 海斯　　　　B. 尼尔森　　　C. 无名人士　　D. 尼克松

75. 我国今年世界地球日纪念活动的主题是：

    A. 和平与发展　B. 善待地球　　C. 振兴中华　　D. 战争与和平

三、书面表达

（16题，45分钟）

第一部分

（15题，10分钟）

> 说明：76—85题，在每题的语句中有一划横线处，题后有ＡＢＣＤ四个答案，其中只有一个可以放入横线处使语句表达通顺。请找出来并在答卷字母上画一横道。

76. 采访只有短短的一天，_____。
    A. 但张明却深刻地三个印象给我留下了
    B. 但却张明三个深刻的印象留下给了我
    C. 但三个深刻的印象张明却给我留下了
    D. 但张明却给我留下了三个深刻的印象

77. _____老师课上要求写的作文_____，还应加强日常的练笔。
    A. 从……来看……　　　　　　　B. 除了……外……
    C. 就……来说……　　　　　　　D. 以……为……

78. 市中心有一片空场，_____。
    A. 大家把石像就空场的中心立在　　B. 大家就把石像立在空场的中心
    C. 在空场的中心大家就把石像立　　D. 大家就在空场的中心把石像立

79. _____，因为这样会显得自己太愚蠢。
    A. 谁也不愿意让人知道自己什么也没看见
    B. 谁也不愿意自己什么也没看见让人知道
    C. 让人知道自己什么也没看见不愿意谁也
    D. 自己什么也没看见谁也不愿意让人知道

80. 他_____不关心他的军队，_____不喜欢去看戏去旅行。
    A. 非……不可……　B. 连……都……　C. 只有……才……　D. 既……也……

81. 若是写风景，应_____写景_____主。
    A. 因……而……　B. 就……而言……　C. 以……为……　D. 从……到……

82. _____，冬天不刮风便觉得奇怪。
    A. 对于一个在北京住惯了的人　　B. 为了一个在北京住惯了的人
    C. 由于一个在北京住惯了的人　　D. 既然一个在北京住惯了的人

83. _____，同时又太容易破碎了。
    A. 这个我们地球太可爱了　　　　B. 我们这个地球太可爱了

C. 我们地球这个太可爱了　　　　　　D. 太可爱了这个我们地球

84. 拿矿物资源来说，它_____上帝的恩赐，_____经过几百万年地质变化才形成的。
   A. 不是……而是……　　　　　　　B. 如果……那么……
   C. 只要……就……　　　　　　　　D. 即使……也……

85. _____，父亲的话却深深地印在我的心上。
   A. 食品花生做的都吃完了　　　　　B. 花生做的食品都吃完了
   C. 做的花生食品都吃完了　　　　　D. 吃完了食品花生都做的

说明：86－90题，在一部分里，每题的语句中有ＡＢＣＤ四个划线的词语，去掉其中某一个词语会使句子变成病句。请找出这个不能删去的词语，然后在答卷的字母上画一横道。

86. 清晨，当你还在温暖的被窝里熟睡时，他们已出现在街头。
    　　A　　B　　C　　　　　　　　D

87. 小娟总是隔三差五地给我打电话，请教一些生活问题，我渐渐就喜欢上了她。
    　　　A　　B　　C　　　　　　　　　　　　　　　　D

88. 那时，我的生母老在想，如果有出头的一天，就要靠孩子。
    　　A　　B　　C　　　D

89. 到哈密以后，我发现在那里开展工作比想像中要困难得多。
    　　　　　　　　A　　B　　　　　C　　　D

90. 当着那么多人的面，他就大声训斥我，说我瞎捣乱，我心里真不是滋味。
    　A　　　　　　　B　　C　　　D

第二部分

(作文，30分钟)

作文要求：1. 写作前认真阅读作文前的提示，按提示要求在规定的时间内写完。
2. 用简化汉字书写。每个空格写一个汉字，汉字书写要清楚工整；每个标点符号占一个空格，标点符号要正确。
3. 作文不得出现跟考生有关的校名、地名和真人姓名。

作文提示：

　　在下面的作文，你将有30分钟的时间来写一篇短文。请看清题目，按照题目和短文开头、中间段、结尾提示部分的话语写下去，使全篇文章内容不得少于350字(不包括已给的提示语言文字)。

人生的意义在于攀登

　　生活不是笔直通畅的走廊,让我们轻松自在地在其中旅行。生活是一座迷宫,我们必须找到自己的出路,我们时常会陷入迷茫,如果我们深信不疑、向前攀登,门便会向我们打开。

|在|我|上|中|学|时| | | | | | | | | | | | | | |

　　人处顺境要攀登,人处逆境要攀登;在科学上要攀登,在工作上要攀登,在学习上也要攀登。人生便是一次次艰辛的攀登,朋友们,努力向上吧!在人生的道路上没有平坦的道路,只有那些不畏艰险在崎岖道路上攀登的人,才有希望达到光辉的顶点。

四、听力理解录音材料

(40题,约30分钟)

第一部分

> 说明:1—15题,在这部分试题中,都是两个人的简短对话,第三人根据对话提出一个问题,请你在四个书面答案中选出惟一恰当的答案。

1. 男:老张工作那真是"丁是丁,卯是卯",几十年来从来没出过差错。
   女:这一点确实是大家公认的。
   问:男的认为老张工作怎样?

2. 男:我要两瓶"中国红",两瓶"伊犁特",一条"红塔山"香烟,再来一斤"铁观音"茶。
   女:好的。
   问:下面哪一项不是男的所买的?

3. 女:为了劝她,我的嘴皮子都磨破了,可她倒好,一句也没听进去。
   男:唉,孩子大了,年轻人有年轻人的活法,你就少说两句吧!
   问:女的在埋怨谁?

4. 女:你的速度可真快,这么长的文章不到两个小时就打完了。
   男:我这算得了什么,要是杨华,要不了一个小时就完了。
   问:男的是什么意思?

5. 男:赵敏都成富婆了,住洋楼,出出进进都是高级轿车。
   女:她还不是全靠她那有钱的老公嘛。
   问:赵敏成了什么?

6. 男:小南,都这么晚了,看什么呢?
   女:我看看去度假村怎么走,免得明天不知道路满世界兜圈子。
   问:他们明天最有可能去干什么?

7. 男:这么晚了,早点儿睡吧!
   女:你先睡吧,天冷了,我得把女儿的毛衣赶紧织出来。
   问:男的和女的是什么关系?

8. 女:安医生,安医生,南老师不见了!
   男:啊?快找。
   问:女的说话时是什么心情?

9. 女：潘丽丽这人占有欲太强，总是吃着碗里的，看着锅里的。
   男：你就别跟那种人一般见识了。
   问：潘丽丽这个人怎么样？

10. 男：现在就搞全员聘用制，还欠点火候。
    女：我们这不也只是在讨论嘛。
    问：男的认为现在搞全员聘用制怎么了？

11. 男：在用人机制市场化的今天，老板可以炒你的鱿鱼，你也可以炒老板的鱿鱼。
    女：可我总觉着工作还是稳定一点好。
    问：炒老板的鱿鱼是什么意思？

12. 女：一百多万的别墅你买得起吗？
    男：你也太小瞧人了。
    问：第二个人是什么意思？

13. 女：你看过奥斯托洛夫斯基的小说《钢铁是怎样炼成的》了吗？
    男：不知道多少遍了。
    问：男的是什么意思？

14. 女：你现在怎么落魄到这种地步？
    男：唉，一言难尽啊！
    问：男的是什么意思？

15. 女：让我相信你？到时候不算数了怎么办？
    男：君子一言，驷马难追。
    问：男的是什么意思？

第二部分

说明：16—40题，在这部分试题中，你将听到几段简要的对话或讲话。每段话之后，你将听到几个问题，请你在四个书面答案中选出惟一恰当的答案。

16到19题是根据下面一段对话：

女：阿区长，沙区政府近几年在雅山上投入了巨大的人力、物力，请问这样做的目的是什么？

男：我们是想以雅山为中心的沙区成为一个国家级的生态示范区，此目标已在2000年实现。今后我们要将雅山当作城市的延伸加以改造，使其成为一个首府老百姓休闲、娱乐、健身的公共场所。

女：请问阿区长，雅山改造的思路是什么？

男：我们的思路是"先期绿化，分片改造，统一规划，逐步实施"。

女：那么雅山改造的定位是什么？

男:红山是以仿古建筑为主的,雅山要建欧式及民族风格的建筑。

16. 问:录音中哪个区成为国家级的生态示范区?
17. 问:下面哪一项不是雅山的功能?
18. 问:下面哪一项不属于雅山改造的思路?
19. 问:下面哪一种建筑风格对话中没有提到?

20 到 22 题是根据下面一段对话:

女:沙区政府自1994年启动雅山改造项目以来共投入多少资金?
男:我们沙区政府已为改造雅山拿出了4000多万,另外还争取到8800万国债,加上2900万元贷款等总投入超过了亿元。
女:在吸引民间资本方面沙区政府又有何举措?
男:我市在开发荒山方面有"三七开"的优惠政策,即70%的土地绿化,30%的土地可以搞开发,这是吸引民间资本介入的最大优惠政策。

20. 问:改造雅山总计投入多少资金?
21. 问:沙区政府为改造雅山出资多少?
22. 问:吸引民间资本的地方在哪里?

23 到 25 题是根据下面一段对话:

女:阿区长,乌市很多荒山,荒地绿化后都被围起来,人们要掏钱才能进去,未来的雅山会这样吗?
男:在我们心目中,雅山要成为首府市民的一个休闲、娱乐的场所,应该是公共设施,它不是某个人的,也不是某个企业的财产,雅山是开放的。
女:等目前的万亩绿化带做好之后,沙区在雅山的下一步计划是什么?
男:雅山可以开发的东西还很多,山的两面坡度较缓,土质也很好,可干的事很多,在搞好这一万亩的前提下,我们还会接着做下去。我们有充分的信心搞好雅山改造。

23. 问:下面哪句话不对?
24. 问:未来的雅山会被围起来吗?
25. 问:下面哪句话是错误的?

26 到 29 题是根据下面的一段话:

冠状病毒在世界上并不鲜见,但像 SARS 这样可急剧引发肺炎的全新的善变的冠状病毒,人类却从没有见过,这是东京慈惠会医大副教授冈部信彦的观点。

从这位日本医学专家的话中,我们能了解到,非典病毒比较难对付,或者可以说,单凭世界上某个国家的力量难以攻克——至少在短期内是如此。

但非典可不等人,它仍在迅猛地吞噬人的性命——而且是在全球范围内,从阿尔卑斯到喜马拉雅,从亚平宁到亚马逊,非典尚未表示出停止的迹象。

怎么办?

只能寄希望于全球合作了。于是,世界各国开始变得团结起来。这种向心力是空前的。

26. 问:冠状病毒在世界上的存在情况怎样?
27. 问:冈部信彦是哪国的教授?
28. 问:下面哪一项不是世界各国团结起来共同对付SARS的原因?
29. 问:下面哪一个地名文中没有提到?

30到33题是根据下面一段话:

抗SARS的世界性的合作,一个直观的表现是,中国、美国、加拿大、日本、新加坡和欧洲等9个国家和地区科学家走到了一起。由十几所实验室所组成的研究网络,正昼夜不停地进行着数十项有关于非典的医学研究。中国正在对猪和鸟等进行研究,希望了解这些动物体内是否隐藏着非典病毒;新加坡正在破译不同种类非典病毒的遗传密码;加拿大的科学家正在对多伦多非典流行情况进行详细分析。对此,5月5日出版的《华盛顿邮报》评论说,"科学家们从来没有如此快速、紧密和有效地对付过一种新型传染病"。

30. 问:在合作的国家中,下面哪一个文中没有提到?
31. 问:全世界共同组建了多少所实验室?
32. 问:对不同种类非典病毒的遗传密码的破译工作是由哪个国家完成的?
33. 问:下面哪一项不是《华盛顿邮报》对世界各国抗SARS的合作的评价?

34到36题是根据下面一段话:

香港在乌鲁木齐的投资又掀高潮。今年第一季度,乌鲁木齐共审批了港商外商投资企业共14家,其中有8家港商投资企业。

这14家企业不约而同地将"绣球"抛向了高科技型项目,其中一家生物制药企业投资总额达到2899.2万美元,是历年来大项目投资之一。

34. 问:今年第一季度共有多少家港商外商来乌鲁木齐投资?
35. 问:第一季度香港特别行政区来乌鲁木齐投资的商家有几家?
36. 问:他们把资金都投向了哪些项目?

37到40题是根据下面一段话:

据乌鲁木齐市贸易发展局有关人士介绍,除了中国香港地区,前来投资的还有美国、英国、韩国和哈萨克斯坦。投资总额达4749.97万美元,合同利用外资金额同比增长30%。据了解,与去年不同的是,此次投资领域除涉及荒山绿化、旅游景点等方面的建设外,在农产品产业项目的投资上也有了长足进步。在14家企业中,有5家企业经营范围符合我区外商投资优势产业项目范围。

37. 问:下面哪一个国家不在前来投资的行列?
38. 问:下面哪一个领域此次投资没有涉及到?
39. 问:合同利用外资金额同比增长了多少?
40. 问:在投资中,有几家企业经营范围符合我区外商投资的优势产业项目?

第六套试题

一、听力理解

（40题，约30分钟）

第一部分

> 说明：1—15题，在这部分试题中，都是两个人的简短对话，第三人根据对话提出一个问题，请你在四个书面答案中选出惟一恰当的答案。

1. A. 有色彩 B. 格外好 C. 不怎么样 D. 有声有色
2. A. 作大文章 B. 急性子 C. 这样做正确 D. 不值得这样做
3. A. 根本不知道 B. 知道点根本 C. 知道一点点 D. 知道事情原因
4. A. 一个人也没看见 B. 根本就看不出来
   C. 教室里的人都看见了 D. 教室里的人都是瞎子
5. A. 很失望 B. 一点也不开心 C. 非常开心 D. 很气愤
6. A. 热情 B. 同意相互帮助 C. 与我没关系 D. 有时间时再说
7. A. 摔倒后衣服变色了 B. 挂了一身彩带
   C. 去挂彩色装饰物了 D. 受伤了
8. A. 抓饭 B. 汤饭 C. 包子 D. 米饭
9. A. 笔画 B. 造句 C. 书写 D. 发音
10. A. 相声 B. 新闻 C. 天气预报 D. 小说连续广播
11. A. 人才 B. 政策 C. 资金 D. 社会的理解
12. A. 传统产品 B. 化工业 C. 酒店 D. 新型电视
13. A. 该吃药了 B. 放心了 C. 很失望 D. 不满意
14. A. 印刷工作者 B. 造纸业
    C. 新闻出版工作者 D. 没提到
15. A. 改革不彻底 B. 官商作风严重
    C. 领导不称职 D. 公司亏损了

第二部分

说明：16-40题，在这部分试题中，你将听到几段简要的对话或讲话。每段话之后，你将听到几个问题，请你在四个书面答案中选出惟一恰当的答案。

16. A. 骄傲的人　　　　B. 不爱学习的人　　C. 书生　　　　　　D. 不太了解
17. A. 同学　　　　　　B. 没提到　　　　　C. 同事　　　　　　D. 上下级关系
18. A. 作家　　　　　　B. 律师　　　　　　C. 法官　　　　　　D. 书生
19. A. 同学　　　　　　B. 师生　　　　　　C. 没提到　　　　　D. 上下级
20. A. 是个业余作家　　　　　　　　　　　　B. 爱吹牛
　　C. 曾是个勤奋的学生　　　　　　　　　　D. 在北京开公司
21. A. 探亲　　　　　　B. 回家乡投资　　　C. 考察市场　　　　D. 见老同学
22. A. 女的请的客　　　B. 老同学一起　　　C. 张海波　　　　　D. 徐佳本人
23. A. 在报社　　　　　B. 在香港　　　　　C. 以前就认识　　　D. 没提到
24. A. 作家　　　　　　B. 没提到　　　　　C. 演说家　　　　　D. 编辑
25. A. 有学者风度　　　B. 令人起敬　　　　C. 给报纸写文章　　D. 非常勤奋
26. A. 文章言辞很激烈　　　　　　　　　　　B. 文章内容深奥
　　C. 文章富有讽刺意义　　　　　　　　　　D. 文章写得好
27. A. 慢性炎症　　　　B. 全身性疾病　　　C. 死不了的癌症　　D. 关节炎
28. A. 关节肿痛　　　　B. 浑身麻木　　　　C. 关节畸形　　　　D. 身体残废
29. A. 死亡　　　　　　B. 丧失劳动力　　　C. 残疾　　　　　　D. 功能障碍
30. A. 找厂家　　　　　B. 找维修部　　　　C. 找商场　　　　　D. 自己解决
31. A. 投诉到消协　　　B. 找厂家　　　　　C. 上法院　　　　　D. 找定点维修部
32. A. 买了伪劣品先去找商场　　　　　　　　B. 商家的责任
　　C. 买了伪劣商品先去找消协　　　　　　　D. 消费者应有的权利
33. A. 古代官员的形象　　　　　　　　　　　B. 贪官贪财的形象
　　C. 领导者的形象　　　　　　　　　　　　D. 商人的形象
34. A. 征婚广告　　　　B. 公益广告　　　　C. 招商广告　　　　D. 房地产广告
35. A. 古代胖官手中端着金元宝　　　　　　　B. 一个满脸笑容的商人
　　C. 犯罪的贪官　　　　　　　　　　　　　D. 戴着高帽子的男子
36. A. 赞扬　　　　　　B. 批评　　　　　　C. 欣赏　　　　　　D. 无所谓
37. A. 个子矮　　　　　B. 不爱说话　　　　C. 驼背　　　　　　D. 名声不如形象
38. A. 朋友的妹妹　　　B. 朋友的邻居的女儿　C. 朋友的女儿　　　D. 自己的学生
39. A. 上帝决定的　　　B. 父亲决定的　　　C. 自己决定的　　　D. 靠缘分
40. A. 英俊的外貌　　　B. 音乐家的名声　　C. 花言巧语　　　　D. 智慧

二、阅读理解

（35题，约30分钟）

第一部分

说明：41—75题，每段文字后都有几个问题，每个问题都有ＡＢＣＤ四个答案，请阅读后根据每题要求选择惟一恰当的答案，并在答案相应字母上画一横道。

41

　　科学与文学之间，似乎隔着一条鸿沟。人们总是把它们分为两个截然不同的"界"——科学界与文学界。

41. 文中的"鸿沟"是什么意思？
    A. 古代的一条运河　　　　　　　B. 鸿雁居住的地方
    C. 很大很宽的沟　　　　　　　　D. 比喻明显的界线

42

　　日月潭是台湾最大的天然湖，面积900多<u>公顷</u>，平均水深30米，潭周长35公里。潭中有一个岛叫光华岛，岛的北半湖面像日轮，南半湖面像月弧，故名"日月潭"。日月潭四周翠峰环抱，湖水碧蓝，风景如画。潭周围的山峰中有几处名胜古迹：潭北的山腰有文武庙，庙里<u>供奉</u>孔子像和关公像；潭南的青龙山上建玄光寺与玄奘寺；潭西有一孔雀园，这些经过<u>训练</u>的孔雀，可为游人表演舞蹈、<u>开屏</u>和敬礼。

42. 文中划线词语拼音不正确的是：
    A. 公顷（gōngqǐng）　　　　　　B. 供奉（gòngfèng）
    C. 训练（xùnliàn）　　　　　　　D. 开屏（kāi píng）

43

　　那种把群众当阿斗，把自己当成诸葛亮的人十有八九要失败的。

43. 文中"阿斗"是指：
    A. 白痴　　　　B. 文盲　　　　C. 平凡的人　　　　D. 无能的人

44—48

　　"狗不理"包子__44__于清代光绪年间(1875～1909)。由于用料讲究，做工精细，狗不理包子全国有名。相传，当年袁世凯曾用此包子__45__给慈禧太后，受到慈禧太后的赞赏，因此更加出名。

狗不理包子最早出自高贵友的包子摊,起初只是船民买这包子摊的包子,后来生意越来越好,就办起了包子铺。因高贵友的奶名叫"狗不理",这个包子铺也就称为"狗不理包子铺",这个店铺的包子也就成了"狗不理包子"。

44. 文中44处应该填写的词语是:
    A. 来源　　　　B. 发起　　　　C. 起源　　　　D. 发源
45. 文中45处应该填写的词语是:
    A. 贡献　　　　B. 进食　　　　C. 纳贡　　　　D. 进贡
46. 狗不理包子起初只是谁买的:
    A. 船民　　　　B. 兽医　　　　C. 大官　　　　D. 皇帝
47. "狗不理"是高贵友的什么名?
    A. 笔名　　　　B. 真名　　　　C. 官名　　　　D. 奶名
48. 下面哪项文中没提到?
    A. 狗不理包子的特点:用料讲究,做工精细
    B. 相传慈禧太后不太喜欢狗不理包子
    C. 狗不理包子最早出自高贵友的包子摊
    D. 狗不理包子全国有名

49—52
　　首先,因为降雪多出现在冷空气前沿的锋区附近,这里离冷空气中心较远。又因为锋区附近有云,空中就像盖了层大棉被一样,地面辐射降温较小,地面的热量也不易散失掉,所以降雪时人们感觉就不那么冷。随着锋区南移,干冷空气完全控制了当地,雪止云散,天气转晴。这时,从地面到高空都到冷空气控制,且多刮偏北风,又失去了云的保温作用,气温下降,天气自然就更冷了。

　　__50__ 从物理角度看,物质分子间一方面保持着一定的间隙,另一方面又存在着一种相互吸引的作用。固态的雪要融化成液态的水,首先要克服水分子间的引力,因而要吸收空气中的热量。根据实践,1克零摄氏度的冰,要融解成零摄氏度的水,要吸收355焦耳的热量。可以想像雪后大片积雪融化时,空气中被吸收掉的热量是相当可观的。此时人也是一个热源,也要为融雪提供热量,所以就感觉更冷了。到了晴朗的夜间,天空中没有云的阻挡,白天低空中所剩不多的地面辐射热也很快散到空中,加剧了气温的下降,人们就更感觉冷了。

49. 下面哪项不是降雪时人们感觉不那么冷的原因?
    A. 降雪多出现在离冷空气中心较远的地方
    B. 锋区附近有云
    C. 地面辐射降温较大
    D. 地面的热量也不易散失掉

50. 文中50处应该填写的词是：
    A. 接着　　　　　B. 第一　　　　　C. 再次　　　　　D. 其次
51. 固态雪要融化成液态水，首先要：
    A. 吸收空气中的热量　　　　　B. 克服水分子间的引力
    C. 增加温度　　　　　　　　　D. 降低湿度
52. 如果给本文加一个标题，最好的一项是：
    A. 雪后天寒的奥秘　　　　　B. 降雪不冷
    C. 降雪出现的位置　　　　　D. 降雪的原因
53. 1千克零摄氏度的冰要融解成零摄氏度的水要：
    A. 吸收 355 焦耳的热量　　　　　B. 释放 355 焦耳的热量
    C. 吸收 355000 焦耳的热量　　　D. 释放 355000 焦耳的热量

54—59

　　曾有一双打动过无数人__54__的大眼睛。11年前，在安徽省大别山区金寨县桃岭乡，一个普普通通的农家小女孩，一双大眼睛中流露出渴望上学和求知的神情，给世人以强烈的震撼。从此，这双"大眼睛"成了"希望工程"救助农村贫困孩子上学的__56__性图片，成为千千万万既贫穷又渴望读书的农村孩子的心声。现在，这个叫苏明娟的"大眼睛"女孩不仅完成了九年义务教育，还成为安徽大学的一名大学生。

　　在中国，无数有着与苏明娟相同命运又渴望读书的孩子，在中国政府组织实施的普及九年义务教育中完成了学业，实现了知识改变命运的愿望。"中国普及九年制义务教育地区的人口覆盖率由十五大初期的50%左右提高到近90%，青壮年人口文盲率下降到5%以下。"来自国家统计局的数据骄傲地向世界证明：中国已如期完成了向世界的庄严承诺，实现了基本普及九年义务教育和基本扫除青壮年文盲的战略目标（以下简称"两基"）。

　　九年义务教育的普及，文盲率的降低，改变的不仅是中国农村无数个渴望学习的孩子的命运，更是一项提高全民素质、增强综合国力的奠基工程。正如联合国教科文组织认为的那样，在一个占世界人口1/5的发展中国家实现"两基"，是一项史无前例的创举，它最终改变的必将是整个中国的命运。

54. 文中54处应该填写的词是：
    A. 心里　　　　　B. 心理　　　　　C. 心灵　　　　　D. 心脏
55. 根据文章，几年后图片中的"大眼睛"女孩已成为大学生：
    A. 8年　　　　　B. 9年　　　　　C. 10年　　　　　D. 11年
56. 文中56处应该填写的词是：
    A. 标号　　　　　B. 标志　　　　　C. 记号　　　　　D. 标记
57. 中国普及九年制义务教育地区的人口覆盖率由十五大初期的50%左右提高到近：
    A. 60%　　　　　B. 70%　　　　　C. 80%　　　　　D. 90%

58. 青壮年人口文盲率？
    A. 下降了5%以下   B. 下降至5%以下   C. 上升了5%以下   D. 上升到5%以下
59. 下面哪项文中没提到？
    A. 那个"大眼睛"女孩叫苏明娟
    B. 许许多多贫困的孩子在中国政府组织实施的普及九年义务教育中完成了学业
    C. 中国已如期完成了向世界的庄严承诺，实现了"两基"的战略目标
    D. 九年义务教育的普及，文盲率的降低，只改变了中国农村无数个渴望学习的孩子的命运

60—68

新疆蒙古族在一年中的最__60__的节日庆典活动是春节。"一年之计在于春"，蒙古族特别重视岁首，必须要在岁中度过两个节日庆典活动：即"春节"和"麦德尔节"。

春节，新疆蒙古族称"查干"即"白月"。据史书__62__："成吉思汗公元1227年，取西夏国都，盛宴庆功，并以此为蒙历岁首，星宿月遂正见称。"从元朝开始，蒙古族接受了汉族的历算法，使"白月"与汉族"正月"相符。便形成了蒙古族春节的由来。蒙古族自古以来就是马背民族，蓝天、白云、碧水、羊群和鲜乳汁，洁白的蒙古包等，使得蒙古族在天长日久中形成了崇尚白色的传统习俗。认为白色就是最吉祥、神圣、纯洁的象征。春节又正值白雪皑皑的冬季，便称为"查干"（白节）了。

节日这天，身着盛装的蒙古族群众互相串门祝贺，欢聚在一起欢声笑语，吃着各类丰盛的食物，斟着醇香的白酒，唱着长调跳起欢快的"沙吾尔登"舞蹈，以示合家团圆，幸福安康。初一大早，人们手捧各种贡品来到喇嘛庙前祭"敖包"，祭拜祖先和佛祖。仪式结束后，人们就可以拜年祝福了。亲朋好友互赠哈达，以示吉祥如意。串门时，人们手中必须提着白酒和茶叶或白方糖、哈达及白绸布，表示对主人的尊敬。客人走时，主人一定要回赠白毛巾一类的礼物，表示谢意。晚辈见长辈时要敬"辞岁酒"，接受长辈的祝福。长者之间相见也要互敬"鼻烟壶"互相祝福。初一至初三，人们还要到户外进行射箭表演，尽显"马背民族"的豪迈之情。生活在牧区的蒙古族人骑着马拜年，在雪原上纵马驰骋，仿佛在驱散寒冬的冷寂，使冬天也充满勃勃生机。春节，蒙古族人必须要过完15天。可以这么说，人们几乎天天在过年，而且乐此不疲。"正月十五"，蒙古族称为"麦德尔节""团圆节"。这一天蒙古族人聚在一起，欢歌欢舞，通宵达旦，彻夜不眠。祝福新的一年中生活更加绚丽多彩，美不胜收。

60. 文中60处应该填写的词是：
    A. 宏大   B. 盛大   C. 巨大   D. 庞大
61. 新疆蒙古族在众多节日中最重视：
    A. 生日   B. 团圆节   C. 春节   D. 国庆节

62. 文中62处应该填写的词是：

   A. 记录　　　　B. 记住　　　　C. 记下　　　　D. 记载

63. 蒙古族认为哪种颜色最吉祥、神圣、纯洁？

   A. 红色　　　　B. 白色　　　　C. 黄色　　　　D. 绿色

64. 下面划线词语拼音正确的是：

   A. 盛宴庆功(shènyàn qìng gōng)　　　B. 白雪皑皑(báixuě āiāi)

   C. 祭拜祖先(jìcài zǔxiān)　　　D. 纵马驰骋(zòng mǎ chīchěn)

65. 下面哪项不是春节这天蒙古族群众所做的？

   A. 通宵达旦,彻夜不眠。

   B. 欢聚在一起欢声笑语

   C. 吃着各类丰盛的食物

   D. 喝着白酒,唱着长调跳起欢快的"沙吾尔登"舞蹈。

66. 串门时,客人不做以下哪一项？

   A. 提着白酒　　　　　　　　B. 拿着哈达、白绸布

   C. 拿着茶叶、白方糖　　　　D. 送压岁钱

67. 客人走时,主人一定要回赠：

   A. 一瓶白酒　　　　　　　　B. 一顶帽子

   C. 白毛巾一类的礼物　　　　D. 一个鼻烟壶

68. 下面哪项文中没有提到？

   A. 蒙古族的"白月"与汉族的"正月"相符

   B. 蒙古族自古以来接触最多的是白色

   C. 初一至初三,蒙古族人民到户外进行射箭表演

   D. 春节,蒙古族人不必过完15天

69—75

2002年,新疆住宅与房地产投资和发展速度有所___69___:全区完成商品房建设投资比2001年减少20%。全国其他各省区房地产投资则趋势上扬,平均增幅为28.2%,其中西部地区平均增长23.4%。

为何新疆房地产开发投资会出现负增长？据新疆建设业权威人士分析,开发的住宅空置房比率增大是直接原因。有资料显示,去年全疆商品房空置面积259.6万平方米,是上年的3.7倍！空置房比___71___增大,又是房地产开发投资在个别地区出现结构失衡、高层和小高层住宅建设过多过滥造成的。

其实,新疆城乡居民的住房需求远远大于目前新疆住宅与房地产业的发展。截至2001年底,自治区住房人均建筑面积19.06平方米,低于全国人均21平方米建筑面积的水平；全区城镇缺房户7.5万户,其中无房户2.9万户,不方便户1.9万户,拥挤户2.7万户,尚有危

旧住宅 522 万平方米；今后一个时期，全区每年的旧房改造拆迁量超过 250 万平方米。据初步测算，要完成全区城镇小康住宅从满足生存需要向舒适型的转变，基本做到"户均一套房，人均一间房、功能配套、设备齐全"，住宅建设平均每年竣工量应在 1300 万平方米以上。如果按照在 2020 年，全区城镇化率要与全国同步达到 50%，城镇人口要在现有的基础上增加近 1 倍，住宅建设的发展空间更大。

新疆房地产业是新疆国民经济发展的先导性产业，不但与提高人民生活和生活质量密切相关，而且市场潜力大，产业关联度高，对促进产业结构调整，拉动经济增长，具有特殊重要的作用。看来，努力开创自治区住宅与房地产业的新局面，既要讲求效益，也必须从新疆实际出发。

69. 文中 69 处应该填写的词是：
    A. 减少   B. 增加   C. 减缓   D. 增高

70. 全国各省区房地产投资开发平均增幅为
    A. 20%   B. 23.4%   C. 28.2%   D. 50%

71. 文中 71 处应该填写的词是：
    A. 虽然   B. 因为   C. 既然   D. 之所以

72. 截至 2001 年底，自治区城镇住房人均建筑面积：
    A. 21 平方米   B. 15 平方米   C. 19.06 平方米 D. 14.09 平方米

73. 全区城镇缺房户中，哪类的数量最多？
    A. 无房户   B. 不方便户   C. 拥挤户   D. 危房户

74. 新疆房地产业的作用不是以下哪一项？
    A. 与提高人民生活水平和生活质量密切相关
    B. 使高层、小高层住宅建设过多
    C. 促进产业结构调整
    D. 拉动经济增长

75. 下面哪项课文中没提到？
    A. 西部地区房地产投资开地平均增长 23.4%
    B. 新疆房地产开发投资出现了负增长
    C. 新疆住宅与房地产业的发展大于人民住房需求
    D. 全区城镇缺房户为 7.5 万户

三、书面表达

(16题,40分钟)

第一部分

(15题,10分钟)

说明:76—85题,在每题的语句中有一划横线处,题后有ＡＢＣＤ四个答案,其中只有一个可放入横线处使语句表达通顺。请找出来并在答卷字母上画一横道。

76. 老师和孩子们都显得那么严肃认真,_____。
    A. 富有感情而又那么   B. 那么而又富有感情
    C. 而又那么富有感情   D. 而又感情那么富有

77. 他们发现了我,_____。
    A. 但是谁也没有好像感到意外   B. 但是好像谁也没有感到意外
    C. 但是感到意外好像谁也没有   D. 但是好像谁意外也没有感到

78. _____,然后每组推选一个同学在班上发言。
    A. 先分组大家进行讨论   B. 进行分组大家先讨论
    C. 大家先分组进行讨论   D. 分组先进行讨论大家

79. _____,北京少先队员代表向他献上鲜花。
    A. 从身材高大的秦大河在首都机场出现到
    B. 以身材高大的秦大河在首都机场出现为
    C. 当身材高大的秦大河在首都机场出现时
    D. 因身材高大的秦大河在首都机场出现而

80. 作为一位科学工作者,我_____能参加这一活动_____感到荣幸。
    A. 将……来……   B. 为……而……
    C. 对……来说……   D. ……就……

81. _____,一旦遇难,飞机无法援救。
    A. 从当时恶劣的气候条件起   B. 到当时恶劣的气候条件的时候
    C. 对当时恶劣的气候条件说   D. 在当时恶劣的气候条件下

82. _____他现在在什么工作岗位上,_____应该了解这方面的知识。
    A. 不管……都……   B. 即使……也……
    C. 除了……还……   D. 不但……而且……

83. 在朝鲜的每一天,_____。
    A. 被一些东西我都感动着   B. 我被一些东西都感动着

C. 我都被一些东西感动着　　　　D. 感动着我都被一些东西

84. 李玉安是_____"烈士"。
   A. 中国人民志愿军的活着的一位
   B. 一位活着的中国人民志愿军的
   C. 活着的一位中国人民志愿军的
   D. 活着的中国人民志愿军的一们

85. 老年人_____有那么大的干劲,_____我们青年呢?
   A. 与期……不如……　　　　B. 既然……也就……
   C. 尚且……何况……　　　　D. 假如……就……

说明:86—90题,在这一部分里,每题的语句中有ＡＢＣＤ四个划线的词语,去掉其中某一词语会使句子变成病句。请找出这个不能删去的词语,然后在答卷的字母上画一横道。

86. 女明星整容通常始于30岁,对我们来说,整容似乎已经和洗头一样普通了
    　　　　　　　　A　　　　　　　　　　　　　B　　　C　　　　　D
87. 高中毕业以后,他就开始了云游生活,过上了在他看来神仙般的日子。
    A　　B　　　　　　　　　　　　　　　C　D
88. 可是就是在这样恶劣的环境中,他却在学业上取得了惊人的成就。
    A　B　　　　　　　　　　　　　C　　D
89. 对刻在陶瓷上的画,您也不会陌生,因为现在人们也常常见到它。
    A　　B　　　　　　C　D
90. 小一些的孩子非常喜欢反复听同一个故事,很多父母对此显得不耐烦。
    　A　　B　　　　　　　C　　　　　　　　　　　　　D

第二部分

(作文,30分钟)

作文要求:1. 写作前认真阅读作文前的提示,按提示要求在规定的时间内写完。
2. 用简化汉字书写。每个空格写一个汉字,汉字书写要清楚工整;每个标点符号占一个空格,标点符号要正确。
3. 作文中不得出现跟考生有关的校名、地名和真人姓名。

作文提示:

在下面的作文中,你将有30分钟的时间来写一篇短文。请看清题目,按照题目和短文开头、中间段、结尾提示部分的话语写下来,使你全篇文章内容不得少于350字(包括已给出的提示语言字)。

小和大

在生活中,我们经常会遇到一些事情,需要我们处理大与小的关系,需要我们衡量一些得与失。

  我记得有这样一件事

  那么,我们在生活之中,办事情时要权衡大与小,得与失,分清它们的主次。这样,我们才能办好事情,取得成功。

四、听力理解录音材料

第一部分

说明:1—15题,在这部分试题中,都是两个人的简短对话,第三人根据对话提出一个问题,请你在四个书面答案中选出惟一恰当的答案。

1. 男:小王这么年轻就参加了这项科研工作,他能胜任吗?
   女:他在这项工作中很努力,而且干得非常出色。
   问:女的认为小王怎么样?

2. 女:她怎么能这么说呢?我非找她说清楚不可!
   男:你别小题大做了,有必要吗?
   问:男的认为女的怎么样?

3. 男:他们刚才说的那件事你已经知道了吧?
   女:他们说的事我压根儿不知道。
   问:女的话是什么意思?

4. 男:教室卫生也太差了吧!
   女:是啊,教室里没有一个人敢说看不到,除非他是瞎子。
   问:女的话是什么意思?

5. 男:你们今天的汇报演出怎么样?
   女:同学们表演了自己排练的节目,并受到了观众的一致好评,大家好不开心啊!
   问:大家的情绪怎么样?

6. 男:你要有时间可以帮助一下成绩较差的同学嘛。
   女:这些事与我不相干,再说我的时间也很紧。
   问:女的是什么态度?

7. 男:哎呀!你怎么把自己搞成这样子了。
   女:不小心摔倒挂彩了,没关系的。
   问:女的怎么了?

8. 男:今天食堂都吃什么饭?
   女:有米饭、馒头、包子、各种炒菜、抓饭、油馕等应有尽有。
   问:下面哪一种饭女的没提到?

9. 男：你觉得学习汉语难不难？
   女：我认为学习汉语还是很难的，尤其是汉字，笔画多，很难写，发音就更难掌握了。
   问：女的觉得最难的是什么？

10. 男：你们平时听广播吗？
    女：经常听，早上听新闻，中午听小说连续广播，晚上听相声和音乐节目。
    问：下面哪种节目没提到？

11. 女：刘总，其实你创业的时候，中国的创业环境并不像现在这样宽松，您觉得当时遇到的最大的困难是什么？
    男：当时，什么问题都有，要创业，没有资金，没有政策，社会也不理解，很难。
    问：男的遇到的困难中没有提到的是哪一个？

12. 女：经商以来，你认为最赚钱的生意是什么呢？
    男：我以前以生产单一产品，传统产品为主，后来发展到旅游业、酒店、化工业。现在我正在紧锣密鼓地上新型电视。我想今后最能产生经济效益的将是新型电视。
    问：男的认为最赚钱的生意是什么？

13. 男：这次的改革方案已经公布了，和我们预想的差不多。
    女：如果这样心里就吃了一颗定心丸了。
    问：女的的话是什么意思？

14. 男：小王，听说你们正搞改革，你认为改革前景怎么样？
    女：我们中国有悠久而古老的出版史，中国的四大发明中有两大发明直接地和我们出版业有关，我相信我们新闻出版工作者一定会做出无愧于前辈，也无愧于当代的积极贡献。
    问：女的是从事什么工作的？

15. 女：听说您刚上任一个星期，您所在的公司就连续受到了来自上级领导的两次批评？
    男：公司问题比较多，主要是公司的官商作风严重。
    问：公司受上级批评的原因是什么？

第二部分

说明：16—40题，在这部分试题中，你将听到几段简要的对话或讲话。每段话之后，你将听到几个问题，请你在四个书面答案中选出惟一恰当的答案。

16到18题是根据下面一段对话：
女：李新是你的同学吧？
男：不是，我们是后来由于工作关系才认识的。
女：你对李新这个人怎么看？
男：是个书生，对人间世故不大懂，另外，由于他个子高，和别人说话又爱仰着头，别人说他骄傲。

女：凡是有本事的人都会被人扣上一顶"骄傲"的帽子，真没办法。

男：事实上他并不骄傲，只是别人对他不太了解。他这个人可不得了！白天看书，夜里也看书，是一个只知工作不知休息的人。

女：没想到这位大律师还这么勤奋。

16. 问：男的认为李新是个什么样的人？
17. 问：男的和李新是什么关系？
18. 问：从谈话中我们知道李新是做什么工作的？

19到21题是根据下面一段对话：

女：赵老师，您还记得徐佳吧？

男：记得，就是你们班文章写得很好的那个同学吧？

女：是啊，他现在可牛了，在北京经营一家大公司，业余时间还写作，连续出版了好几本书了。

男：当年他就是个很勤奋的学生，最近你见过他吗？

女：去年他回来过一趟，准备在家乡投资，特地来考察市场的。

男：是吗？那太好了。

女：我们也十几年没见了。我们几个老同学在假日大酒店为他接风，张海波做东。十几年不见了，一见面真有说不完的话题。

男：那倒是。

19. 问：这俩人是什么关系？
20. 问：关于徐佳下面哪项没提到？
21. 问：徐佳回来的目的是什么？
22. 问：徐佳回来是谁请的客？

23到26题是根据下面一段对话：

女：冯老，听说您与乔冠华的接触比较多，关系不错，您俩算起来相识也有近半个世纪了吧？

男：是的，我们是在香港认识的。当时他在《时事晚报》，我在《星报》担当翻译英文电讯的工作。

女：第一次见面乔冠华给您留下的印象是什么？

男：他完全是个学者的风度，特别是那双深沉的眼睛，一看便令人起敬。听乔老谈话简直是种愉快，是种享受。

女：他当时好像主要是给报纸写文章？

男：是的，乔老当时写文章很厉害，看他的文章像看论文一样。

23. 问：冯老和乔冠华是在哪认识的？
24. 问：乔冠华在香港时是从事什么职业的？
25. 问：关于乔冠华哪一项谈话中没提到？
26. 问：谈话中"写文章很厉害"的意思是什么？

27 到 29 题是根据下面一段话：
　　类风湿性关节炎，是一种常见的以关节组织慢性炎症性病变为主要表现的全身性疾病。目前没有成熟的治疗方案，属世界性顽症，常被称为"死不了的癌症"。它的最显著的临床症状就是关节肿痛。如不及时治疗，病情会在一两年内急剧恶化，严重的会出现肌肉和骨骼的病变，导致功能障碍和关节畸形，留下终身残疾，甚至导致死亡。据统计，15％的患者在发病后几年内完全丧失劳动力。不要认为这么可怕的事情不会降临到您的头上，这种疾病的发病率并不是人们想像中的那么低。
27. 问：类风湿性关节炎常被称为什么？
28. 问：类风湿性关节炎最显著的临床症状是什么？
29. 问：15％的患者发病后几年内会导致什么样的后果？

30 到 32 题是根据下面一段话：
　　买了伪劣商品商家理应"先行赔偿"，但消费者往往遇到的是软磨硬推或者"踢皮球"。"先行赔偿"就是消费者如果在商场里买了质量有问题的商品，商场应首先担负起为消费者赔付损失的责任。早已对"先行赔偿是商家的义务"进行了明确规定，只是长期以来许多商家没有履行或履行得有"水分"，致使消费者买伪劣商品后找了商家找厂家，最后要投诉到消协、工商局，甚至上法院才能讨回损失。因此，在商场、超市推行"先行赔偿"制度一方面是为了让商家更好地履行自己的职责，另一方面也是为了让消费者更加了解自己应有的权利。
30. 问：买了伪劣商品，消费者应该怎么做？
31. 问：以前消费者讨回损失的方法，谈话中没有提到的是？
32. 问：本段话主要说的是什么？

33 到 36 题是根据下面一段话：
　　近日，乌鲁木齐市街头，一些楼宇上出现的一则户外广告十分抢眼，不断引起过往行人的注意。广告巨大画面的主体被一个肥头肥脑，穿着古代官服，戴着官帽的男子所占据，他双眼注视着手中端着的金元宝，满脸喜气洋洋，再加上一行从远到近十分显眼的广告词"财富也疯狂"。字画合一，给人一个贪官贪财的形象，十分令人不解。让这样低俗的广告充斥在街面上，的确不雅。我就近仔细辨认了画面的小文字才明白，这是一个市场招商广告，这则"胖官"广告既不像商业广告又不是公益广告，广告思想观念性差，文化水准低下。广告词"财富也疯狂"文理也不通，再加上画面内容，组成了一个"当官的人为了钱也会不顾一切地疯狂"的观念,这是对社会主流意识的亵渎。因此,无论从广告的内容和形式或反映出的问题,都与当今时代潮流格格不入。

33. 问:这幅字画合一的广告给人留下什么印象?
34. 问:这是一则什么广告?
35. 问:广告画面上画的是什么?
36. 问:作者对这则广告的态度是什么?

37到40题是根据下面一段话:

德国著名音乐家门德尔松被称为交响乐之父,可他的形象却不像他的名声那样出色:骨骼发育不好,个子很矮,还有一个更致命的缺陷——背后有一大块凸起,是个驼背。一次,他去汉堡一个朋友家小住。朋友的女儿弗美姬,是个天使般纯洁美丽的姑娘。门德尔松深深地爱上了她,但又自惭形秽,不敢开口。他几次鼓足勇气试图接近姑娘,但姑娘都找借口跑开了。

终于有一天,门德尔松勇敢地敲开了弗美姬的房门,开口问道:"你真的相信人们的婚姻都是上帝决定的吗?""是的,我相信。"姑娘羞答答地答道。门德尔松接口说:"对,我也相信,每个男孩子出生时,上帝就告诉他,哪个女孩子将来会同他结婚。我出生时,上帝为我指出了那个女孩子并说你的妻子将是个驼背。我大声喊道'上帝,一个女孩子驼背对她太残酷了,让我来替他做驼背,让她是个美丽的姑娘吧!'"弗美姬惊异地抬起头,她久久地凝视着门德尔松那双明亮的、充满智慧深情的眼睛,她走近他并伸出了自己纤细的双手。后来,她成了对门德尔松事业上最有帮助的好妻子。

37. 问:音乐家门德尔松致命的缺陷是什么?
38. 问:门德尔松爱上了谁?
39. 问:弗美姬相信婚姻是谁决定的?
40. 问:门德尔松依靠什么博得了弗美姬的爱?

第七套试题

一、听力理解

（40题，约30分钟）

第一部分

说明：1—15题，在这部分试题中，都是两个人的简短对话，第三人根据对话提出一个问题，请你在四个书面答案中选出惟一恰当的答案。

1. A. 120元　　　　　　B. 300元　　　　　　C. 280元　　　　　　D. 400元
2. A. 聪明　　　　　　　B. 善于经营管理　　　C. 是人才　　　　　　D. 会做生意
3. A. 划船的　　　　　　B. 坚强的人　　　　　C. 勇于改革的人　　　D. 善于游泳的人
4. A. 脸色好多了　　　　B. 好多了　　　　　　C. 能起床了　　　　　D. 没有变化
5. A. 令人羡慕　　　　　　　　　　　　　　　　B. 还不如歌星或电影明星
   C. 比歌星强　　　　　　　　　　　　　　　　D. 比明星强
6. A. 平凡的谈论　　　　B. 大家爱说的话　　　C. 平常的老话了　　　D. 老人常说的话
7. A. 还可以　　　　　　B. 夸奖　　　　　　　C. 嘲笑　　　　　　　D. 怀疑
8. A. 去天池旅游　　　　B. 加班　　　　　　　C. 值班　　　　　　　D. 休息
9. A. 吐鲁番　　　　　　B. 喀什　　　　　　　C. 北京　　　　　　　D. 没提到
10. A. 今天不开　　　　　B. 哪天开都行　　　　C. 今天开　　　　　　D. 哪天都不开
11. A. 近距离空气传染　　　　　　　　　　　　 B. 不讲卫生
    C. 接触病人呼吸道分泌物　　　　　　　　　 D. 与患者密切接触
12. A. 消防车5分钟就赶到　　　　　　　　　　　B. 经费落实不了
    C. 这个区没有火灾隐患　　　　　　　　　　 D. 丧失全部财产
13. A. 吃得太多，钱全花完了　　　　　　　　　 B. 减肥成功了
    C. 减肥失败了　　　　　　　　　　　　　　 D. 丧失全部财产
14. A. 实验经过了一个波和三个折　　　　　　　 B. 实验取得成功经历了很多波折
    C. 实验是在波涛起伏的海中进行的　　　　　 D. 实验做得很顺利
15. A. 主要是中国的问题　　　　　　　　　　　 B. 全世界将面临的问题
    C. 30多个国家和地区的问题　　　　　　　　 D. 不值得大惊小怪的问题

第二部分

说明：16—40题，在这部分试题中，都是两个人的简短对话，第三人根据对话提出一个问题，请你在四个书面答案中选出惟一恰当的答案。

16. A. 帮孩子进重点中学　　　　　　　　B. 帮孩子进大学
    C. 帮孩子选择学校　　　　　　　　　D. 给孩子请家教
17. A. 不在本学区　　　　　　　　　　　B. 交不起赞助费
    C. 成绩不够　　　　　　　　　　　　D. 没提到
18. A. 三千　　　　　B. 四千　　　　　　C. 六千　　　　　　D. 九千
19. A. 离家近　　　　　　　　　　　　　B. 考大学有希望
    C. 认识四中的老师　　　　　　　　　D. 有钱交赞助费
20. A. 举行婚礼　　　　　　　　　　　　B. 参加婚礼
    C. 说服朋友不要去参加婚礼　　　　　D. 转达有关预防非典的通知
21. A. 不主张大操大办　　　　　　　　　B. 可以大操大办
    C. 不干涉　　　　　　　　　　　　　D. 没疫情发生，无所谓
22. A. 无确诊病变，不用担心　　　　　　B. 快去快回，关系不大
    C. 很乐观　　　　　　　　　　　　　D. 怕被传染，不敢去
23. A. 深圳一次婚宴上的非典传染事件　　B. 报纸上的通知
    C. 北京的非典传染事件　　　　　　　D. 广州的非典传染事件
24. A. 上学起　　　　　B. 11岁　　　　　C. 中学开始　　　　D. 大学开始
25. A. 非常成功　　　　　　　　　　　　B. 很不成功
    C. 一般　　　　　　　　　　　　　　D. 因音响问题，有些遗憾
26. A. 答谢朋友　　　　　　　　　　　　B. 回报新疆的吉他爱好者
    C. 挣钱　　　　　　　　　　　　　　D. 传授技艺
27. A. 使人体质增强　　　　　　　　　　B. 滋生各种疾病
    C. 使人的抗过敏能力提高　　　　　　D. 使人的抗过敏能力下降
28. A. 抗过敏能力下降　　　　　　　　　B. 抗过敏能力增强
    C. 病菌感染率低　　　　　　　　　　D. 病菌感染率高
29. A. 必须讲究卫生　　　　　　　　　　B. 不必过分讲究卫生
    C. 要大量接触细菌　　　　　　　　　D. 绝不能接触细菌
30. A. 数学计算　　　　B. 识别数字　　　C. 识字　　　　　　D. 学说话
31. A. 计算1~9的数字　　　　　　　　　B. 记住1~5个数字
    C. 辨认从1~9的数字　　　　　　　　D. 认识9个字

101

32. A. 动物的智商 B. 脑容量的多少
    C. 灵长目动物群中存在的等级排序 D. 灵长目动物是可以训练的
33. A. 新时代　　　　B. 黄金时代　　　　C. 创新时代　　　　D. 改革时代
34. A. 美味的食品　　　　　　　　　B. 安全有效的胶囊
    C. 取代注射法　　　　　　　　　D. 可口的饮品
35. A. 脑力劳动者　　B. 学生　　　　　C. 知识分子　　　　D. 体力劳动者
36. A. 暴力倾向　　　B. 毒品　　　　　C. 意外创伤　　　　D. 疾病
37. A. 达瓦孜王　　　B. 高空王子　　　C. 世界飞人　　　　D. 钢丝王子
38. A. 20 天　　　　　B. 25 天　　　　　C. 30 天　　　　　　D. 48 天
39. A. 一项　　　　　B. 三项　　　　　C. 两项　　　　　　D. 四项
40. A. 腿部　　　　　B. 腰部　　　　　C. 胳膊　　　　　　D. 脚部

二、阅读理解

（35题，30分钟）

说明：41—75题，每段文字后都有几个问题，每个问题都有ＡＢＣＤ四个答案，请阅读后根据每题要求选择惟一恰当的答案，并在答案相应字母上画一横道。

41—42

杜书林本来就不善应酬，偏偏又遇上了陈大妈"机关枪"封锁，憋了好半天才插进一句话："我是还书来的，过会儿还要上班。"

41. 划线词语"机关枪"在文中的意思是：
　　A. 一种武器　　　　　　　　B. 火腿的戏称
　　C. 代指香烟　　　　　　　　D. 指急促连续不断甚至带有火药味的话语

42. 文中划线词语的拼音正确的是：
　　A. 应酬（yìnchóu）　　　　B. 封锁（fēngsuǒ）
　　C. 憋（bié）　　　　　　　　D. 插（chà）

43—44

琉璃厂文化街位于宣武区和平门外。元代和明代，这里曾是琉璃窑场，今街名由此而来。清朝初年，内城清理闲杂人口，使正阳门外及琉璃厂一带人口增多。清乾隆年间，朝廷召集大批文人、学者编纂《四库全书》，琉璃厂因此增设了许多书铺和流动书摊，同时，也带动了其他文化行业的发展。后来，这条街经销旧书籍、文物古董、碑帖字画、文房四宝以及裱糊字画、雕刻印章、刻版镌碑的店铺多了起来，便成了北京著名的一条文化街。此街店铺古朴典雅，保留着清代的建筑风格。

43. 琉璃厂文化街的街名从何而来？
　　A. 这里的文人很多　　　　　B. 这里曾是琉璃窑场
　　C. 自古以来就有的　　　　　D. 这里的学者很多

44. 文中划线词组的拼音正确的是：
　　A. 召集（zhǎojí）　　　　　B. 裱糊（biǎo hu）
　　C. 编纂（biānzhuān）　　　D. 镌刻（juānkè）

45

科协组织的四个现代化宣传活动，内容广泛、丰富，对我们来说真是一场"及时雨"。

45. 文中"及时雨"的意思是：
　　A. 正赶上时候的雨　　　　　B. 下得很大的雨

C. 立刻下的雨　　　　　　　　　　D. 正赶上时宜、适合需要的人或事

46—47

她每次总是急匆匆地来,又急匆匆地去了,也不知道她是顾不上看我,还是有意地回避我,总之,我的心里很矛盾,既想让她来看自己,又怕同学们知道了讥笑。有时候,我真想骂自己一顿,自古说儿不嫌母丑,狗不嫌家贫,自己现在连狗都不如。

46. 根据这段话,我们可以看出作者的心情如何:

　　A. 矛盾　　　　B. 开心　　　　C. 愤怒　　　　D. 忌妒

47. 文中的"她"和"我"的关系是:

　　A. 姐妹　　　　B. 师生　　　　C. 母女　　　　D. 同学

48—51

尼尼薇是亚述帝国的一座古城,位于底格里斯河沿岸,与今天伊拉克境内的摩苏尔城___48___。曾为亚述帝国的首都,在当时影响极大且极其兴盛,尤其是在西拿基立和阿叔巴尼帕统治时期(公元前7世纪)。它还是《圣经》中所说的先知约拿布道的城市,跟随圣经一起为人们所传诵多年。这些光辉的过去被考古学家___50___之后,大量的文物展现在人们面前、宫殿,壁画都记载着人类神秘而伟大的过去。

在城西的一座小山上有座著名的皇宫;它的一些残余尚保留着,而在这个废墟之中,仍然可以看见描述着亚述军事胜利的巨大石头雕像。再向南走,仍然可以看见曾一度建在这里的庞大军库的一些遗迹。就是现在,尼尼薇的遗迹,还令来此参观者感到该城是坚不可摧的;在它光荣的年代中,必然被视为一座永存的城市,它在巨大的防御工事之中固若金汤。

48. 文中48处应该填写的词是:

　　A. 相接　　　　B. 相形　　　　C. 相似　　　　D. 相识

49. 尼尼薇城西的一座小山上有:

　　A. 一个庞大军库　　　　　　　　B. 一座著名皇宫
　　C. 一座巨大石头雕像　　　　　　D. 一些珍贵文物

50. 文中50处应该填写的词是:

　　A. 发明　　　　B. 发掘　　　　C. 发动　　　　D. 发挥

51. 文中"固若金汤"的意思不是:

　　A. 原来好像金色的城池　　　　　B. 形容工事非常坚固
　　C. 指防守严密的护城河　　　　　D. 形容牢固的城池

52—55

花钱买健康。___52___是革命的本钱。许多人都意识到了"防病胜于治病"的道理。花钱买健康的人越来越多,体育场馆爆满,体育用品热销,健身房越来越多,保健品的广告随处可

见,这都说明人们越来越注重保健。北京平均每个人一年用于体育健身的消费达800多元,不少人一年的健身费用接近5000元。这些足以说明,健康消费已经成为人们消费的新时尚。随着人们物质生活的丰富和健康意识的不断提高,我国人口寿命也随之延长。"人生七十古来稀",而最新统计,中国人的平均寿命已达71.4岁,比世界平均水平高5岁。如今,人们可以看到很多老人依然精神矍铄地参与各种社会活动。

52. 文中52处应该填写的词是:
   A. 物质　　　　B. 精神　　　　C. 身体　　　　D. 政治
53. 下面哪项不能体现人们越来越注重保健?
   A. 体育馆爆满　　　　　　　　B. 健身房越来越多
   C. 保健品的广告随处可见　　　D. 去商场购物的人越来越多
54. 北京平均每人平均一年用于体育健身的消费达:
   A. 80多元　　　B. 800多元　　　C. 8000多元　　　D. 5000元
55. 中国人的平均寿命已达:
   A. 61.4岁　　　B. 66.4岁　　　C. 70.4岁　　　D. 71.4岁

56—58岁

人的一生大约有1/3时间是在床上睡觉度过的,因此,床对我们来说是相当重要的。床的类型有很多,有木板床、棕绷床、钢丝弹簧床、席梦思床等。

那么,睡哪一种床比较有利于人体健康呢?

从人体的生理结构来看,席梦思床、钢丝床、松弛的棕绷床等过于松软,都不是理想的睡床。在这些软床上睡觉,仰卧时人的脊柱呈弧形,侧卧时呈侧向弯曲,这样会使脊柱附近的韧带和关节负担过重。天长日久,容易引起脊柱的不适和疼痛。

如果让孩子睡软床,除会产生上述弊端外,由于孩子骨骼尚未发育定形,还会造成脊柱弯曲变形及侧突畸形。

所以,医学家提倡睡平板床。一般来说,床的硬度以仰卧时臀部不过度下陷为原则。如果睡木板或炕,就能使脊柱基本上保持正常的生理状态。轻度的脊柱错位,只要睡平板床,经过一夜的休息便能得到纠正。婴幼儿睡平板床有利于骨骼正常发育。妇女睡平板床有助于保持优美的体形曲线。

56. 睡哪一种床比较有利于人体健康?
   A. 席梦思床　　　B. 钢丝床　　　C. 棕绷床　　　D. 平板床
57. 以下哪项不是睡软床的弊端?
   A. 仰卧时人的脊柱呈现弧形,引起脊柱的不适和疼痛
   B. 侧卧时人的脊柱呈现侧向弯曲,引起脊柱的不适和疼痛
   C. 会造成孩子脊柱弯曲变形及侧突畸形
   D. 纠正脊柱错位

58. 下面哪项文中没提到?
    A. 床的类型有很多
    B. 从人体的生理结构来看,睡平板床最为理想
    C. 妇女睡平板床有利于骨骼正常发育
    D. 床的硬度以仰卧时臀部不过度下陷为原则

59-62

乘过火车的人都有这样的__59__,如果在火车上拿出半导体收音机,无论怎样调整方向,都收听不清广播电台的节目,而在火车上打移动电话,却<u>丝毫</u>不受影响。收音机和移动电话都靠无线电波传递信号,为什么在火车上收听不到收音机的广播,却能打移动电话呢?

大家都知道,火车车厢是用金属材料制造的。广播电台发射的无线电波属于中短波范围。中短波的传输特性是:有一定的绕射能力,可进行远距离通信,但穿透能力很弱,一遇到金属,像钢板、铝、铁板等材料,就会被屏蔽掉。所以,旅客手中的收音机往往收不到电台的广播节目。而"蜂窝"式移动电话的工作频率在900兆赫兹以上频段,它的电磁波频率范围属于超高频段。这种电波信号绕射能力很差,但穿透能力很强,可以穿窗户进入车厢。再加移动电话网电磁波覆盖的小区半径只有几千米,手机与基站台的发射功率达到数瓦,在几千米半径内实现正常的通话,当然不成问题了。

59. 文中59处应该填写的词是:
    A. 体会　　　　B. 体验　　　　C. 体惜　　　　D. 体念
60. 下面哪项不能替换文中划线词语"丝毫"?
    A. 一点儿　　　B. 毫不　　　　C. 极少　　　　D. 很少
61. 下面哪一项不是文中短波的传输特性?
    A. 有一定绕射能力　　　　　　B. 穿透能力弱
    C. 可进行远距离通信　　　　　D. 可能穿过窗户进入车厢
62. "蜂窝"式移动电话的工作效率在多少赫兹以上频段:
    A. 500　　　　B. 700　　　　C. 800　　　　D. 900

63—66

入春以后,天气一般总是"一场春雨一场暖"。这是因为在春季,由于北半球太阳照射逐渐增强,太平洋上暖空气向北向西伸展,当暖空气向北挺进,并在北方冷空气边界上<u>滑升</u>时就产生了雨,在滑升过程中,也将冷空气向北排挤,排挤的结果,往往是暖空气占领了原被冷空气盘踞的地面。而春雨正是暖空气到来之前,南方的暖湿空气增强而形成的降雨。

一个地方下过雨后,受暖空气的控制,天气转暖,以后如冷空气向南反扑又会下雨。当冷空气<u>前锋</u>过后,这个地方受冷空气团控制,<u>暂时</u>会出现一两天比较冷的天气。但过不了几天,这团冷空气吸到大量的太阳辐射热量,以及受到南方暖的地面影响,使本身的气温升高,产生

气团的变性现象,渐渐转变成暖空气。因此,人们总是感觉到,春天下雨之后,只要天气转晴,一般总是暖洋洋的。"一场春雨一场暖"的感觉就是这个缘故。

63. 下面划线词语拼音正确的是:
   A. 伸展(shēng shǎn)
   B. 前锋(qiánfēng)
   C. 滑升(huáshēn)
   D. 暂时(zhànshí)

64. 当暖空气向北挺进时,也将冷空气向北排挤,其结果是:
   A. 冷空气占领了原被暖空气盘距的地面
   B. 暖空气占领了原被冷空气盘距的地面
   C. 会出现三五天比较冷的天气
   D. 会出现反反复复降雨的现象

65. 下面哪项文中没提到?
   A. 入春以后,天气一般总是"一场春雨一场暖"
   B. 春雨正是暖空气到来之前,南方的暖湿空气增强而形成的降雨
   C. 在春季,北半球太阳照射逐渐增强
   D. 一个地方下过雨后,受冷空气的控制,天气转冷,以后如暖空气向南反扑又会下雨

66. 如果给本文加一个标题,最好的一项是:
   A. 天气变化
   B. 缘何"一场春雨一场暖"
   C. 降雨原因
   D. 气团变性现象

67—70

他飞快地骑着自行车去接女友,想着见面后该说的每一句话。

拐弯处,忘了按铃。

不好!车把一__67__撞在墙上,后货架狠狠地砸在迎面走来的小朋友的脚上。血,滴在地上……

他害怕了。想到等着他的女友,想到交通监理站……他不敢再想了,扶起车子就蹬。"叔叔,你的手表!"他刚走出不远,就听到了喊声。一回头,他惊呆了:小朋友眼里含着泪花,手里拿着一只闪闪发亮的手表,一瘸一拐地向他走来……

67. 文中67处应该填空的词是:
   A. 歪   B. 正   C. 摇   D. 翻

68. 文中的"他"撞倒小朋友后,没发生什么事?
   A. "他"害怕了
   B. "他"逃之夭夭了
   C. 小朋友的脚受伤流血
   D. "他"妥善处理,安慰小朋友

69. 他急匆匆地骑自行车去做什么:
   A. 去医院
   B. 接女友
   C. 赶去参加生日宴会
   D. 去上班

70. 事情发生后结果怎么样了？
   A. 小朋友拼命大哭
   B. 小朋友要把手表还给"他"
   C. 小朋友晕倒了
   D. "他"头也不回地逃跑了

71—75

新疆农业职业技术学院是经新疆维吾尔自治区人民政府批准成立的全日制普通高等院校。按全国示范性和全国重点高等职业技术院校标准建设，目前学院已发展成为涵盖高等、中等职业技术教育和职业技能培训于一体的综合性职业教育院校。2001年被国家确定为全国31所示范性职业技术学院建设单位之一，2002年被国家确定为全国30所重点职业技术学院建设单位之一，2002年荣获"全国职业教育先进单位"称号。

学院位于新疆天山北坡经济带的中心区域——昌吉市，自然条件优越，人文环境优良。东距自治区首府乌鲁木齐市中心约35公里处，是新疆政治、经济、文化最发达的区域。欧亚大陆桥、吐乌大、乌奎高速公路横贯东西，信息快捷、交通便利，是国内外客商投资的热点地带。

根据学院未来发展的需要，现面向社会诚聘以下专业教师及管理人员：

一、学院经贸系副主任、计算机系副主任、动物科学系副主任：年龄40岁以下，相关专业本科以上学历，中级以上职称。在专业领域有一定的造诣，有组织专业建设的能力，有较强的组织、管理和协调能力，在本专业领域有突出贡献或具有职业技术教育实践经验者优先考虑。

二、学院专职教师：畜牧、兽医、草本科学、动物检疫、园艺、食品机械、风景园林、种子生产与经营、绿色食品生产与经营、农村能源环境工程、组织培养、仪器分析、机械修理、机电工程、机械制图、数控技术、计算机科学与技术、网络工程、广告设计、现代教育技术、电子商务、国际贸易、商务英语、旅游与酒店管理、物业管理、教育管理、英语、中文、中语、思想政治教育、音乐教育等专业。

要求：相关专业硕士研究生以上学历，或副高级以上职称。

三、待遇：凡属学院引进的优秀人才，可享受学院的各项优惠政策（详情面议）。

四、报名时间：学院系部副主任截止时间2003年8月31日，专职教师常年有效。

五、联系方法：有意者请将个人简历及有关资料寄：新疆昌吉市文化东路29号新疆农业职业技术学院组织人事处。合则约见。

联系人：吴克煜　　何为瑜

联系电话：0994—2342760　2337996　2341636

传　　真：0994—2338015

邮　　编：831100

71. 新疆农业职业技术学院于哪年被国家确定为全国31所示范性职业技术学院建设单位之一：
   A. 1999年　　　　B. 2000年　　　　C. 2001年　　　　D. 2002年

72. 2002年荣获"全国职业教育先进单位"称号的是：

   A. 新疆农业大学　　　　　　　　　B. 新疆商业学校

   C. 新疆医科大学　　　　　　　　　D. 新疆农业职业技术学院

73. 哪一系没有招聘学院系部副主任？

   A. 经贸系　　　　　　　　　　　　B. 英语系

   C. 计算机系　　　　　　　　　　　D. 动物科学系

74. 学院专职教师招聘的要求是：

   A. 学历在专科以上　　　　　　　　B. 学历在本科以上

   C. 学历在硕士研究生以上　　　　　D. 学历必须博士研究生

75. 关于报名时间,错误的说法为：

   A. 学院系部副主任报名截止时间为2003年8月31日

   B. 专职教师报名时间可以在2003年8月31日

   C. 专职教师报名常年有效

   D. 学院系部副主任报名常年有效

三、书面表达

(16题,40分钟)

第一部分

(15题,10分钟)

说明:76-85题,在每题的语句中有一划横线处,题后有ＡＢＣＤ四个答案,其中只有一个可以放入横线处使语句表达通顺。请划出来并在答卷字母上画一横道。

76. 身体_____不好_____要加强锻炼。
    A. 又……又……　　　　　　　　B. 谁……谁……
    C. 越……越……　　　　　　　　D. 什么……什么……

77. 我们_____找出这起恐怖事件的凶手_____。
    A. 除了……以外　　　　　　　　B. 对……来说
    C. 由于……而　　　　　　　　　D. 非……不可

78. 狐狸_____狡猾_____斗不过好猎手。
    A. 再……也……　　　　　　　　B. 既……又……
    C. 更……更……　　　　　　　　D. 也……也……

79. 你的想法_____不成熟_____可以提出来。
    A. 只要……就……　　　　　　　B. 既然……就……
    C. 一边……一边……　　　　　　D. 就是……也……

80. 无论谁_____。
    A. 听到这个消息都很高兴　　　　B. 这个消息听到都很高兴
    C. 都很高兴这个消息听到　　　　D. 听到都很高兴这个消息

81. _____,一定要加粗缆绳。
    A. 被大风卷走想要不　　　　　　B. 想要不被大风卷走
    C. 不大风被卷想要　　　　　　　D. 想要被大风不卷走

82. 我去时,_____。
    A. 修好了自行车已经刘师傅　　　B. 刘师傅已经自行车修好了
    C. 自行车已经刘师傅修好了　　　D. 刘师傅已经修好了自行车

83. 看到这些,_____。
    A. 气得拿起书包他往外走　　　　B. 拿起书包往外走他气得
    C. 他气得书包拿起往外走　　　　D. 他气得拿起书包往外走

84. 你为什么_____?
    A. 这事儿不把我告诉呢　　　　　B. 不告诉我把这事儿呢

110

C. 不把这事告诉我呢　　　　　　D. 把这事不告诉我呢

85. _____，我想再说几句。

A. 为了运输问题　　　　　　　　B. 关于运输问题

C. 按照运输问题　　　　　　　　D. 通过运输问题

说明：86—90题，在这一部分里，每题的语句中有ABCD四个划线的词语，去掉其中某一词语会使句子变成病句。请找出这个不能删去的词语，然后在答卷的字母上画一横道。

---

86. 现在<u>这</u>本书<u>已经</u>十分<u>破旧</u>了，但我还一直保存着<u>它</u>。
　　　　A　　　B　C　　　　　　　　　　　　　　D

87. 色彩<u>常常</u>可以分为冷色和暖色<u>两类</u>，<u>但</u>这<u>与</u>温度并没有什么大的关系。
　　　A　　　　　　　　　　　　B　　C　　D

88. 年轻时，这样的山一眨眼<u>工夫</u>就到顶了，现在别说爬山<u>了</u>，平时<u>连</u>多爬几级楼梯都<u>吃力</u>。
　　　　　　　　　　　A　　　　　　　　　　　　　B　　　　　C　　　　　　　　D

89. 看了这本小说，<u>保管</u>你会发笑。不过笑了以后，是否就会快乐起来，<u>或者</u>反而增加<u>了</u>烦恼，
　　　　　　　　　A　　　　　　　　　　　　　　　　　　B　C　　　　　　　D

我可就不敢说了。

90. <u>那一天</u><u>在</u>家实在闲得无聊，便打开电视机，<u>正好</u>又赶上一部电视剧<u>，</u>我硬着头皮看下去。
　　A　　　　B　　　　　　　　　　　　　　　C　　　　　　　　　　D

第二部分

（作文，30分钟）

作文要求：1. 写作前认真阅读作文前的提示，按提示要求在规定的时间内写完。
　　　　　2. 用简化汉字书写。每个空格写一个汉字，汉字书写要清楚工整；每个标点符号占一个空格，标点符号要正确。
　　　　　3. 作文中不得出现跟考生有关的校名、地名和真人姓名。

作文提示：

在下面的作文中，你将有30分钟的时间来写一篇短文。请看清题目，按照题目和短文开头、中间段、结尾提示部分的话语写下来。使你全篇文章内容不得少于350字（不包括已给出的提示语言文字）。

认识自我

每个人在生活中都可能受到一些人的赞扬，或者受到另一些人的非议；可能会得到表扬，也可能受到批评。

	曾	经	在	我	身	上	发	生	过	这	样	一	件	事	，				

总之，无论你选择的路有多么坎坷，多么艰辛，只要是对的，就应义无反顾地走下去。如果错了，就要勇于面对，重新寻找正确的道路。

四、听力理解录音材料

(40题,约30分钟)

第一部分

> 说明:1—15题,在这部分试题中,都是两个人的简短对话,第三人根据对话提出一个问题,请你在四个书面答案中选出惟一恰当的答案。

1. 男:这套衣服可真漂亮啊!多少钱呀?
   女:这套衣服原价400元,因商场搞活动,七折销售。
   问:这套衣服多少钱买的?

2. 女:不错嘛,听说你最近又升职了?
   男:老板发现我在经营管理上很有头脑,于是让我帮着打点生意。
   问:男的升职的原因是什么?

3. 女:小张的生意越做越大了,真为他高兴啊!
   男:是啊,机遇看来总是垂青那些敢于站在潮头的人。
   问:男的认为小张是个什么样的人?

4. 女:你最近身体怎么样了?
   男:又吃药,又打针的,休息了一阵子,最近身体有了很大起色。
   问:男的最近身体怎么样了?

5. 女:好羡慕你啊,你已是一位有作为的教授了。
   男:这有什么,现如今,一个教授的影响甚至比不上一个歌星或电影明星。
   问:男的认为教授怎么样?

6. 女:这街道的卫生真让人担忧呀!
   男:是啊!这是老生常谈的事了,总有一些不讲公德的人。
   问:男的认为卫生问题是一个什么样的问题?

7. 男:我们班在这次的运动会上,打破了两项校纪录。
   女:了不起,了不起。
   问:女的的话是什么意思?

8. 男:明天和我们一起去天池旅游好吗?
   女:我很想去,可明天又轮到我值班。
   问:女的明天要干什么?

9. 男:艾力从北京回来了吧?
   女:回来了。休息了两天又去吐鲁番了,回来后还要去喀什。

问：艾力现在在哪里？

10. 男：我们今天还开会吗？
    女：当然啦，今天不开哪天开！
    问：女的说话的意思是什么？

11. 男：李大夫，非典型肺炎是怎样传播的？
    女：该病的病因至今尚未完全明确。大量流行病学调查结果显示，该病的传播方式可能主要是通过近距离空气飞沫传播，接触病人呼吸道分泌物和与患者密切接触也可能会造成传播。
    问："非典"的传播途径中以下哪一项女的没提到？

12. 男：李局长，水磨沟区一直没有消防队，为什么呢？
    女：公安部要求，离城市中心区较远、消防车5分钟赶不到的地方要建消防站点，实际上，水区是容易发生火灾的地方，市消防局的消防车5分钟根本赶不到，早就应该组建一支消防队，但因经费落实不了，一直没有实现。
    问：水磨沟区一直没有消防队的原因是什么？

13. 男：啊，你可比以前胖多了。
    女：是啊，我回中国以后，比过去胖多了，每天吃得很丰盛，我的减肥计划可就完全"破产了"。
    问：女的说的"破产"是什么意思？

14. 男：王教授，你的实验终于成功了，恭喜你了。
    女：哎，说起这实验可是一波三折呀。
    问：女的是什么意思？

15. 男："非典"已蔓延到世界上30多个国家和地区了。
    女：是啊，现在"非典"已非一国之事，它成了一个国际问题，全人类都面临挑战。
    问：女的的话是说"非典"是一个什么问题？

第二部分

说明：16—40题，在这部分试题中，你将听到几段简要的对话或讲话。每段话之后，你将听到几个问题，请你在四个书面答案中选出惟一恰当的答案。

16到19题是根据下面一段对话：

男：马老师，那天我托你办的事怎么样了？我家小孩能不能进四中啊？
女：难啊，我问过了，你孩子差了十几分，进不去呀！
男：那我出赞助费行不行呢？你有没有帮我问过？
女：问过了，一年要三千块呢！
男：啊！要那么多？那请你帮帮忙，三千块我也出。

女：那我试试,不过,这样一来,你可要多花许多钱了。
男：有什么办法,要是让他上了非重点中学,以后别想考大学了,现在花点钱,让他上重点中学,考大学就有希望了。

16. 问：男的让女的给他做什么事？
17. 问：男的孩子进不了四中的原因是什么？
18. 问：赞助费三年要交多少钱？
19. 问：男的让孩子进四中的原因是什么？

20 到 23 题是根据下面一段对话：

男：小刘,你急急忙忙去干什么呀？
女：这不,同事小张结婚,婚礼时间就要到了。
男：特殊时期,政府紧急通告不主张大操大办,也不主张人群聚集,你知道吗？
女：知道,今天来赴宴的基本上都是亲戚、朋友、同事,现在还没有疫情报告,大家也就来了,再说,新疆现在不是还没有确诊病例嘛,不用担心。
男：你来赴宴前考虑过"非典"的影响吗？
女：考虑过,但也不好驳同事的面子,就来了。
男：这都是暂时无疫情带来的盲目乐观心理,这种麻痹心理可要不得。前不久发生在深圳一次婚宴上的"非典"感染事件就是教训。

20. 问：小刘急急忙忙地去干什么？
21. 问：政府紧急通知对操办婚事态度是什么？
22. 问：女的对参加婚宴的态度是什么？
23. 问：男的认为应以什么为教训？

24 到 26 题是根据下面一段对话：

男：你什么时候开始喜欢吉他的？
女：我 11 岁时就开始痴迷于吉他。
男：你觉得今晚的演出成功吗？
女：有些遗憾,因为音响的问题,上半场的演出稍微有些混乱,下半场的音响效果稍好了一些,所演奏的流行音乐也明显得到现场的多数年轻人的喜爱,演出效果明显好于上半场。
男：为什么举办这样一场音乐会？
女：今年元月份,我回到新疆,在朋友的鼓动下,主要也为了回报新疆的吉他爱好者,举办了这场音乐会。
男：据你了解,在此之前,新疆有没有举行过这样的音乐会？
女：据我了解,在此之前,新疆还没有公开举行过这样的音乐会。

24. 问：女的是什么时候开始喜欢吉他的？
25. 问：女的认为今晚的演出成功吗？
26. 问：女的在新疆举办音乐会的主要目的是什么？

27到29题是根据下面一段话：

虽然卫生条件的落后会滋生各种疾病,然而最近却有研究人员发现如果过分讲究卫生也不一定是件好事,它也许会使人的抗过敏能力下降,从而增加人们患上哮喘等过敏性疾病的机会。在最近进行的一项有关人类抗过敏能力的实验中,意大利免疫学家帕尔罗·马特卡蒂把240名接受测试的人员分为两组,并刻意使其中一组的成员有机会接触到一些常见的病菌,而另一组则没有。实验结果表明接触病菌的那一组成员,其抗过敏能力明显要比没有接触过病菌的另一组成员强。

据此,马特卡蒂认为,在日常生活中,人们不必过分讲究卫生,适当地接触一下细菌,也许未尝不是一件好事,因为它可以使人体内的免疫系统得到锻炼,增加人们的抗过敏能力。

27. 问：最近研究人员发现如果过分讲究卫生会怎么样？
28. 问：实验结果表明接触过病菌的那一组成员怎么样？
29. 问：马特卡蒂认为人们在日常生活中应该怎么做？

30到32是根据下面一段话：

最近,有关研究结果表明,猴子、黑猩猩等灵长目动物具有识别数字的能力。

在对猴子计数能力的测试中,哥伦比亚大学的心理学家赫伯特·特伦斯和伊丽莎白·布朗诺惊奇地发现,猴子一旦在研究人员的训练下掌握了数量递增的规律,它们就可以独立地进行计数,其计数能力的最大值可以达到9个物体。

与此同时,一只名叫埃尔的黑猩猩也在日本研究人员的训练下学会了辨认从1到9的数字,并且可以记住其中至少5个数字。

科学家们认为灵长目动物之所以会有识别数字的能力,也许与灵长目动物群中存在等级排序有关。

30. 问：有关研究表明,猴子、黑猩猩等灵长目动物具有什么能力？
31. 问：一个叫埃尔的黑猩猩学会了什么？
32. 问：科学家们认为灵长目动物有识别数字的能力与什么有关？

33到36题是根据下面一段话：

21世纪或许是药物史上的又一个黄金时代,将有近两百种癌症被人类征服。而第一批得益于人类基因组计划研究成果的药物的问世也将为一些疑难杂症患者带来福音。那时,药物的服用方法也将会有革命性的变化。传统的注射法将成为历史,取而代之的将是美味的食品或者更加安全有效的胶囊。

未来的药品或许还会为秃发者带来福音。基因研究的深入使得许多现在难以解决的问题迎刃而解,比如精神错乱者、暴力倾向者、嗜毒成瘾者等可以通过药物治疗恢复健康人的生活。而增强记忆及智力的保健品还会深受学生的喜爱,不过它的功效肯定比现在强多了。目前除了疾病,诸如车祸、工伤事故等意外创伤也在时刻威胁着现代人的生命。而年轻人中因意外创伤而死亡的人数尤其多,本世纪四项技术的进一步完善会逐渐避免这类悲剧的重演。

33. 问:21世纪或许是药物史上的又一个什么时代?

34. 问:药物服用的革命性的变化不包括哪一项?

35. 问:增强记忆及智力的保健品会受到谁的喜欢?

36. 问:除了疾病以外什么威胁着现代人的生命?

37到40题是根据下面一段话:

被誉为"高空王子"的新疆杂技团著名演员阿迪力·吾守尔4月16日至5月11日,以顽强拼搏的精神和惊人的毅力在空中寓所生活了25天,在钢丝上行走了123小时48分,刷新了加拿大人科克伦创下的吉尼斯纪录,为祖国的家乡人民争得了荣誉。今天中午,"高空王子"阿迪力·吾守尔载誉归来。

中午临近14时,阿迪力·吾守尔精神抖擞地出现在乌鲁木齐机场候机大厅,早已等候在这里的人们顿时沸腾了。人们欢呼着奔向"高空王子",将早已准备好的花环套在了他的脖子上。

随后,自治区副主席买买提·扎克尔在新疆人民会堂会见了载誉归来的"高空王子"。他十分高兴地感谢阿迪力·吾守尔为新疆人民和祖国人民争了光。他说:"在空中生活期间,北京常有五六级大风,你能在这样不利的天气下创造两项世界吉尼斯纪录,全疆各族人民都为你自豪、为你骄傲。"

阿迪力·吾守尔非常兴奋地说:"在空中生活期间,虽然胳膊上的旧伤发作疼痛难忍,可是当我想到祖国和家乡人民在支持、期待着我,这些困难就变得非常小了。我是个孤儿,我能打破吉尼斯世界纪录,全靠党和政府的培养。"

37. 问:阿迪力被誉为什么称号?

38. 问:阿迪力在空中寓所生活了多少天?

39. 问:这次阿迪力创下了几项世界吉尼斯纪录?

40. 问:录音中提到阿迪力身体哪个部位有旧伤?

第八套试题

一、听力理解

（40题，约30分钟）

第一部分

说明：1—15题，在这部分试题中，都是两个人的简短对话，第三人根据对话提出一个问题，请你在四个书面答案中选出惟一恰当的答案。

1. A. 登上了山顶　　　B. 用武力打赢了　　　C. 失败了　　　D. 游玩
2. A. 用锥子刺穿了心脏　B. 很愤怒　　　　　C. 很伤心　　　D. 得了心脏病
3. A. 从未见过　　　　　　　　　　　　　　B. 挖到了不少
   C. 是块宝石　　　　　　　　　　　　　　D. 以前见过一次
4. A. 中了一篮子奖　B. 没中奖　　　　　C. 中了10注　　D. 中了大奖
5. A. 手有残疾　　　B. 缺钱　　　　　　C. 有困难　　　D. 有一个秘密
6. A. 答应　　　　　B. 没听见　　　　　C. 不答应　　　D. 没听懂
7. A. 小偷　　　　　B. 运动员　　　　　C. 警察　　　　D. 没提到
8. A. 早已想到了　　　　　　　　　　　　B. 没想到
   C. 是我计划之内的　　　　　　　　　　D. 认为不可能
9. A. 坚持在干　　　　　　　　　　　　　B. 中途退出了
   C. 干得最出色　　　　　　　　　　　　D. 去法院告状了
10. A. 一定能中奖　　　　　　　　　　　　B. 浪费钱
    C. 很执著　　　　　　　　　　　　　　D. 坚持做不可能的事
11. A. 10比9赢二班　　　　　　　　　　　B. 能赢
    C. 十人参赛九人能赢　　　　　　　　　D. 不能
12. A. 就没干什么　B. 质量不合格　　　C. 出力太少　　D. 干活太多
13. A. 请教问题　　B. 赴宴　　　　　　C. 有事相求　　D. 没什么事
14. A. 司机　　　　B. 不清楚　　　　　C. 老师　　　　D. 学生
15. A. 很高兴　　　B. 很为难　　　　　C. 无所谓　　　D. 很不高兴

118

第二部分

> 说明：16-20题，在这部分试题中，你将听到几段简要的对话或讲话之后，你将听到几个问题，请你在四个书面答案中选出惟一恰当的答案。

16. A. 单位　　　　　B. 女的家里　　　　C. 相遇在路上　　　D. 男的家里
17. A. 车间　　　　　B. 机关　　　　　　C. 大学　　　　　　D. 没提到
18. A. 很轻松　　　　B. 工资很高　　　　C. 很忙　　　　　　D. 很繁琐
19. A. 很轻松　　　　B. 不辛苦　　　　　C. 很自由　　　　　D. 没什么事可做
20. A. 华西村牌　　　　　　　　　　　　　B. 吴仁宝牌
    C. 没提到　　　　　　　　　　　　　　D. 华西村牌或吴仁宝牌
21. A. 华西村　　　　B. 吴仁宝　　　　　C. 没提到　　　　　D. 华西
22. A. 出名　　　　　B. 自加压力　　　　C. 没提到　　　　　D. 华西
23. A. 种田人　　　　B. 工人　　　　　　C. 商人　　　　　　D. 知识分子
24. A. 上海　　　　　B. 日本　　　　　　C. 北京　　　　　　D. 美国
25. A. 集邮　　　　　B. 倒卖邮票　　　　C. 做股票生意　　　D. 开公司
26. A. 挣了很多钱　　　　　　　　　　　　B. 把钱赔在股市了
    C. 钱全部变成了邮品　　　　　　　　　D. 变成了大富翁
27. A. 汉语　　　　　B. 英语　　　　　　C. 日语　　　　　　D. 阿拉伯语
28. A. 2个　　　　　 B. 3个　　　　　　 C. 4个　　　　　　 D. 5个
29. A. 在美国容易就业　　　　　　　　　　B. 好奇心
    C. 去中东寻找发展的机会　　　　　　　D. 赶时髦
30. A. 收入　　　　　B. 家庭财产　　　　C. 健康　　　　　　D. 饮食状况
31. A. 很好　　　　　B. 严峻　　　　　　C. 一般　　　　　　D. 不严峻
32. A. 高血压　　　　B. 糖尿病　　　　　C. 肺炎　　　　　　D. 肿瘤
33. A. 1/3　　　　　 B. 1/7　　　　　　 C. 1/10　　　　　　D. 7/10
34. A. 私营理发店　　B. 个体理发店　　　C. 国营理发店　　　D. 没提到
35. A. 很好　　　　　B. 一般　　　　　　C. 不怎么样　　　　D. 很差
36. A. 外面的门面费太贵　　　　　　　　　B. 怕搞赔
    C. 工作压力小　　　　　　　　　　　　D. 退休了没有退休费
37. A. 园丁　　　　　B. 蜡烛　　　　　　C. 人类灵魂的工程师　D. 火炬
38. A. 平等的　　　　B. 使人无法接受的　 C. 合适　　　　　　D. 不平等的
39. A. 人与人之间的关系　　　　　　　　　B. 教与被教的关系
    C. 平等的关系　　　　　　　　　　　　D. 没有尊卑之分的关系
40. A. 他的对象是植物　B. 他的对象是人　 C. 他的对象是花朵　D. 不人道的

二、阅读理解

（35题，30分钟）

说明：41—75题，每段文字后都有几个问题，每个问题都有ＡＢＣＤ四个答案，请阅读后根据每题要求选择惟一恰当的答案，并在答案相应字母上画一横道。

41

他人长得白白净净，手脚又勤快，话虽不多，可<u>肚里有货</u>。

41. 文中的划线词语"肚里有货"的意思是：
    A. 善于逢迎上司心意   B. 比喻有学问   C. 比喻人肚量大   D. 比喻诡计多端

42

北京是中国著名古都之一，城内曾居住过很多的皇亲国戚，他们中的一些人有<u>王爵</u> <u>封号</u>，其住宅便称为王府。明代的王府规模较大，但因年代久远，府址已不易寻找。今北京见到的王府大多是清代遗留下来的。清代的王府，等级制度严格，规模各不相同。目前，北京保存完好的王府有：前海西沿的恭王府、后海北沿的<u>醇王府</u>、西城<u>大孚坊</u>的礼王府、朝阳门内大街的孚府等

42. 下面划线词语拼音不正确的是：
    A. 王爵（wángjuē）   B. 醇王府（chúnwángfǔ）
    C. 封号（fēnhào）   D. 大孚坊（dàfǔfāng）

43

在那次民主选举会上，雷刚先讲话，他给宣传队长刘大海<u>擦</u>了不少<u>脂粉</u>。

43. 文中划线词语"擦脂粉"的意思是：
    A. 化妆   B. 臭美
    C. 抹黑   D. 比喻替别人掩饰缺点错误或美化别人

44—46

春末的时候，我在这个村镇的街上闲逛，又遇到这个跛脚的女人，这次她 45 赶着一辆牛车。车上是些刚刚收到的废品、纸盒、易拉罐，还有些生铁。她坐在车前辕的一块硬纸片上，<u>吆喝</u>着牛，往公路的方向走去。正是大中午，街上没有一个人，整个村庄都氤氲在一片家庭的氛围里，而她，这个跛脚的女人还在为<u>生计</u>奔波着，陪伴她的只有得得的牛蹄声，在空空的街道<u>有条不紊</u>地响着。

44. 文中划线词语拼音正确的是：
    A. 前辕(qián yuán)　　　　　　　　B. 吆喝(yāohē)
    C. 氤氲(yìnyùn)　　　　　　　　　 D. 有条不紊(yǒu tiáo bù wèn)

45. 文中45处应该填写的词是：
    A. 在　　　　　B. 刚　　　　　C. 正　　　　　D. 才

46. 下面可以替换文中"生计"的是：
    A. 生产　　　　B. 生活　　　　C. 生还　　　　D. 生事

47—49

地球大气层以外的周围空间叫地球行星空间。它的范围，按地球磁层计算，半径约6.5万千米。地球行星空间没有空气，而有内外两个地球辐射带，它们是地球磁场俘获太阳发出的高能粒子形成的。那里是寒冷的世界。

地球行星空间之外，内至太阳、外至太阳系边缘的各行星空间之间的空间叫行星际空间。那里也是高度真空和高寒世界，有太阳电磁辐射、太阳宇宙线、太阳风、银河宇宙线和微流星体。

47. 地球行星空间的半径约：
    A. 4.5万千米　　B. 5.5万千米　　C. 6.5万千米　　D. 7.5万千米

48. 地球行星空间是什么样的世界：
    A. 温暖　　　　B. 酷热　　　　C. 凉爽　　　　D. 寒冷

49. 下面哪项文中没提到？
    A. 地球行星空间没有空气
    B. 地球行星空间的内外两个地球辐射带，是地球磁场俘获太阳发出的高能粒子形成的。
    C. 行星际空间有太阳电磁辐射、太阳宇宙线、太阳风、银河宇宙线和微流星体。
    D. 地球行星空间不是高寒世界。

50—55

伊拉克首都巴格达，位于国土中部，__50__底格里斯河两岸，距幼发拉底河仅30余公里，早在4000多年前已成为一个重镇，是阿拉伯世界最古老的城市之一。进入巴格达城仿佛漫游在神奇的仙境之中。玉带般的底格里斯河缓缓穿城而过，将整个市区分成东西两部分。那些中世纪的名胜古迹让人目不暇接：近百个大小不等、带有金色塔尖和蓝色圆顶的清真寺令人赞叹不已，别具一格的阿拉伯市场让人流连忘返，大街上茂密的椰枣林和郊区余晖中的骆驼群使人回味无穷。《一千零一夜》中所描绘的富丽堂皇的宫廷府邸，美丽如画的城郭庭园，奇妙惊险的幻境以及浓郁的风土人情，都同巴格达这个名字联系在一起，因而巴格达有"《一千零一夜》的故乡"之称。

在波斯语里，"巴格达"一词意为"神赐的地方"。公元754年，阿巴斯王朝第二代君王阿里发曼苏尔发现这里是水陆要冲,并且气候宜人,便在原来小镇的基础上建起一座新兴城市。公元762年,正式定为阿巴斯王朝的都城,曾命名为"麦地纳·色兰",意为"和平之城",但习惯上依然称之为巴格达。

今天的巴格达是一座方圆860平方公里、拥有530多万人口的现代化城市。这里高楼崛起,市场繁荣,交通发达,是伊拉克全国最大的城市和交通、商业与文化中心。最让人流连忘返的要数城内朝拉公园里的十座模拟巴比伦遗址的"空中花园"。这座"花园"建筑在一个高高的台子上,在浓密的亚热带花草树木丛中,古香古色的房屋、宫室、石阶、墙垣等时隐时现,远远望去整个"花园"宛如漂浮在空中一样,仿佛那座誉为世界著名的七大古建筑奇迹之一的巴比伦"空中花园"已经再现人间。

50. 文中50处应该填写的词是:
    A. 越　　　　B. 穿　　　　C. 距　　　　D. 跨

51. 那里的清真寺是:
    A. 红色塔尖,蓝色圆顶　　　　B. 白色塔尖,蓝色圆顶
    C. 金色塔尖,蓝色圆顶　　　　D. 蓝色塔尖,金色圆顶

52. 何处有"《一千零一夜》的故乡"之称:
    A. 巴比伦　　　B. 巴格达　　　C. 尼尼薇　　　D. 麦加

53. 在波斯语里,"巴格达"一词意为:
    A. 美丽的草原　B. 团结的城市　C. 神赐的地方　D. 伟大的地方

54. 今日的巴格达方圆:
    A. 860万平方公里　　　　B. 860平方公里
    C. 680万平方公里　　　　D. 680平方公里

55. 根据本文,我们可以知道:
    A. 巴格达距幼发拉底河仅30公里
    B. 底格里斯河将城市分为南北两个部分
    C. 公元前754年,阿巴斯王朝第二代君王阿里发曼苏尔建立了麦加
    D. 巴格达是伊拉克全国最大的城市和交通、商业与文化中心

56—62

在朋友家闲坐,无意之中我发现朋友为孩子擦皮鞋时只擦一只。朋友解释说,这是她创造的一种教育孩子的方法,因为这样可以迫使孩子为了两只鞋一样整洁,而自己动手将另外一只鞋也擦干净。如果经常这样,就能促使孩子形成自觉的卫生习惯。这看起来是一桩小事,却反映出一种成功的教育方法。这位母亲的成功在于她抓住了孩子的心理特点,并在教育方法上加进了幽默的色彩,她不是强迫,而是积极地引导。

在很多场合下,我们都能看到一些不动脑筋的父母,为了让孩子接受自己的意愿而不停地唠叨,实在不见效便拿起棍棒,并多伴以讽刺和挖苦的语言。用这种简单粗暴的教育方法

培养出来的孩子,不是服服帖帖的"绵羊",便是暴戾无度的"暴君"。孩子失去了应有的创造力,个性和人格的发展也得不到完善,其内心世界常与外部世界发生冲突,显得处处与周围环境不适应。这样的孩子,内心常是痛苦的。

56. 可以替换文中划线词语"无意"的是:
    A. 没有意义　　B. 没意思　　C. 没时间　　D. 不是有意的
57. 如果经常只给孩子擦一只皮鞋,会产生以下哪种结果?
    A. 使孩子养成自觉的卫生习惯　　B. 孩子厌烦
    C. 孩子喜欢妈妈　　D. 孩子贪玩
58. 本文中母亲所采用的教育方法是怎样的:
    A. 说教　　B. 打骂　　C. 积极引导　　D. 强迫
59. 那些不动脑筋的父母怎样使孩子接受自己的意愿?
    A. 拿棍棒打　　B. 耐心说教　　C. 积极引导　　D. 强迫
60. 用简单粗暴的方法培养出的孩子会出现以下哪种情况?
    A. 脾气好　　B. 各方面表现突出
    C. 不适应周围环境　　D. 有一定的创造力
61. 本文中"绵羊"一词为什么打引号?
    A. 因为绵羊很乖　　B. 讽刺意味
    C. 引用其他文中的词　　D. 强调绵羊的温顺
62. 文中划线词语"暴戾无度"的意思是:
    A. 有很多罪　　B. 非常有主见
    C. 非常勇敢　　D. 凶暴、很不讲理

63—68

为了保护头发和清洁头发;要经常洗头,如果头油多,更应勤洗,洗后可用干毛巾将头发擦干,最好不用吹风机吹,洗头用的肥皂不宜碱性过强,更不宜用洗衣粉,以免头发枯黄。可选用香波洗发,再用护发素过一遍,效果更佳。梳头的梳子,齿不宜过密,过尖。梳头发时要避免拉得过急、紧,也不宜把头发扎得太紧。烫发次数过多,也会使头发枯黄脆折失掉弹性和储水性;电烫用的化学药品,对头发也有害处。一天到晚戴帽子,会使头发皮肤的呼吸受到妨碍,减少日光的有益照射。

63. 对文中划线词语"头油"的正确理解为:
    A. 抹在头发上的油脂化妆品　　B. 头上渗出的油性物质
    C. 油脂　　D. 油水
64. 如果头油多,怎么办?
    A. 用干毛巾擦头发　　B. 用吹风机吹干
    C. 用洗衣粉洗头　　D. 勤洗头

65. 用洗衣粉洗头有什么后果？
    A. 头油更多   B. 头部皮肤干燥
    C. 头发受日光强烈照射   D. 头发枯黄

66. 哪种梳子梳头比较合适？
    A. 齿密的梳子   B. 齿尖的梳子
    C. 圆齿、宽齿的梳子   D. 电梳

67. 用香波、护发素洗头，效果怎么样？
    A. 使头油大量增多   B. 使头油大量减少
    C. 使头发健康亮泽   D. 使头发枯黄脆折

68. 一天到晚戴帽子有什么后果？
    A. 影响头部皮肤呼吸   B. 使头发失掉弹性和储水性
    C. 使头发枯黄   D. 很容易掉头发

69—75

　　一个人不能长时间不睡觉。有人做过一个试验：让一些健康人72～90小时不睡觉，结果他们先后都再现了"精神异常"；可是停止试验，让他们睡上几个小时后，这些异常现象便消失了。

　　一个人每天应该睡多少时间？对于大部分成年人来说，每晚睡七八个小时就足够了。美国癌症协会作了一个调查，平均每天睡七八小时的人寿命最长；相比之下，每晚睡眠时间不足4小时的成年人，死亡率要高出180%；每晚睡10小时以上的成年人，死亡率要高出80%。

　　然而，不同年龄的人所需的睡眠时间是不同的。一般，1～3岁每天需睡14～16小时，4～6岁需睡12～14小时，7～9岁需睡11小时，10～13岁需睡9～10小时，14～20岁需睡8～9小时，20岁以上通常要睡7～8小时。

　　当然，睡眠时间的长短与长期形成的___73___很有关系。俄国的彼得一世每天只睡5小时，爱迪生只要睡2～3小时就能恢复精力，拿破仑有时只要靠在树上打个盹就能消除疲劳，但爱因斯坦每天却要睡10个小时。

　　所以，睡眠是否充分是因人而异的。只要睡醒以后感到头脑清醒、精神愉快，没有睡眠不足的感觉，就可以说够了。

69. 对大部分成年人来说每晚应睡多少时间？
    A. 四五个小时   B. 五个个小时   C. 六七个小时   D. 七八个小时

70. 哪种人寿命最长？
    A. 每晚睡眠时间不足4小时的成人
    B. 每晚睡眠时间超过10小时的成人
    C. 每晚睡眠时间在七八小时左右
    D. 文中没提到

71. 7～9岁的儿童每天需睡：
    A. 9小时   B. 10小时   C. 11小时   D. 12小时

72. 每天需要睡16个小时的年龄阶段在：
    A. 1～3岁   B. 4～6岁   C. 10～13岁   D. 14～20岁

73. 文中73处应该填写的词是：
    A. 习尚   B. 习惯   C. 习性   D. 习气

74. 爱迪生只需睡多久，就能恢复精力：
    A. 打个盹   B. 5小时   C. 10小时   D. 2～3小时

75. 下面哪项文中没有提到？
    A. 人不能长时间不睡觉
    B. 让健康人72～90小时不睡觉，结果出现"精神异常"
    C. 不同年龄的人所需睡眠时间是不同的
    D. 睡眠是否充分是有规律而言的，不是因人而异的

三、书面表达

(16题,40分钟)

第一部分

(15题,10分钟)

> 说明:76—85题,在每题的语句中有一划横线处,题后有ＡＢＣＤ四个答案,其中只有一个可以放入横线处使语句表达通顺。请找出来并在答卷字母上画一横道。

76. _____他是个聋子,_____会听不见这么大的声音。
    A. 不但……而且   B. 即使……也
    C. 除非……才   D. 不论……都

77. _____是群众还是干部,_____要学习。
    A. 因为……所以……   B. 不论……都
    C. 只要……就……   D. 既然……就……

78. _____,我们必须做好妇幼保健工作。
    A. 为了下一代能健康地成长   B. 以便下一代能健康地成长
    C. 即使下一代能健康地成长   D. 因为下一代能健康地成长

79. 我们应该总结经验教训,_____。
    A. 因而再犯类似的错误   B. 既然再犯类似的错误
    C. 为了现犯类似的错误   D. 以免再犯类似的错误

80. 我们交流学习经验,_____。
    A. 改进我们的学习方法是为的   B. 我们的学习方法改进为的是
    C. 为的是改进我们的学习方法   D. 是为的改进我们的学习方法

81. _____你拿出证据来,我_____相信。
    A. 只要……就……   B. 因为……所以……
    C. 不但……而且   D. 即使……也……

82. _____,就连草也找不到。
    A. 山洞里木板不仅没有   B. 不仅山洞里没有木板
    C. 不仅没有木板山洞里   D. 山洞里不仅没有木板

83. 文章_____长而空,倒_____短而精。
    A. 是……不是……   B. 不是……就是……
    C. 越……越   D. 与其……不如……

84. 妈妈宁愿自己不吃,_____。
    A. 也孩子不让挨饿　　　　　　　B. 孩子挨饿也不让
    C. 也让孩子不挨饿　　　　　　　D. 也不让孩子挨饿

85. _____,一是文化建设,二是生产建设。
    A. 当时我们的任务有两个　　　　B. 我们的任务当时两个有
    C. 有两个当时我们的任务　　　　D. 当时两个任务我们的有

说明:86—90题,在这一部分里,每题的语句中有ＡＢＣＤ四个划线的词语,去掉其中某一词语会使句子变成病句。请找出这个不能删去的词语,然后在答卷的字母上画一横道。

86. 女孩子认为一旦结婚,<u>就要</u>放弃所有人对她的注意,而换来一个<u>不再</u>注意她<u>怎么</u>打扮的人,
        　　　　　　　　　Ａ　　　　　　　　　　　　　　　　　Ｂ　　　　Ｃ
    太划不来<u>了</u>。
           Ｄ

87. 我有<u>一位</u>朋友,<u>他</u>的性情<u>并</u>不很开朗,但<u>不管</u>对待什么事几乎从不见他有焦躁紧张的时候。
        Ａ　　　　Ｂ　　　Ｃ　　　　Ｄ

88. 每<u>当</u>回忆起童年的<u>那</u>段往事,我<u>就</u> <u>会</u>情不自禁地笑起来。
       Ａ　　　　　　　Ｂ　　　Ｃ　Ｄ

89. 当时我们家的住房也比较紧张,一个房间<u>让</u> <u>给</u>外婆住,另外一间便成了父母<u>和</u><u>我们</u>三个孩
                                    Ａ　Ｂ   Ｃ　Ｄ
    子的卧室。

90. 一个人心里<u>在</u>想什么,别人很难猜测,<u>但</u>有一种人,却<u>以</u>研究人的想法<u>为</u>职业。
           Ａ　Ｂ   Ｃ   Ｄ

第二部分

(作文,30分钟)

作文要求:1. 写作前认真阅读作文前的提示,按提示要求在规定的时间内写完。
2. 用简化汉字书写,每个空格写一个汉字,汉字书写要清楚工整;每个标点符号占一个空格,标点符号要正确。
3. 作文中不得出现跟考生有关的校名、地名和真人姓名。

作文提示:

　　在下面的作文中,你将有30分钟的时间来写一篇短文。请看清题目,按照题目和短文开头、中间段、结尾提示部分的话语写下去。使全篇文章内容不得少于350字(不包括已给出的提示语言文字)。

以反弹力为动力

反弹力也是力,如果正确利用,就是强大的动力。如运动员的起跑装置等,在生活中,我们也要像运动员那样自觉地借助反弹力。

|在|我|求|学|过|程|中| | | | | | | | | | | | | |

生活中把反弹力作为动力,他们总是把不断袭来的打击作为动力,勇往直前。

四、听力理解录音材料

(40题,约30分钟)

第一部分

> 说明:1—15题,在这部分试题中,都是两个人的简短对话,第三人根据对话提出一个问题,请你在四个书面答案中选出惟一恰当的答案。

1. 男:听说你也是个登山爱好者。
   女:是啊,我们大学北边的这些山差不多都被我给"征服"了。
   问:这里"征服"的意思是什么?

2. 男:听说一阵大风把你家的庄稼全刮死了?
   女:是啊,看到辛勤劳动的成果一夜之间化为乌有,一阵锥心的刺痛穿过我的心。
   问:女的这时怎么样?

3. 女:师傅,这块巨石会不会是块宝石啊!
   男:我施工多年,挖到了不少石头,可这种灰色巨石,还是第一次见过,没准是块宝石呢!
   问:对这种巨石,男的是什么意思?

4. 女:小王,这期彩票你买了吗?
   男:买了10注,结果是竹篮打水——一场空。
   问:男的是什么意思?

5到6题是根据下面一段对话:
   男:我求你一件事,你能为我保密吗?
   女:当然可以。
   男:近来我手头有点紧,你能帮个忙吗?
   女:不必担心,我就当没听见。

5. 问:男的近来怎么了?

6. 问:女的是什么意思?

7. 女:你这手表不错,在哪儿买的?
   男:不是买的,是赛跑得第一名,得奖来的。连我一共三个人跑,警察第二名,丢表的人得第三名。
   问:从以上对话可能知道,男的是干什么的?

8. 男:艾力这次的考试成绩不错吧?
   女:是啊,这真出乎我的意料。

问：女的对艾力取得好成绩是什么态度？

9. 男：你们的实验进行得怎么样了？
   女：别提了，已经有三个人打退堂鼓了。
   问：这三个人怎么了？

10. 男：我这次又买了100注彩票。
    女：你别执迷不悟了，整天就会做发财梦。
    问：女的认为男的买彩票怎么样？

11. 男：这次比赛能赢二班吗？
    女：我看十拿九稳。
    问：女的话是什么意思？

12. 男：活没少干，力没少出，可领导总对我不满意。
    女：干再多没质量，等于没干。
    问：领导为什么对男的不满意？

13. 男：哎哟，是古丽呀，你好！你真是稀客呀！今天怎么有空到我这儿来啦？
    女：我是无事不登三宝殿啊！
    问：女的是来干什么的？

14. 男：你可真会抓时间呀！坐公共汽车也看书。
    女：明天要考地理，不看不行啊。
    问：女的是什么身份？

15. 男：小王，今天不是朋友请你吃饭吗？
    女：不去吧，朋友不高兴，去吧，现在流行"非典"。
    问：女的是什么态度？

第二部分

说明：16—40题，在这部分试题中，你将听到几段简要的对话或讲话之后，你将听到几个问题，请你在四个书面答案中选出惟一恰当的答案。

16到19题是根据下面一段对话：

男：这几道菜味道真不错，小方好手艺，这么多菜可把你们忙坏了。
女：你来了，我们忙也高兴，今天咱们好好聊聊，机会难得啊，你们单位最近忙吗？
男：哎，忙的忙，闲的闲，你看我们两口子每天早出晚归，在车间8小时上班够累的，回到家还有那么多家务事要做。我要是在机关就好了。
女：机关也不一定好，现在到处搞机构改革，我们那位，他们单位机关里的收入比车间少多了。

男：真的？唉,什么时候我们也这样改革就好了。你怎么样？你们大学老师用不着8小时上班,倒挺自由的。

女：自由是自由,但也很辛苦。学校里竞争很激烈,每年都得有新成果拿出来才行。所以我们虽然没有课可以不上班,但在家的时间几乎都用在搞科研上了,没有节假日也没有星期天,有时,连看电视的时间都没有。

16. 问：他们谈话的地方是哪里？
17. 问：男的在哪里上班？
18. 问：男的认为在机关上班怎么样？
19. 问：女的工作情况怎么样？

20到23题是根据下面一段对话：

女：我知道在您这个华西集团里面,有一家服装厂。我不知道您今天穿的衣服是不是你们厂生产的服装呢？

男：是的,衬衫是,里面的也是,袜子也是,裤子也是。如果天冷的话,我穿的西装也是。

女：这叫什么牌子啊？

男：两个牌子,一个叫华西村牌,一个叫吴仁宝牌。

女：您当初怎么会用自己的名字来作这个服装的牌子呢？

男：这叫自找压力,我吴仁宝有一点小名气,如果这牌子做坏了,那就毁了我们几十年来创造的名誉、信誉。这样一来,职工重视,我们本身也重视。

女：你能不能给我们介绍一下,华西村目前的经营状况是什么样的？

男：我们原来都是种田人,现在变成工人了。去年我们华西村完成销售收入45亿人民币。今年我们争取实现60亿以上的销售额。

20. 问：男的身上穿的衣服最有可能是什么牌子的？
21. 问：从谈话中可以知道男的叫什么名字？
22. 问：男的用自己的名字给服装命名是为了什么？
23. 问：现在华西村的人都是做什么工作的？

24到26题是根据下面一段对话：

女：从日本您带回了多少打工的辛苦钱？

男：辛苦钱大约有50万人民币。

女：当时这是一笔不小的数目了。那么您当时揣着这50万人民币回到上海想做点什么呢？

男：回来呢,正好有个邮票行情,我就加入了进去。当时有很多人就把邮品收过来给我,我把它收过来,等待一个机会,再把它高价卖出,从中赚差价,到1992年,疯狂的邮市衰落了。

女：邮市衰落以后,您手上剩下的是邮品吗？

男：全部是邮品。

24. 问:男的曾去哪里打工?
25. 问:回来后,男的开始做什么了?
26. 问:邮市衰落以后男的怎么样了?

27 到 29 题是根据下面一段话:

　　如今在美国学习阿拉伯语已经成为时尚。伊利诺伊理工学院的大部分学生都选修了阿拉伯语或者伊斯兰文化之类的课程。负责选课的教务长说:"选修阿语和伊斯兰文化的学生人数成倍增长,尽管学校增加了课时,但还是不能满足需求。"乔治敦大学上学期开设了5个初级阿语班,而往常最多只开两个。老师们说:"阿语课从未这样受到过学生的欢迎,他们对阿拉伯语言文化的兴趣几近狂热!"

　　如果你以为这些选修阿拉伯语和伊斯兰文化的学生仅仅是为了满足自己的好奇心,那就大错特错了。他们瞄准的是一个更加长远的目标,伊利诺伊理工学院的学生拉尔斯一语道出心声:"战争结束后,重建伊拉克需要很多懂当地语言的美国人,随着美国越来越多地卷入中东事务,学好阿语会让我获得更多的发展机会。"

27. 问:如今美国人以学习什么为时尚?
28. 问:乔治敦大学上学期开设了几个初级阿语班?
29. 问:美国学生学习阿语的目的是什么?

30 到 33 题是根据下面一段话:

　　"小康不小康,首先看健康。"我们国民健康形势严峻,影响健康的许多问题亟待解决。数字可以说明这一切,性病、结核病等过去已被控制的传染病又死灰复燃;国民体质呈下降趋势,七成中国人遭遇亚健康威胁;1亿多高血压患者、5000多万糖尿病患者、每年新增肿瘤患者160万……慢性疾病患病率快速攀升,发病和死亡率居高不下,已成为威胁人民健康的主要问题。这主要是由于营养问题,说穿了就是因为不够吃,或者是因为吃得太多。北京成年人每三个人就有一个超重,全国每七个人就有一个营养不良。

30. 问:生活是不是小康,首先要看什么?
31. 问:我国国民的健康形势怎么样?
32. 问:威胁人民健康的疾病中没有提到的是哪一个?
33. 问:全国营养不良的人数占总人数的多少?

34 到 36 题是根据下面一段话:

　　前日,记者走进西安一家国有理发店,墙上悬挂着两名特级理发师、五名一级理发师、其余八名全都是二级理发师的简介和照片。但店里近20个座位竟只有一个女顾客在做头发。两名男理发师正在懒洋洋地躺在工作椅上看报纸;另两名女理发师坐在小凳子上闲聊。当记者问他们为何不下海经营时,特级理发师抱怨外边的门面费太贵了,若出去自己搞赔了怎么办?呆在店里好赖公司每月还发工资,退休了还有退休费。而另一位男性二级理发师,抱怨自己每月才领390～400元工资,那也不下海。

34. 问:记者走进的理发店是什么体制的?
35. 问:理发店的经营情况怎么样?
36. 问:理发师不下海经营的原因哪一个没提到?

37到40题是根据下面一段话:

以"辛勤的园丁"来赞美教师,常使人想入非非,有一种飘飘然的感觉。然而,如果教师真的变为园丁,那我们的教育恐怕会变得少有人性。

"园丁"与被剪裁的植物花朵之间的关系是人与物的关系,没有平等可言。而教师与学生的关系是人与人之间的关系,先天性地具有人格平等的地位,教育人道的标准在于不要把学生看成是卑下的一方。所以,教师不宜称"园丁",因为他的对象是人。

37. 问:不应以什么来赞美教师?
38. 问:园丁与植物之间的关系是怎样的?
39. 问:教师与学生应保持的关系中没有提到哪一项?
40. 问:教师不宜称"园丁"的原因是什么?

第九套试题

一、听力理解

（40题，约30分钟）

第一部分

> 说明：1—15题，在这部分试题中，都是两个人的简短对话，第三人根据对话提出一个问题，请你在四个书面答案中选出惟一恰当的答案。

1. A. 买吧　　　　　　B. 不买了　　　　　C. 算账吧　　　　　D. 不同意女的说法
2. A. 家里　　　　　　B. 办公室　　　　　C. 旅馆　　　　　　D. 饭馆
3. A. 16岁　　　　　　B. 18岁　　　　　　C. 20岁　　　　　　D. 22岁
4. A. 春季　　　　　　B. 夏季　　　　　　C. 秋季　　　　　　D. 冬季
5. A. 乌鲁木齐　　　　B. 伊犁　　　　　　C. 北京　　　　　　D. 喀什
6. A. 小李长得像公鸡　　　　　　　　　　B. 小李很小气
   C. 小李很大方　　　　　　　　　　　　D. 小李家有只铁制公鸡
7. A. 医务人员　　　　B. 商人　　　　　　C. 病人　　　　　　D. 教师
8. A. 古丽不可能拿第一　　　　　　　　　B. 古丽一定拿第一
   C. 别人拿第一　　　　　　　　　　　　D. 谁也拿不了第一
9. A. 不去了　　　　　　　　　　　　　　B. 看完球赛马上就去
   C. 看完球赛再考虑去不去　　　　　　　D. 不看球赛，去郊游
10. A. 他会帮忙的　　　　　　　　　　　　B. 他不会帮忙
    C. 这话谁说的　　　　　　　　　　　　D. 没有这回事
11. A. 饭馆　　　　　　B. 旅馆　　　　　　C. 公共汽车上　　　D. 火车上
12. A. 天安门　　　　　B. 长城　　　　　　C. 毛主席纪念堂　　D. 故宫
13. A. 经济条件不好　　　　　　　　　　　B. 因为孩子的原因
    C. 性格不合　　　　　　　　　　　　　D. 一直就没感情
14. A. 朋友非常多　　　　　　　　　　　　B. 不需要朋友
    C. 朋友越多越好　　　　　　　　　　　D. 真心朋友很少有
15. A. 是位美国人　　　　　　　　　　　　B. 对我影响较大

C. 是教会学校的老师　　　　　　D. 是我的启蒙老师

第二部分

说明：16—40题，在这部分试题中，你将听到几段简要的对话或讲话。每段话之后，你将听到几个问题，请你在四个书面答案中选出惟一恰当的答案。

16. A. 抗战时期　　B. 50年前　　　C. 一战时期　　D. 解放战争时期
17. A. 香港　　　　B. 重庆　　　　C. 北京　　　　D. 广州
18. A. 很谦虚　　　B. 他的作品　　C. 很有名　　　D. 对生活充满信心
19. A. 钢花牌洗衣机　　　　　　　B. 钢花牌电风扇
    C. 钢花牌电视　　　　　　　　D. 钢花牌月饼
20. A. 芯片　　　　B. 钢铁　　　　C. 食品　　　　D. 家电
21. A. 高科技的重要性　　　　　　B. 钢铁市场供大于求
    C. 国有大企业的责任和义务　　D. 高科技的利润
22. A. 人们思想观念不适应　　　　B. 资金短缺
    C. 技术力量不足　　　　　　　D. 不被人理解
23. A. 谚语　　　　B. 古语　　　　C. 俗语　　　　D. 成语
24. A. 精神　　　　B. 经济　　　　C. 物质　　　　D. 时间
25. A. 严格　　　　B. 唠叨　　　　C. 溺爱　　　　D. 不管不问
26. A. 不听我的意见　　　　　　　B. 总唠叨
    C. 总把自己当小孩子看　　　　D. 只看到我的缺点
27. A. 青春发育期　　　　　　　　B. 青春期的反叛阶段
    C. 幼稚期　　　　　　　　　　D. 不成熟期
28. A. 父母　　　　B. 师生　　　　C. 同事　　　　D. 没提到
29. A. 人与人　　　B. 同事之间　　C. 上下级之间　D. 父母与子女之间
30. A. 因儿子的表现而生气　　　　B. 因失声说不出话来
    C. 哑巴了　　　　　　　　　　D. 病了
31. A. 认为老师是对的　　　　　　B. 感情上的一种发泄
    C. 怕母亲不高兴　　　　　　　D. 对老师不满
32. A. 母亲能耐心地听他讲话　　　B. 母亲帮助了他
    C. 母亲向老师道歉了　　　　　D. 母亲对他的爱
33. A. 最好的　　　B. 我最喜欢的　C. 别人最需要的　D. 我不喜欢的
34. A. 吝啬　　　　B. 慷慨　　　　C. 帮助别人　　D. 友好
35. A. 同事　　　　B. 朋友　　　　C. 上司　　　　D. 邻居

36. A. 自豪　　　　　B. 羞愧　　　　　C. 骄傲　　　　　D. 痛苦
37. A. 先天性畸足　　B. 心脏病　　　　C. 肺炎　　　　　D. 没提到
38. A. 能　　　　　　　　　　　　　　B. 不能
　　C. 能跑但不像正常孩子一样　　　D. 比正常孩子跑得快
39. A. 长跑　　　　　B. 短跑　　　　　C. 越野比赛　　　D. 接力赛
40. A. 4名　　　　　B. 5名　　　　　　C. 6名　　　　　　D. 7名

二、阅读理解

(35题,30分钟)

说明:41—75题,每段文字后都有几个问题,每个问题都有ＡＢＣＤ四个答案,请阅读后根据每题要求选择惟一恰当的答案,并在答案相应字母上画一横道。

41

《香港大公报》1988年4月19日:"现货台湾本田CG125摩托车,每月大量供应大<u>跳楼</u>,每台特价Ｈ·Ｋ￥7400。"

41. 文中划线词语"跳楼"的意思是:

  A. 从楼上跳下来   B. 一种商品名称

  C. 自杀   D. 商人比喻商品大削价(含有不惜血本之义)

42—43

"山顶洞人"生活在距今大约1800年以前,属于旧石器时代晚期,发现于北京<u>猿人</u>遗址顶部的<u>洞穴</u>里,因此称"山顶洞人"。洞内发现了三个完整的头盖骨和一些<u>残骨</u>,以及石器、骨器、装饰品等。山顶洞人比中国猿人的体质有明显进步,能掌握人工取火与钻、磨、锯等技术,并具有美的观念。

在周口店龙骨山的东南角,还有一处古人类遗址。洞里发现牙齿一____43____、石器多件和大量动物化石。牙为成年人的左上牙,比北京猿人的牙小,但比山顶洞人的牙大、<u>牙根</u>也长。经科学测定,这个洞穴里的人距今约10万年左右,介于北京猿人和山顶洞人之间,科学家称其为"新洞人"。

42. 文中划线词语拼音不正确的是:

  A. 猿人(yuánrén)   B. 洞穴(dòngxuè)

  C. 残骨(cángǔ)   D. 牙根(yágēn)

43. 文中43处应该填写的词是:

  A. 个   B. 支   C. 枚   D. 棵

44

后来,由于工作需要,我也离开了教育局,远去Ａ市。临走前,专程去了一趟美峰山学校,可惜<u>铁将军把门</u>,学生说:"张老师上白云大队家访去了!"

44. 文中的"铁将军把门"的意思是:

  A. 对方不接待   B. 形容门卫看守很严

C. 喻指家里没人，锁了门　　　　　　　D. 对方不欢迎

45—50

　　__45__在公元前7世纪，诸侯国之间为了互相防御，就开始在各自的边境修筑长城。公元前221年，秦始皇派大将蒙恬率领30万军队修筑长城，以防御匈奴贵族的侵扰。当时的秦长城西起临洮，东至辽东，全长一万多里。这是中国第一次大规模修筑长城。

　　秦始皇以后的各个朝代都曾对长城进行修筑或增建，其中汉代和明代的规模最大，是中国第二次、第三次修筑长城的高潮。汉代在阴山以北修筑一道"外长城"，西起新疆维吾尔自治区，东北到黑龙江省，全长超过了两万里。明代用了近200年修筑长城，从西到东，由嘉峪关至鸭绿江，全长12700多里。这就是我们今天所看到的万里长城。

　　长城被誉为世界的奇迹之一。它显示了中华民族悠久的历史，表现了中国古代劳动人民的高度智慧与坚强毅力。如今，长城虽然已经失去了它原来的作用，但是，它是一处宝贵的历史遗产。1961年，国务院已将山海关、居庸关、八达岭、嘉峪关等处的长城地段公布为国家级重点文物保护单位。

45. 文中 45 处应该填写的词是：
　　A. 从　　　　B. 先　　　　C. 原　　　　D. 早

46. 下面划线词语拼音正确的是：
　　A. 蒙恬（Méng Tián）　　　　B. 鸭绿江（Yālù jiang）
　　C. 临洮（Líntiáo）　　　　　D. 居庸（Jūyù）

47. 长城是从何时开始修筑的？
　　A. 公元前5世纪　　　　　　B. 公元前6世纪
　　C. 公元前7世纪　　　　　　D. 公元前8世纪

48. 第一次大规模修筑长城是在：
　　A. 公元前221年　　　　　　B. 公元前122年
　　C. 公元前212年　　　　　　D. 公元前121年

49. 明代修筑长城是中国第几次大规模修筑长城的高潮？
　　A. 二　　　　B. 三　　　　C. 四　　　　D. 五

50. 下面哪项文中没提到？
　　A. 秦始皇以后的各个朝代都对长城进行修筑或增建
　　B. 汉代是第二次大规模修筑长城的高潮
　　C. 长城被誉为世界奇迹之一
　　D. 如今，长城依然保持它最初的防御外来侵略的作用

51—55

　　维吾尔族是一个善于用美装点自己生活的民族。他们用自己的勤劳智慧，将__51__至今

的精湛技艺运用在自己生活的方方面面,从而形成了鲜明的民族特色。精美的民族工艺展现在他们生活的细枝末节,深刻地影响着他们的生活性趣和民族性格。

去乡间的维吾尔家中做客,首先映入眼帘的会是建筑精美的有着浓郁民族特色的维吾尔族庭院式民居。一般来说,庭院的屋前有回廊,回廊上雕刻着色彩艳丽的花卉或飞鸟图案,图案呈几何形有规则排列,有一种节奏与韵律美。讲究的人家,还会将每个廊柱的柱头都雕刻得十分精细,层层叠叠,令人回味。维吾尔族的乡村民居的屋顶多为木帛,因而在主要的会客室里,往往在屋顶也绘有精美的图案,与悬挂在四周墙壁上的手工艺品辉映,使客人们在受到主人热情款待的同时,也欣赏到了维吾尔族民间建筑艺术。

维吾尔族人是最喜爱用各种各样的地毯来装饰房间的。一般说来,维吾尔族地毯很讲究色彩的对比而又要和谐统一,色调丰富绚丽,格调清晰明快。可以说每条地毯编织者都是一位民间艺术家,他们把自己对生活的感受和美好的愿望,都倾注在编织地毯的过程中。

进入维吾尔族人的居室,我们除了地毯,还会看到很多的刺绣品,如花帽、衣饰、床上用品,甚至于洗手后擦手的毛巾上均绣有十分精致的图案,人称"十字绣",这些__52__是精美的工艺品__52__是很实用的生活装饰用品,真可以说是艺术与生活的完美结合。

51. 文中51处应填的词语是:
   A. 延长   B. 发展   C. 延续   D. 流传

52. 文中52处的关联词应是:
   A. 不是……而是   B. 既……又
   C. 不仅……故且   D. 或……或……

53. 在乡间具有独特的维吾尔族风格的是:
   A. 挂毯   B. 刺绣品
   C. 维吾尔族庭院式民居   D. 回廊

54. 在第一自然段中连续用了3个"他们",在文中"他们"是指:
   A. 民族   B. 维吾尔族   C. 少数民族   D. 自己

55. 从文中来看维吾尔族的民族特点是:
   A. 具有浓郁特色的维吾尔族庭院式民居
   B. 用各种各样的地毯来装饰房间
   C. 维吾尔族是一个善于用美来装点自己生活的民族
   D. 维吾尔族人的居室中有各种刺绣品

56—57

中国人酿醋的历史起码有3000年了,不过,直到南北朝时,醋还被一般人视为奢侈品,官僚、富人之间请客,常常把有无醋调味作为宴会档次高低的一条标准。

56. 本文中"起码"的意思是
   A. 大概   B. 最多   C. 至少   D. 马上

57. 本文划线词语"奢侈"的正确读音为

    A. shēchī   B. shēchǐ   C. shèchí   D. shēchí

58—60

    城市中的建筑物鳞次栉比,水泥或柏油地面的街道纵横交错,因而造成城市气温的性质与郊区不同。城市的建筑物和深色的路面,在白天会大量吸收太阳辐射热,并且很快地升温。到了夜间,建筑物和路面则逐渐地散热,使城市的气温不会降得很低。因此城市成了一个巨大的"热岛"。

    此外,由于空气中存在着大量烟尘和各种气体污染物,___59___在城市上空形成了云和雾。这些云雾在夜间减少地面的有效辐射,使得地面降温减缓。这些特殊的条件使城市具有"热岛效应",即城市比郊区、原野气温高。

    城市里重重叠叠的高楼大厦组成了庞大的人造屏障,当较冷的空气从郊区流向城市时,这些人造屏障就会阻挡空气的流动,这样大部分冷空气就被阻挡在城市外。这也是造成城市比郊区气温高的原因。

58. 文中划线词语拼音正确的是

    A. 鳞次栉比(líncìzhìbǐ)   B. 柏油(bóyóu)

    C. 重重叠叠(zhòngzhòngdiédié)   D. 庞大(lóngdà)

59. 文中59处应填写的词语是

    A. 因而   B. 造成   C. 于是   D. 就

60. 根据短文,请选出造成"城市比郊区气温高的原因"

    A. 城市里的高楼大厦组成了庞大的人造屏障

    B. 人们大量使用了石油、煤气、煤炭等燃料

    C. 城市车辆增多,排放出较多尾气

    D. 较冷的空气不会向城市流入

61—64

    这个故事说的是一个小孩子,他有一个坏毛病,那就是好吃懒做。孩子的父亲时时刻刻都指望他能改掉这个不良习惯。然而那个孩子一点也没有改正自己缺点的意思。

    父亲不得不随时随地提防自己的孩子,担心他会把家里的钱或值钱的东西偷到外面去换吃的,这位父亲觉得自己每天都活得很累很辛苦。不过说来也怪,孩子虽说好吃懒做,却从没偷过家里的钱,也没有听说过他在外面偷过左邻右舍的东西。他弄钱的办法完全是一种正当的手段。比如说你给他钱买酒,他会少买一点酒,然后把剩余的钱一股脑买了吃的。无论是买油盐还是酱醋,他总会用相同的办法省出钱来满足他那张不太争气的嘴……

    为了使孩子的懒惰习性不再滋长,父亲决定给孩子一些力所能及的事做,包括给他钱去小店买东西。只是父亲在给钱的时候坚持了这样一个原则:少给钱多办事。尽管如此,孩子

依然我行我素,把父亲的话当作耳旁风。

有一回,父亲一气之下扔了一分钱给孩子,让他去买油。父亲心想,我看你会把钱掰成两半一半买油一半买吃的不成?

孩子到了店里,售货员给他装满了油,把瓶子递给他,手却没缩回去。孩子知道售货员是要钱,就装模作样地在自己浑身摸了一遍,然后苦着脸告诉售货员说钱掉啦。售货员无奈,只好把瓶子里的油倒出来,把空瓶子给孩子,孩子就用那一分钱买了一块糖。

孩子嘴里呷着一粒糖,双手抱着那个油瓶子,兴致勃勃地回到了家里。一进门,父亲劈头问,油呢?

孩子举了举瓶子。

瓶子壁上附的油正慢慢流回瓶底里,最多有一小勺。

父亲大怒,这点油怎么吃?

孩子说,一分钱只能买这么多。

……

61. 文中的"一股脑"是指:
    A. 全部、通通   B. 不用考虑   C. 不犹豫   D. 脑容量
62. 从文中来看所描述的孩子的性格特点:
    A. 聪明   B. 做事很有计划   C. 好吃懒做   D. 开朗活泼
63. 给文章选出一个恰当的题目:
    A. 父与子   B. 聪明的孩子   C. 孩子的经历   D. 一分钱的油
64. 下列描述正确的是:
    A. 由于孩子手脚不干净,父亲不得不随时提防自己的孩子
    B. 为了使孩子的坏习性不再滋长,父亲给钱坚持少给钱多办事的原则
    C. 由于孩子好吃懒做的坏习惯,造成他总是用不正当的手段来挣钱
    D. 由于孩子好吃懒做的坏习惯,周围的邻居也不得不提防他

65—68

全球变暖。美国哈佛医学院的保罗·爱泼斯坦等研究人员近年来已发出警告:全球气温升高可能为寄生虫的繁衍和热带病原菌的传播提供更适宜的气候环境,从而加速传染病的传播。农作物病害的发生加上气候的剧烈变化,可能引起饥荒。如果全球湿度持续增高,可能产生更加严重的影响:水的蒸发更快,释放出能吸收更多热量的水蒸气(一种强劲的温室气体);使岩石释放出二氧化碳,从而使温度进一步升高。

生态系统崩溃。经过几十亿年的进化,世界上每一个物种的生存都与无数其他物种相互交织在一起。为了满足人口日益增长的需要,人们开垦土地用于建造房屋和农业生产,用少数几种农作物取代多样性的野生植物,在环境中使用新的化学制品。因此,人类的活动每年至少造成3万个物种消失,这就是说,目前是地球诞生以来物种大规模灭绝最严重的时期

之一。

　　生物技术灾难。人类一方面在毁灭自然物种，另一方面又在利用遗传工程制造新的物种。基因改性使农作物可以长得更强壮，味道更好，也更富有营养；基因疗法有望修复人类脱氧核糖酸中的缺陷。然而，生物技术也可能具有不利的一面。尽管尚无证据表明转基因食品不安全，但是有迹象表明基因改性植物的基因可能泄漏，并且进入其他物种。转基因农作物也有可能增强害虫的抗药性。最令人担忧的是生物技术可能被蓄意滥用。

65. 文中"繁衍"的意思是：
　　A. 生殖　　　　　B. 逐渐增多或增广　　C. 出生　　　　　　D. 出现

66. 文中所未涉及的内容是：
　　A. 全球变暖可能给寄生虫的繁衍和热带病原菌的传播提供更适宜的气候环境。
　　B. 为了满足人口日益增长的需要，人们用少数几种农作物取代多样性的野生植物。
　　C. 遗传工程给人类带来了福音
　　D. 转基因农作物也许会增强害虫的抗药性

67. 文章中提到的灾害都属于：
　　A. 自然灾害　　　B. 人为灾害　　　　　C. 生物化学灾害　　D. 温室效应

68. "生物技术"让人们担心的主要原因是：
　　A. 有可能增强害虫的抗药性
　　B. 转基因食品不安全
　　C. 生物技术可能会被滥用
　　D. 基因改性植物的基因可能泄漏，并且进入其他物种

69—75

　　目前，我国银行的结算工具主要有银行汇票、汇兑、商业汇票、银行本票、支票、托收承付、委托收款和信用卡等八种。那么，不同企业、不同情况下应该如何选择银行结算工具呢？
　　一是时效选择法。当企业资金周转不灵，财务状况欠佳时，宜选择汇兑中的电汇和委托收款中的"电报划回"。汇票、本票也都是即期票据，选择这些结算工具，能大大地缩短货款在途时间，有效地减少资金占用。
　　二是实惠选择法。银行办理结算业务是有偿的，不同的结算工作，其收费价格也有很大的悬殊。信汇与汇票价格相等，比电汇稍贵，"邮委"与"邮托"等价，"电委"与"电托"等价；"邮委"和"邮托"都比"电委"和"电托"收费高。对于业务比较频繁的企业而言，为降低结算成本，可较多地选择"电汇"、"电委"、"电托"等结算工作。
　　三是安全选择法。如果企业初次与对方打交道，对其资信程度与财务状况不放心，则可选择银行汇票、银行本票和商业汇票安全系数较高的结算方式。出口企业可以用单信用证的方式收回货款，尽量减少风险。
　　四是融资选择法。企业如果发生季节性、临时性的资金周转困难，则可选择具有融资功

能的结算工具。如采用"商业汇票",则可获得赊销、分期付款的商业信用和贴现的银行信用;符合条件的企业选择"托收承付",则可从银行取得结算贷款。

　　五是便捷选择法。信用卡具有转账、储蓄、汇兑和消费信贷等多种功能,它的最大特点就__74__方便,安全。企业供销、财务人员出差在外,支付服务费、劳务费或小额货款就可选择信用卡结算。

69. 文中划线的句子,其两个分句间的关系为:
　　A. 递进　　　　B. 选择　　　　C. 并列　　　　D. 因果

70. 当企业资金周转不灵,财务状况不佳时应选择:
　　A. 委托收款　　B. 电报划回　　C. 银行汇票　　D. 汇兑

71. 文中的"悬殊"一词指的是:
　　A. 差异　　　　B. 不一样　　　C. 相差很远　　D. 特殊

72. 下列表述不正确的一项是:
　　A. 电汇和电报划回适宜企业资金周转不灵
　　B. 对于业务比较频繁的企业而言,为降低结算成本则一定要选择"电汇""电委"等
　　C. 汇票、本票也都是即期票据,选择这些结算工具,可以有效利用贷款在途时间和资金占用
　　D. 方便、安全是信用卡的最大特点

73. 文中"便捷"一词意思为:
　　A. 方便　　　　B. 直捷　　　　C. 直捷而方便　　D. 动作轻快敏捷

74. 文中74处应填写的词是:
　　A. 在于　　　　B. 在　　　　　C. 指　　　　　D. 即

75. 文中"结算"一词可替换为:
　　A. 估算　　　　B. 核算　　　　C. 预算　　　　D. 盘算

三、书面表达

（16题，40分钟）

第一部分

（15题，10分钟）

说明：76-85题，在每题的语句中有一划横线处，题后有ＡＢＣＤ四个答案，其中只有一个可以放入横线处使语句表达通顺。请找出来并在答案字母上画一横道。

76. _____让营房空着，还_____对外开放，增进军民间的了解。
    A. 不论……都……　　　　　　　　B. 既然……就……
    C. 与其……不如……　　　　　　　D. 不但……而且……

77. _____那里自然条件极端恶劣，垦荒队员_____在那里开垦出万亩良田。
    A. 尽管……还是……　　　　　　　B. 何况……尚且
    C. 既然……就……　　　　　　　　D. 只有……才……

78. 散文_____比较容易写，_____它更接近我们的口头语言。
    A. 哪怕……也……　　　　　　　　B. 除非……否则……
    C. 即使……也　　　　　　　　　　D. 之所以……是因为……

79. 我把发动机重新检查了一遍，_____。
    A. 为了中途发生故障　　　　　　　B. 以免中途发生故障
    C. 从而中途发生故障　　　　　　　D. 况且中途发生故障

80. 今天要办的事情很多，_____。
    A. 因而一清早他就出门了　　　　　B. 一清早因而他就出门了
    C. 他一清早因而就出门了　　　　　D. 就出门了因而一清早

81. 我的心情糟糕透了，_____，提不起一点食欲。
    A. 在满桌子色香味俱全的食品　　　B. 面对满桌子色香味俱全的食品
    C. 满桌子看着色香味俱全的食品　　D. 为了满桌子色香味俱全的食品

82. 这是西北极普通的树，_____。
    A. 是因为决不是平凡的树　　　　　B. 然而决不是平凡的树
    C. 况且决不是平凡的树　　　　　　D. 虽然决不是平凡的树

83. 从那以后，_____。
    A. 夜晚的星空几乎他再没注视过了　B. 再没注视过夜晚的星空了
    C. 几乎他再没注视过夜晚的星空了　D. 他几乎再没注视过夜晚的星空了

84. ＿＿＿＿＿＿＿＿＿＿，经过几年奋斗，在业界已小有所成。
   A. 房产经营从事策划的一位年青人　　B. 一位从事房产营销策划的年青人
   C. 年青人的一位从事房产营销策划　　D. 从事房产营销策划的年青人一位

85. 无论＿＿＿＿＿在西藏考察，＿＿＿＿＿回家探亲，她总是思念着孩子。
   A. 不是……就是……　　　　　　　B. 是……还是……
   C. 要么……要么……　　　　　　　D. 不论……都……

说明：86－90题，在这一部分里，每题的语句中有ＡＢＣＤ四个划线的词语，去掉其中某一词语会使句子变成病句。请找出这个不能删去的词语，然后在答卷的字母上画一横道。

86. 乞丐听了以后，很生气地说："你这位先生怎么可以拿我的钱来养活你的家人呢？"
       A   B   C   D

87. 说不定宇宙中其他地方还有一些生物，他们优越于我们的程度并不亚于我们优越于水母
     A   B   C   D
   的程度。

88. 最后别人研究的结果把我这些意见全部都推翻了，我也认为已经达到我写这本书的目
                        A   B   C   D
   的了。

89. 这番话是真还是假，只有天知道。如果他是说谎，那真是一个天才。
         A B C   D

90. 我觉得不能说这次会议彻底解决了 什么问题，但提出的新问题不少。
              A   B   C   D

第二部分

（作文，30分钟）

作文要求：1. 写作前认真阅读作文前的提示，按提示要求在规定的时间内写完。
　　　　　2. 用简化汉字书写。每个空格写一个汉字，汉字书写要清楚工整；每个标点符号
　　　　　　占一个空格，标点符号要正确。
　　　　　3. 作文中不得出现跟考生有关的校名、地名和真人姓名。

作文提示：

　　在下面的作文中，你将有30分钟的时间来写一篇短文。请看清题目，按照题目和短文开头、中间段、结尾提示部分的话语写下去，使你全篇文章内容不得少于350字（不包括已给出的语言文字）。

团结就是力量

中国有句民谚:"三个臭皮匠,顶个诸葛亮"。意思是说,底层民间连臭皮匠也有一点诸葛亮的智慧。

其实

要把事情办好,需要力量和智慧,尤其是需要很多人的力量和智慧,所谓"众人拾柴火焰高"。

四、听力理解录音材料

(40题,约30分钟)

第一部分

说明:1—15题,在这部分试题中,都是两个人的简短对话,第三人根据对话提出一个问题,请你在四个书面答案中选出惟一恰当的答案。

1. 女:这套西装式样、颜色都不错,价钱也合适,你也来一套吧!
   男:算了吧!
   问:男的是什么意思?
2. 男:我想在这儿住一晚上,有床位吗?
   女:有,你要住什么规格的房间?
   问:这两人在什么地方说话?
3. 女:小李今年多大了?
   男:他大我两岁,我今年18岁。
   问:小李今年多大了?
4. 男:今年气候真反常,要在往年,早遍地绿色了。
   女:是啊,可今年毛衣还穿着呢,跟冬天差不多。
   问:现在最可能是哪个季节?
5. 男:古丽,你父母现在还住在乌鲁木齐你大哥家吧?
   女:不,他们在乌鲁木齐住了两个月,去伊犁玩了一个月,现在又去北京旅游了。
   问:古丽的父母现在在什么地方?
6. 女:要借钱去找小李,他可是我们班余钱最多的。
   男:得了吧,谁不知道他是个铁公鸡呀!
   问:男的这句话的意思是什么?
7. 男:怎么她没在家吗?
   女:她去了抗"非典"一线,已经走了半个月了。
   问:女的最有可能是做什么工作的?
8. 女:古丽这次作文竞赛肯定能拿第一。
   男:她不拿第一,谁能拿第一?
   问:男的这句话是什么意思?

9. 男：咱们今天还去不去郊游了？
   女：别急,等我看完球赛。
   问：女的是什么意思？

10. 女：我看你也真够忙的,找你帮忙又不可能了。
    男：哪儿的话
    问：男的是什么意思？

11. 女：师傅,我因为要报销,可以撕一张票吗？
    男：可以,票在那儿呢。
    问：说话人在哪儿？

12. 男：这次去北京旅游很开心吧？都去了哪些地方？
    女：这是我第一次去北京旅游,我去了颐和园、故宫、北海、参观了天安门、毛主席纪念堂、历史博物馆,这次旅游真愉快。
    问：女的没去哪儿？

13. 男：你认为他们两个分手是经济方面的原因,还是俩人性格方面的原因？
    女：他们的经济条件一直不是很好,也常争吵,但我认为主要还是性格不合。
    问：两人分手的主要原因是什么？

14. 男：都说朋友是一笔财富,你怎么看？
    女：在现实生活中,人们越来越注重张扬个性,崇尚自由,因此,与朋友也越来越淡,少有常来往的真心朋友。
    问：女的对朋友怎么看？

15. 男：您一直以翻译见长,您翻译的作品可谓优秀了。那么我想,您的英语启蒙基础一定出色,能谈谈对您有影响的英语老师吗？
    女：对我影响较大的英语启蒙老师,是位美国人。
    问：关于女的英语教师哪一项没有提到？

第二部分

说明：16—40题,在这部分试题中,你将听到几段简要的对话或讲话。每段话之后,你将听到几个问题,请你在四个书面答案中选出惟一恰当的答案。

16到18题是根据下面的一段谈话：
女：冯老,听说您和茅盾先生也有缘相识？
男：是的。
女：您第一次与茅盾先生见面大概是在什么时候？
男：抗战时期。因为在香港时,他住在九龙,又很忙,所以我们相互之间只知道名字。那时候茅盾名气很大,我一点名气也没有。
　　女:您最初是在什么地方认识他的?
　　男:我真正认识茅盾是在重庆,就是茅盾第二次去内地的时候。开始他住在江北,虽然在一起工作,但很少碰面,所以我认识他,他却不认识我。后来认识了,而且很熟。
　　女:茅盾当时给您留下的是一种什么样的印象?
　　男:很谦虚,从他的言语中总能得到一种坚强的启示,他从来没有对生活失掉过兴趣和信心。

16. 问:冯老第一次与茅盾见面大概是在什么时候?
17. 问:冯老最初认识茅盾是在什么地方?
18. 问:关于茅盾哪一点对话中没提到?

19到22题是根据下面一段谈话:

　　女:罗总,您好,一见到首钢人就让我感觉到首钢特有的那种活力。我以前就认识一个老首钢人,他们家曾经用过首钢自己生产的钢花牌洗衣机,中秋节还能吃到首钢月饼。
　　男:在首钢转型期,我们生产过钢花牌电风扇、钢花牌洗衣机、钢花牌面包、香肠、火腿等各种食品。
　　女:可是后来我发现这些行业都慢慢舍弃掉了,而你们选择了惟一的一个方向就是高科技,为什么会这样选择呢?
　　男:当时高科技作为推动世界经济发展的主要动力,我国的钢产量又迅速发展,市场供大于求,首钢作为一个中国大型国有企业,有责任、有义务为我们国家高新技术产业的发展做出自己的贡献,我们就选择了芯片产业。
　　女:传统行业向高科技转型,你们公司上上下下有没有想不通的地方?
　　男:我们大量地碰到的问题是人们思想观念的不适应。

19. 问:对话中哪个不是首钢曾经生产过的产品?
20. 问:首钢选择的惟一的一个发展方向是生产什么产品?
21. 问:首钢转型的原因中没有提到的是哪一个?
22. 问:在企业转型过程中遇到的最大的问题是什么?

23到27题是根据下面一段对话:

　　男:我也听说过一句古语叫"养儿防老"。不过我个人的观点是在子女面前不要强求,也不要过多地去依赖,我们有自己的生活,我们应该自己安排自己的生活。
　　女:随着社会的发展,子女在物质上的责任越来越弱了。但是生活上随着我国独生子女家庭的增多,可能矛盾会越来越尖锐,是这样的吗?王老师。
　　男:我们年纪大了,希望孩子在精神上多关心我们,理解我们。
　　女:在这方面,我认为子女应该多理解老人。

男：父母对孩子的教育方式很重要。父母对子女的爱有各种各样的表达方式。严格，是爱的一种表现。唠唠叨叨的这也是一种爱，这种爱让孩子反感。还有一种是溺爱，时间长了，这样的孩子说也说不得，管也管不得，听不进父母的话了。过度的保护，会影响孩子和父母的关系。

女：我今年十六岁了，可我父母还总把我当作小孩子，他们总是说，"你必须怎么样"和"你不能……"，还总说："要是有一天我们不在了，看你怎么办？"烦死了！我觉得我做事有自己的原则，为什么非听他们的？他们一点儿也不理解我。而且他们也不像我以前想像的那样，他们也有很多缺点。

男：我想你现在是处在青春期的反叛阶段。没有能力去理解父母，也没有能力去正确分析父母。对父母期望过高，遇到什么问题，总说父母应该知道，你应该多和父母沟通。父母与子女之间，沟通是非常重要的。

女：看来这跟父母相处也挺有学问，以后我也要注意方式，多和父母沟通。

23. 问："养儿防老"是一句什么？
24. 问：父母需要孩子哪方面的关心？
25. 问：父母对子女爱的表达方式中，哪一项对话中没有提到？
26. 问：女的认为父母对自己的不理解主要表现在哪方面？
27. 问：男的认为女的处在什么阶段？
28. 问：从对话可以知道男的和女的什么关系？

29到32题是根据下面一段话：

　　人与人之间，尤其是父母与子女之间，沟通是很重要的，应该互相理解。

　　我曾经听一位母亲讲过她的经历。有一次，她得了喉炎，嗓子哑了。她从医院回到家，正碰上儿子从外面进来，说："妈妈，老师批评我了。"然后就开始说事情的经过，说来说去都是老师不对。当时这位母亲特别想批评儿子。可是，因为失声了所以说不出话，她就瞪着眼睛，看着儿子。第二天儿子放学见到妈妈后第一句话就是："妈妈，我谢谢您。"这位母亲当时一愣，不知道儿子是什么意思。儿子又说："妈妈，您昨天虽然什么都没说，但是我已经明白了，我错怪了老师。我今天已经向老师道歉了。"

29. 问：这段话主要讲的是谁和谁之间的沟通？
30. 问：这位母亲怎么了？
31. 问：孩子为什么给母亲诉说受批评的经过？
32. 问：孩子为什么感谢妈妈？

33到36题是根据下面一段话：

　　我一直以为自己是一个慷慨的人，因为我很喜欢送东西给别人，比如我不喜欢的衣服、玩具和饰物。

我以为接收过我小礼物的人,一定喜欢并感谢我。但是,父亲却不这样认为。在他看来,这表面上看是慷慨,其实是吝啬。对此,我不以为然。

有一天,父亲带我去拜访他的上司。告辞时,他的上司送我们一箱苹果。

回到家,我和父亲把箱子打开,发现里面是一些皱皱巴巴、比鹅蛋大一圈的小苹果。我忍不住大叫:"什么破玩意儿?还没咱家的好!扔了都没有人要!"

父亲指指苹果,说:"这些苹果至少告诉我们两个信息:第一,这是别人送的,如果是自己买的就不会放这么久。第二,这是他们吃不了挑剩的,扔了又觉得可惜,就顺便送给我们。"

父亲看着我说:"你刚才说的什么?你再重复一遍!"

"我说,什么破玩意儿?"我看着父亲,一时没有明白他的意思。

"对,什么破玩意儿!你要永远记住这句话。当你把自己不喜欢、不需要的东西送给别人时,你得到的就这句话。"

我的脸"唰"地一下红了。父亲看着我,说:"记住,不要把别人当傻瓜。他会和你一样,知道这东西的价值。要么不送,要送,就把自己认为最好、最喜欢、最舍不得的东西送给别人。"

33. 问:我喜欢送什么样的东西给别人?

34. 问:父亲认为我这么做,事实上是怎样的表现?

35. 问:谁送给爸爸一箱苹果?

36. 问:最后我为自己以前的所作所为感到怎么样?

37到40题是根据下面一段话:

儿子乔伊患先天性畸足,医生说经过治疗,他能够正常走路,但是绝不能像正常孩子那样跑得很快。8岁时,从走路姿势和速度已经根本看不出他的腿有毛病了。邻居的孩子们在玩的时候常常跑来跑去,乔伊也和他们一起跑,我们从来没有告诉过他,他的腿有毛病,不能像其他的小孩子一样跑,因此他不知道。上七年级的时候,他决定参加学校的越野比赛。乔伊训练很刻苦,他每天跑的路比其他队友跑的都要远——也许他感觉到大多数人都具备的那种能力并没有自然地赋予他。虽然整个小队都在练习,但是学校只选前7名参加比赛。我们没有告诉他,他可能不会被选中,因此他不知道,他继续练习,一天跑4到5英里,甚至在发烧的时候也是这样。两星期后,能参加比赛的队员名单公布了,乔伊是第6名。乔伊成了队里的一员。我们从没有告诉过他:他做不到。因此他不知道,而他却做到了。

37. 问:儿子乔伊患的是什么病?

38. 问:乔伊的腿治好后能像其他孩子一样跑吗?

39. 问:七年级的乔伊准备参加什么项目的比赛?

40. 问:学校计划选拔几名队员参加比赛?

第十套试题

一、听力理解

（40题，约30分钟）

第一部分

说明：1—15题，在这部分试题中，都是两个人的简短对话，第三人根据对话提出一个问题，请你在四个书面答案中选出惟一恰当的答案。

1. A. 太好了　　　　　B. 比听说的还要好　　C. 令人失望　　　D. 一般
2. A. 360元　　　　　 B. 288元　　　　　　 C. 280元　　　　 D. 200元
3. A. 没那么严重吧　　　　　　　　　　　　　B. 怎么可以这么说呢
   C. 他根本不会这么差　　　　　　　　　　　D. 他以前学习就不好
4. A. 不上　　　　　　B. 没问题　　　　　　C. 勉强参加　　　D. 另找人吧
5. A. 开夜班车　　　　B. 熬夜工作　　　　　C. 晚上开车　　　D. 睡懒觉
6. A. 泄露了公司的秘密　　　　　　　　　　　B. 说的是实话
   C. 是坏人　　　　　　　　　　　　　　　　D. 应该被免职
7. A. 钢琴　　　　　　B. 手风琴　　　　　　C. 电子琴　　　　D. 吉他
8. A. 凑热闹　　　　　B. 看别人吵架　　　　C. 看别人打架　　D. 骑自行车
9. A. 便宜　　　　　　B. 不便宜　　　　　　C. 一般　　　　　D. 太便宜了
10. A. 4点　　　　　　B. 3点40分　　　　　 C. 4点20分　　　 D. 3点20分
11. A. 两小时　　　　 B. 一个半小时　　　　 C. 三个小时　　　D. 两个半小时
12. A. 没法查　　　　 B. 可以办　　　　　　 C. 问题比较多　　D. 看着办吧
13. A. 比男的好　　　 B. 一般　　　　　　　 C. 还不知道　　　D. 比不上男的
14. A. 二单元　　　　 B. 三单元　　　　　　 C. 四单元　　　　D. 五单元
15. A. 批评　　　　　 B. 表扬　　　　　　　 C. 帮他出主意　　D. 劝说

第二部分

说明：16—40题，在这部分试题中，你将听到几段简要的对话或讲话。每段话之后，你将听到几个问题，请你在四个书面答案中选出惟一恰当的答案。

16. A. 为他做媒　　　　　　　　　　　B. 喜欢小王，并向他求婚
    C. 没提到　　　　　　　　　　　　D. 告诉他自己的经历
17. A. 不会，那是工作以后的事　　　　B. 会的
    C. 可以考虑　　　　　　　　　　　D. 看条件是否允许
18. A. 现在比以前多　B. 现在和以前一样　C. 现在常发生　D. 以前常发生
19. A. 两人的父母都曾两地分居　　　　B. 两人的父母都不曾两地分居
    C. 女的　　　　　　　　　　　　　D. 男的
20. A. 宋涛的同事　B. 张强的妻子　　C. 宋涛的母亲　　D. 张强的母亲
21. A. 认识　　　　B. 不认识　　　　C. 很熟悉　　　　D. 知道，但没见过面
22. A. 护理同事　　B. 陪护家人　　　C. 陪父亲打针　　D. 没提到
23. A. 小张的父亲感冒了　　　　　　　B. 小宋喝了杯水就走了
    C. 小张的同事受了工伤　　　　　　D. 小张不在家
24. A. 父女　　　　B. 父子　　　　　C. 夫妻　　　　　D. 师生
25. A. 不认真　　　B. 字数不够　　　C. 离题了　　　　D. 没提到
26. A. 广告　　　　B. 幽默　　　　　C. 歇后语　　　　D. 故事
27. A. 天山的群峰　　　　　　　　　　B. 夏季牧场
    C. 巴音布鲁克大草原　　　　　　　D. 美丽的度假村
28. A. 第一大草原　B. 第二大草原　　C. 第三大草原　　D. 第四大草原
29. A. 富饶之乡　　B. 天鹅湖　　　　C. 富饶之泉　　　D. 美丽的夏季牧场
30. A. 3美元　　　 B. 8美元　　　　 C. 15美元　　　　D. 23美元
31. A. 赔钱的　　　B. 盈利的　　　　C. 刚好持平　　　D. 亏损很多
32. A. 赌城老板　　B. 饭店　　　　　C. 汽车公司　　　D. 旅行社
33. A. 普通朋友　　B. 同学　　　　　C. 同事　　　　　D. 恋人
34. A. 去外地治病　　　　　　　　　　B. 找算命的"半仙"算命
    C. 放弃医治　　　　　　　　　　　D. 自己找偏方
35. A. 不相信　　　B. 相信　　　　　C. 没放在心上　　D. 半信半疑
36. A. 和好了　　　B. 结婚了　　　　C. 分手了　　　　D. 时好时坏
37. A. 不可能成现实　B. 早已成事实　C. 只是科学预测　D. 是幽默
38. A. 癌症　　　　B. 外科手术　　　C. 任何手术都能做　D. 摘除盲肠
39. A. 2010年　　　B. 2020年　　　　C. 2030年　　　　D. 2040年
40. A. 米粒大小　　B. 细菌大小　　　C. 和成年人一样　D. 高1米左右

二、阅 读 理 解

（35题，30分钟）

说明：41－80题，每段文字后都有几个问题，每个问题都有ＡＢＣＤ四个答案，请阅读后根据每题要求选择惟一恰当的答案，并在答卷相应字母上画一横道。

41

考试之前，教师宣布了考试纪律：不许打小抄，不要爬墙头。

41. 文中划线词语"爬墙头"的意思是：
    A. 比喻失败　　　　　　　　　　　B. 从墙上翻过
    C. 比喻考试的时候，偷看别人的答卷　D. 比喻考试的时候，小声说话

42－43

北京称较窄的街道为胡同。"胡同"一词是蒙古语音译，由元朝元大都（今北京）时沿袭下来。北京的胡同，大部分为正东正西、正北正南的走向。因当时北京的庭院多为坐北朝南，四合院与四合院之间排列成的胡同，也就东西向的较多，南北向的较少。据明代嘉靖三十九年（公元1561年）《京师五城坊巷胡同集》记载，当时北京内城有胡同900多条，外城300多条。到清光绪年间（1875～1909），内城有胡同1200多条，外城600多条。据1946年统计，北京内外城共有胡同3056条。

胡同的名称，常与权贵宅第所在地、集市所在地、胡同的形状等有关，有时能反映出历史的一些真实情况。例如，马状元胡同、汪家胡同、绒线胡同、耳朵胡同、锣鼓巷胡同。

42. "胡同"一词是哪种语言音译？
    A. 维语　　　　B. 蒙古语　　　　C. 哈萨克语　　　　D. 朝鲜语
43. 据1946年统计，北京内外城共有胡同多少条？
    A. 3056条　　　B. 3605条　　　　C. 3650条　　　　D. 3065条

44

可是有些机关不是予人方便，而是等人来求，处处作梗，甚至要人烧香磕头。

44. 文中划线词语拼音正确的是：
    A. 予(yǔ)　　　B. 甚至(shēnzhī)　　　C. 梗(gěn)　　　D. 磕头(kè tóu)
45. 文中的"烧香磕头"的意思是：
    A. 指有迷信思想的人对神佛的求拜　　B. 把香点燃插在香炉中
    C. 跪在地上，两手扶地，头近地或着地　D. 比喻给有权势的人送礼，乞求关照。

46—49

伊莉薇娜的弟弟佛莱特伴着她的丈夫巴布去非洲打猎。不久,她的家里接获弟弟的电报:"巴布猎狮身死——佛莱特。"

伊莉薇娜<u>悲不自胜</u>,回电给弟弟:"运其尸回家"。三星期后,从非洲运来一个大包裹,里面是一只狮尸。她赶发了一个电报:"狮收到。弟误,请运回巴布尸。"

很快得到了非洲的回电:"无误,巴布在狮腹内——佛莱特。"

46. 伊莉薇娜的弟弟伴着她的丈夫去哪儿打猎:
 A. 欧洲　　　　B. 亚洲　　　　C. 非洲　　　　D. 南美洲

47. 文中划线词语"悲不自胜"的意思是:
 A. 悲伤自己没有得胜　　　　B. 悲伤和喜悦交织在一起
 C. 悲伤得自己承受不了　　　D. 悲观得不能活下去

48. 三周后,从非洲运来了:
 A. 巴布尸　　　B. 狮尸　　　C. 巴布尸和狮尸　　　D. 巴布的衣服

49. 此文中共提到几封电报?
 A. 二　　　　　B. 三　　　　　C. 四　　　　　D. 五

50—53

我们每个人都做过梦,而且也都有这样的经历,那就是早晨醒来之后,对于夜晚所做的梦,有的能很清晰地记住,有的却记不清楚,这是什么原因呢?

原来,当我们睡着之后,最初的一两小时睡得最深最熟,以后就渐渐变浅。在将醒未醒时,大脑皮层的抑制就很浅了,这时所发生的梦境比较接近现实生活,梦的连贯性有时也比较强,醒来后,在人脑子里留下的短暂形象比较清晰,记得也清楚。刚入睡时或比较深熟时发生的梦境,形象淡漠,零乱破碎,大脑皮层被抑制的时间又长,程度又深,早晨醒来,往往记不清楚。

另外,我们经常见到的、接触到的东西对我们的刺激较强,在梦里回忆起来却比较弱而模糊。而对一些过去已久、只见过一次而且又很不注意的事物,当我们醒着时不会出现在我们面前,而在睡着的时候,由于对较弱的刺激感觉扩大,就可能在我们面前出现非常清晰的形象,这也是我们有的梦记得清楚,有的梦记不清楚的原因。

50. 下面划线词语拼音正确的是:
 A. 睡着(shuìzhe)　　　　　B. 短暂(duǎnzhàn)
 C. 抑制(yùzhì)　　　　　　D. 模糊(móhu)

51. 人睡着之后,何时睡得最深最熟?
 A. 最初的一两小时　　　　B. 最初的三四小时
 C. 最后的一两小时　　　　D. 最初的五六小时

52. 人在将醒未醒时,不会发生:
    A. 大脑皮层的抑制很浅　　　　　　B. 所发生的梦境比较接近现实生活
    C. 梦的连贯性比较强　　　　　　　D. 梦境中的形象淡漠,零乱破碎
53. 下面哪项文中没有提到?
    A. 我们每个人不是没有做过梦
    B. 有的梦早上醒来,往往记不清楚
    C. 刚入睡时的有些梦形象淡漠,零乱破碎
    D. 常见的、接触到的东西对我们的刺激不强

54—57

所谓红眼病,一般是指"急性结膜炎",是由细菌或病毒引起的。它的发病很急,在感染细菌中病毒的几小时内即发病。在炎热的夏天,由于细菌或病毒容易生长和繁殖,有时会引起暴发流行。__54__ 感染此病,从发病到痊愈少则3~4天,多则7~8天,甚至更长时间。

这种病开始时眼睛有些发痒,感觉上好像眼内有沙粒,眼白逐渐发红,眼皮发肿,眼屎很多,早晨起床上下眼皮被眼屎粘住。由于眼屎影响,使看到的东西模糊不清,有时还会出现头痛、喉痛、发热以及眼白下面出血症状等。如果病情严重,黑眼珠也会受到影响,引起发炎,从而影响视力。

红眼病是怎样传染的呢?主要是通过手、手帕、毛巾、公共浴室和脸盆、游泳池等接触传染。红眼病是完全可预防的,预防的方法,主要是养成勤洗手、不用脏手揉眼的良好习惯。洗脸时要做到分水、分巾,不用红眼病病人用过的毛巾和脸盆,毛巾要经常用肥皂洗涤晒干,挂在通风处,保持清洁、干燥。脸盆要经常保持清洁,公共毛巾要严格煮沸消毒。

一旦得了红眼病,应自觉做到不去游泳池游泳,不到公共浴室去洗脸洗澡。当然,最重要的还是尽快到医院去治疗。

54. 文中54处应填写的词是:
    A. 一旦　　　　　B. 虽然　　　　　C. 只有　　　　　D. 即使
55. "看到的东西模糊不清"是受了什么的影响?
    A. 眼皮　　　　　B. 黑眼珠　　　　C. 眼屎　　　　　D. 头痛
56. 下面哪项文中没提到?
    A. 如果感染红病,从发病到痊愈少则1—2天
    B. 这种病开始时眼睛有些发痒
    C. 红眼病是可以预防的
    D. 红眼病是通过手、手帕、毛巾、公共浴室、脸盆、游泳池等接触传染的。
57. 得了红眼病,应该怎么样?
    A. 常去游泳,加强身体锻炼　　　　B. 常去公共浴室,勤洗澡
    C. 尽快就医　　　　　　　　　　　D. 眼痒时,不用手揉,应用手帕擦

58—62

在当今高科技领域,计算机不仅仅用于数字的计算,它已在各个领域发挥出巨大的作用。今天,人们甚至用计算机为病人诊断疾病。这也许有点不可思议,__59__ 计算机能看病,那还要医生干什么呢?其实,计算机只是一种仪器,需要人来操作,而且它的程序也是由医生来设置的。总而言之,不管面对多么先进的仪器,决定一切的是人,计算机诊断疾病也是如此。

计算机为什么能诊断出某些疾病呢?这还得从它的工作原理说起。首先,计算机应建立病史库,所谓病史库就是由医生事先将各种疾病的症状、体征和实验室检查和治疗方法等众多指标按一定程序输入计算机。当病人来就诊时,__60__ 将病人的症状、体征和实验室检查等指标输入计算机,计算机便根据这些指标自动地在病史库中寻找匹配。一旦找到匹配,它就会输出结果,告诉操作者病人是患了什么毛病,应如何治疗。例如,一位前来就诊的病人脸色苍白,经常感到头晕、眼花、注意力不集中,并有肝脾肿大的症状。实验室检查的结果为,血红蛋白和红细胞减少,血清铁蛋白降低,把这些病史资料输入计算机,经计算机处理,发现与计算机病史库内缺铁性贫血的指标相匹配,于是,计算机就会立即作出"诊断",病人患了缺铁性贫血。

58. 文中的"不可思议"的正确解释为:
    A. 神秘   B. 奥秘
    C. 不可想像,不能理解   D. 惊讶

59. 文中59处应填写的词是:
    A. 既然   B. 虽然   C. 即使   D. 因为

60. 文中60处应填写的词是:
    A. 只有   B. 只要   C. 既然   D. 虽然

61. 文中划线的句子中"如此"指代的内容为:
    A. 先进的仪器   B. 决定一切的是人   C. 有正确的程序   D. 仪器

62. 文中"病史库"的解释为:
    A. 病历的集合
    B. 程序
    C. 由医生将各种病症,体征及治疗方法等,按一定程序输入计算机
    D. 病历和治疗方法

63—67

1996年7月11日,中国航空公司的CZ3504航班由上海飞往广州,飞机接近广州准备降落时,飞行员发现飞机进入着陆航道后,罗盘指示的航道与实际航道不符。经查,客舱里有四五名旅客正在使用移动电话。移动电话停用后,飞机罗盘随即恢复正常指示。

1998年2月16日晚,"华航"一架由印尼飞往台北的班机在降落时坠毁。乘客和机组人员全部遇难。在追查飞机失事原因时,调查人员怀疑这次空难事件是由于有人在飞机准备降

落时使用移动电话,干扰飞机通信所致。

据国际飞行员联合会的一项调查报告统计,近年来每年都发生20多起由电磁波干扰造成的飞行险情,而且在已发生的空难事故中,不排除有这方面的原因。

为什么飞机上不能使用移动电话呢?

原来,飞机在空中是沿着规定的航线飞行的。整个飞行过程都要受地面航空管理人员的控制和指挥,飞行员利用机上的通信导航设备,进行地空联络,驾驶飞机。

飞机上的民航设备,是利用无线电波来测向导航的。飞机上的导航定向设备接收地面导航站发射的电磁波后,便能测定飞机的准确位置。飞机上的自动驾驶仪是一种自动指令接收检测和执行系统。它通过无线电波接收地面站的实时信息,并与标准信息进行比较,执行来自地面站和机上设备发出的指令。如果发现偏差,自动向其执行机构发出纠正偏差指令,执行机构根据指令自动操纵飞机,使飞机保持正常状态。

63. 下面可替换划线词语"随即"的是:
   A. 随时　　　　B. 马上　　　　C. 随便　　　　D. 随意

64. 对文中第3自然段所提及的内容的正确理解为:
   A. 在所发生的空难中都存在移动电话干扰的原因
   B. 电磁波干扰造成的飞行险情在日益增多
   C. 电磁波干扰造成的飞行险情可能与移动电话的使用有关
   D. 电磁波干扰造成的飞行险情不可能是移动电话使用造成的

65. 飞机上不能使用移动电话的原因是:
   A. 使用移动电话时会影响飞行员与地面通话质量
   B. 使用移动电话会干扰无线电场
   C. 使用移动电话会影响导航设备测定方向
   D. 使用移动电话会影响飞行员判断航向的磁场

66. 飞机上的导航设备是利用什么来测定导航的?
   A. 电磁场　　　B. 电波　　　　C. 无线电波　　D. 自动驾驶仪

67. 如果给本文加上一个标题,那么最好是:
   A. 飞机上为什么不能使用移动电话　　B. 空中遇难事件
   C. 使用移动电话注意事项　　　　　　D. 浅谈导航设备

68—71

我并非生来就是一个性情温和的人。我很早就知道,许多像我一样敏感的人,甚至受了一言半语的呵责便会过分懊恼,他们尽量__68__自己的感觉。从我丈夫的温和和沉静的性格中,我获益匪浅。当他猝然长逝以后,我便学会了逆来顺受。我年纪渐老了,我愈会欣赏生活中的种种琐事,如栽花、植树、建筑、对诵诗和眺望星辰,也有一点兴趣。

我一直沉醉于世界的优美之中,我所热爱的科学,也不断增加它崭新的远景。我认定本身就伟大的美。一位从事研究工作的科学家,不仅是一个技术人员,并且,他是一个小孩儿,在大自然的景色中,好像迷醉于神话故事一般。这种魅力,就是使我终生能够在实验室里埋头工作的主要因素了。

68. 文中68处应填写的词是:

    A. 埋葬　　　　B. 隐藏　　　　C. 隐瞒　　　　D. 隐蔽

69. 选出对第一段理解正确的一项:

    A. 对丈夫深情的怀念

    B. 老来意志衰退,放弃科学研究,只欣赏生活中的琐事

    C. 丈夫死去,作者心灰意冷,厌世、消极

    D. 从丈夫身上学会了温和平静,不仅致力于科学研究,还从生活中寻找乐趣,陶冶性情

70. 下面词语读音正确的是哪项?

    A. 呵责(hèzé)　　　　　　　　B. 懊恼(àonǎo)

    C. 崭新(zhǎnxīng)　　　　　　D. 栽花(zài huā)

71. 两段的关系是:

    A. 并列关系　　B. 总分关系　　C. 递进关系　　D. 因果关系

72—75

人生有三重境界,这三重境界可以用一段充满禅机的语言来说明,这段语言便是:看山是山,看水是水;看山不是山,看水不是水;看山还是山,看水还是水。这就是说一个人的人生之初纯洁无瑕,初识世界,一切都是那么新鲜的,眼睛看见什么就是什么,人家告诉他这是山,他就认识了山,告诉他这是水,他就认识了水。

随着年龄渐长,经历的世事渐多,就发现这个世界的问题了。这个世界问题越来越多,越来越复杂,经常是黑白颠倒,是非混淆,无理走遍天下,有理寸步难行,好人无好报,恶人活千年。进入这个阶段,人是激愤的,不平的,忧虑的,疑问的,警惕的,复杂的。人不愿意再轻易地相信什么。人这个时候看山也感慨,看水也叹息,借古讽今,指桑骂槐。山自然不再是单纯的山,水自然不再是单纯的水。一切的一切都是人的主观意志的载体,所谓好风凭借力,送我上青云。一个人倘若停留在人生的这一阶段,那就苦了这条性命了。人就会这山望了那山高,不停地攀登,争强好胜,与人比较,怎么做人,如何处世,绞尽脑汁,机关算尽,永无休止和满足的一天。因为这个世界原本就是一个圆的,人外还有人,天外还有天,循环往复,绿水长流。而人的生命是短暂的有限的,哪里能够去与永恒和无限计较呢?

许多人到了人生的第二重境界就到了人生的终点。追求一生,劳碌一生,心高气傲一生,最后发现自己并没有达到自己的理想,于是抱恨终生。但是有一人通过自己的修炼,终于把自己提升到了第三重人生境界,茅塞顿开,回归自然。人这个时候便会专心致志做自己应该做的事情,不与旁人有任何计较。任你红尘滚滚,我自清风朗月。面对芜杂世俗之事,一笑了之。这个时候的人看山又是山,看水又是水。正是:人本是人,不必刻意去做人;世本是世,无

须精心去处世,便也就是真正的做人与处世了。

72. 文中"禅机"一词的正确读音及解释：
    A. chǎnjī 用言行或事物来明示教义的诀窍
    B. chánjī 用言行或事物来明示教义的诀窍
    C. chánjī 用言行或事物来暗示教义的诀窍
    D. chànjī 用言行或事物来暗示教义的诀窍

73. 选出下列正确的一组：
    A. 混淆(hùnyáo)   B. 指桑骂槐：(zhǐ sāng mà huái)
    C. 茅塞顿开(máosé dùn kái)   D. 芜杂世俗(wùzá shīsù)

74. 从文章中看人生的第二重境界是：
    A. 看山是山,看水是水
    B. 看山不是山,看水不是水
    C. 看山还是山,看水还是水
    D. 人本是人,不必刻意去做人；世本是世,无须精心去处世,便也就是真正的做人与处世了。

75. 文章第二自然段所描述的是人生第几种境界：
    A. 第一种境界   B. 第二种境界   C. 第三种境界   D. 三种境界都有

三、书面表达

(16题,40分钟)

第一部分

(15题,10分钟)

> 说明:76-85题,在每题的语句中有一划横线处,题后有ＡＢＣＤ四个答案,其中只有一个可以放入横线处使语句表达通顺。请找出来并在答案字母上画一横道。

76. 通常,孩子的年龄_____大,父母的束缚_____小,自由度也随之增大。
    A. ……也……　　　　　　　　　　B. 即使……也……
    C. 宁可……也……　　　　　　　　D. 越……越……

77. _____你亲自去,_____派一名得力助手去。
    A. 因为……所……　　　　　　　　B. 要么……要么……
    C. ……就……　　　　　　　　　　D. 不管……都……

78. 一个国家的经济_____糟糕,其货币_____"轻飘飘"。
    A. 一边……一边……　　　　　　　B. 不过……而已……
    C. 越……越……　　　　　　　　　D. 即使……也……

79. 我还有幸得到了_____。
    A. 已经意大利不使用的一些硬币　　B. 意大利硬币的一已经不使用
    C. 一些已经意大利不再使用的硬币　D. 一些不再使用的意大利硬币

80. _____,既有金钱也有荣誉。
    A. 世界会以厚报以你　　　　　　　B. 会给你厚报以世界
    C. 给厚报以我世界会　　　　　　　D. 世界会给你以厚报

81. 有一只表时你可以知道现在是几点钟了,而_____却无法确定。
    A. 同时当你拥有两只表时　　　　　B. 当你同时拥有两只表时
    C. 两只表当你拥有同时时　　　　　D. 当你拥有两只同时表时

82. _____你是多么优秀的人才,在刚刚开始的时候,_____只能从最简单的事情做起。
    A. 无论……都……　　　　　　　　B. 因为……所以……
    C. 因为……就……　　　　　　　　D. 连……都……

83. 其实小丁资质不高,他获得一百分要比聪明的孩子_____。
    A. 多付出几倍的辛苦　　　　　　　B. 几倍多的付出辛苦
    C. 付出几倍多的辛苦　　　　　　　D. 付出几倍的多辛苦

84. ＿＿＿＿＿＿＿，只是偶尔相聚一次。
    A. 并经常在一块他们不能　　　　B. 他们并不能经常在一块
    C. 不能他们并经常在一块　　　　D. 经常在一块并他们不能

85. 他讲完之后，＿＿＿＿＿＿＿。
    A. 响起了雷鸣般的掌声顿时台下　　B. 顿时台下响起了掌声的雷鸣般
    C. 雷鸣般的掌声顿时台下响起了　　D. 台下顿时响起了雷鸣般的掌声

说明：86—90题，在这一部分里，每题的语句有ＡＢＣＤ四个划线的词语，去掉其中某一个词语会使句子变成病句。请找出这个不能删去的词语，然后在答卷的字母上画一横道。

86. 结婚后我迟迟不肯要孩子，别人问起来，都说是为了工作。
     A　　　　B　　　　　　　　　　　C　D

87. 在不少学校，上级下拨的经费中，没有专门的图书经费，而学校自己又实在拿不出钱来购
          A   B   C   D
    置新书。

88. 这次师傅不再用那样眼光看我，嫌我是个女的了。
     A   B C   D

89. 现在这样的生活条件她怎么能不抱怨呢？
     A   B   C   D

90. 从今以后我们就不再属于同一个国家了。
     A B   C   D

第二部分

（作文，30分钟）

作文要求：1. 写作前认真阅读作文前的提示，按提示要求在规定的时间内写完。
　　　　　2. 用简化汉字书写。每个空格写一个汉字，汉字书写要清楚工整；每个标点符号占一个空格，标点符号要正确。
　　　　　3. 作文中不得出现跟考生有关的校名、地名和真人姓名。

作文提示：

　　在下面的作文中，你将有30分钟的时间来写一篇短文。请看清题目，按照题目和短文开头、中间段、结尾提示部分的话语写下来，使你全篇文章内容不得少于350字（不包括已给出的语言文字）。

运动会上的田径比赛

"砰！"比赛的枪声一响，起跑线上的同学立刻像离弦的箭一样，向前冲去。

| | 你 | 看 | ， | 小 | 张 | | | | | | | | | | | | | | |
| | | | | | | | | | | | | | | | | | | | |

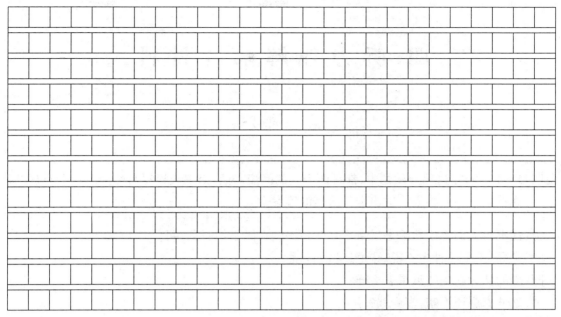

在离终点一百米时，小王发挥了他短跑速度的优势，加快步伐，终于抢先碰到了红线。场上立刻响起一片欢呼声。

四、听力理解录音材料

第一部分

> 说明:1—15题,在这部分试题中,都是两个人的简短对话,第三人根据对话提出一个问题,请你在四个书面答案中选出惟一恰当的答案。

1. 男:怪不得人们都说新疆是瓜果之乡呢,真是"百闻不如一见"啊!
   女:是啊,瓜果品种多不说,味道还格外香甜。
   问:男的认为新疆的瓜果怎么样?

2. 男:这件衣服还不错,多少钱?
   女:原价360元,打八折是288元,零头就算了。
   问:男的应该付多少钱?

3. 男:王力因成绩太差,已退学了。哎,这都是网吧害的。
   女:不至于吧,他以前学习不是挺好的嘛。
   问:女的是什么意思?

4. 男:古丽,跑接力赛的人还少一个,你上吧。
   女:我上?径赛本来就不是我的长项,我只好硬着头皮上了。
   问:女的是什么意思?

5. 男:你的毕业论文这么快就写完了?
   女:这可是我这一个月以来开夜车的结果。
   问:"开夜车"的意思是什么?

6. 男:我把会计小王给免职了,他竟在别人面前说我是糊涂虫。
   女:唉呀,真可恶,他怎么把我们公司的重要秘密泄露给别人了呢?
   问:女的认为小王怎么了?

7. 男:你会演奏什么乐器?
   女:钢琴、手风琴、吉他我都会。
   问:女的没有提到的乐器是什么?

8. 女:我听说你有个爱好:就是骑自行车在街上走的时候,哪儿有热闹,不管什么事儿,你就愿意停下来去看看,是吗?
   男:这是老百姓的脾气,喜欢扎堆。
   问:男的喜欢干什么?

9. 男:来买我的菜吧!看我的菜多水灵啊!又便宜。
   女:你这菜还便宜呀!
   问:女的认为菜怎么样?

10. 男:小王,下午几点开始比赛?
    女:4点,还差20分钟呢。
    问:现在是几点?

11. 男:作息时间改了以后,中午休息多长时间?
    女:两个半小时,比以前多了一个小时。
    问:以前中午休息多长时间?

12. 男:我想请你给小王捎个口信,让他帮我查一下资料。
    女:没问题。
    问:女的什么意思。

13. 男:这次考试怎么样?90分没问题吧。
    女:怎么能跟你比呢?
    问:女的考得怎么样?

14. 男:你家住在几单元?
    女:我们这幢楼共有五个单元,我家住在倒数第二单元。
    问:女的住在几单元?

15. 男:小王为分房子的事在闹情绪,工作也不好好干。
    女:回头我去看看他,好好说说他。
    问:女的要做什么?

第二部分

说明:16—40题,在这部分试题中,你将听到几段简要的对话或讲话。每段话之后,你将听到几个问题,请你在四个书面答案中选出惟一恰当的答案。

16—19题是根据下面一段对话:

女:小王,还没女朋友吧?
男:目前还没有,怎么,打算给我做红娘吗?
女:只是随便问一问,如果你遇到一位你喜欢的姑娘,你会不会恋爱?
男:我想会的,不过现在对我来说,第一是学习,因为我还年轻呢。
女:如果上大学就谈恋爱,工作以后一对恋人不能分在一个地方工作,那怎么办?
男:以前是由国家统一分配,如果分配不到一起就只有分手或两地分居,以后再调动。现在可不同了,找工作都是双向选择,去哪里工作也可以由自己决定,也没有什么铁饭

　　　　碗了,这样一对恋人可以共同去某个地方寻求发展。
　　　女:是啊,这样就不用忍受分离之苦了。我父母就曾两地分居近十年。
16. 问:女的问小王是否有女朋友的目的是什么?
17. 问:男的如果遇到一位自己喜欢的姑娘会谈恋爱吗?
18. 问:关于大学时谈恋爱,对造成分居的现象以下哪项正确?
19. 问:谁的父母两地分居?

20 到 23 题是根据下面一段对话:
　　　男:请问这是张强的家吗?
　　　女:对,请进,您是……
　　　男:我是宋涛,小张的同事。
　　　女:是小宋啊,常听我儿子说起你。今天怎么有空来了?
　　　男:车间一个同事由于操作不当,受了工伤,刚送医院,厂长让我们俩先去照顾一下。
　　　女:哎呀,小强陪他爸爸打针去了。这样吧,我给他打手机,让他直接去医院。
　　　男:那伯父怎么办呀,要不我再去找别人吧。
　　　女:没事,他爸爸就是有点感冒。
　　　男:好,我就先走了,再见了。
　　　女:你有事,我就不留你了,有空来玩。
　　　男:一定来。
20. 问:女的是什么人?
21. 问:小宋和女的以前认识吗?
22. 问:他们要去医院做什么?
23. 问:下面哪一项对话中没提到?

24 到 26 题是根据下面一段对话:
　　　男:孩子,我替你写的那篇作文评上优秀了没有?
　　　女:没有,老师说写得离题了。
　　　男:不会吧,作文的题目不是《我的爸爸》吗?
　　　女:是啊,可您写的是我爷爷呀!
24. 问:男的和女的是什么关系?
25. 问:作文没有评上优秀的原因是什么?
26. 问:这应该是一则什么?

27 到 29 题是根据下面一段话:
　　　巴音布鲁克大草原,地处天山深处,面积 22000 平方公里,是我国仅次于内蒙古鄂尔多斯的第二大草原,是天山南麓最丰腴的夏牧场。这片大草原平均海拔2400余米,属高寒山区,每逢盛夏,绿野茫茫,牧群如云。"巴音布鲁克",蒙古语意为"富饶之乡",真是名不虚传之绝佳风景。巴音布鲁克区政府所在地距和静县城338公里,隔日有班车往来,区政府有招待所,大草原上有多处度假村,旅人可免食宿之忧。

27. 问:这一段的主题应该是什么?
28. 问:巴音布鲁克草原是我国第几大草原?
29. 问:"巴音布鲁克"蒙古语的意思是什么?

30到32题是根据下面一段话:

从美国纽约去新泽西州的大西洋赌城,客人乘坐大巴从纽约到新泽西州的来往路费要20美元,如果大巴驶到赌城门口,赌城老板给每人发15美元,而且还免费供应一顿丰富的自助餐。回去时,老板还要向客人馈赠8美元,两者相抵,每位客人净赚3美元和一顿自助餐。结果,纽约每天有数十辆大巴发往新泽西赌城,每天有上千人涌向赌城,赌城每天需要支付5000美元的现金和3000美元的自助餐费用。

按理说,这种经营方式根本无法让赌城维持下去,但事实上,赌城不但没有亏损,反而盈利更多。因为,一个人去任何地方旅游,都得花路费。到了赌城,十有八九要试试手气,碰碰大运。最后,大西洋的老板还是赢家。赔米赚鸡,正是商家盈利之奥秘所在。另外还有一个秘密:大巴公司正是赌城老板投资的。

30. 问:赌城老板一共赠给每位游客多少钱?
31. 问:事实上赌城的经营状况是怎样的?
32. 问:大巴公司是谁投资的?

33到36题是根据下面一段话:

在北京打工的张小姐称,在通州某学校当老师的男友刘先生因为前一段时间查出患有早期膀胱癌,治疗一直未见起色,遂与几个朋友相约去通州农村一个号称"附身半仙"的人家里算命。

自从回来以后,张小姐就发现男友一直古里古怪的,对自己好像有意疏远。当张小姐去通州看望刘先生时,刘先生向她提出了分手的要求并对他说,"半仙"先是告诉他体内有鬼,只要面朝南方烧两道黄纸、一斤酒和三尺蓝布,病就能治好。然后"半仙"询问了刘先生女友的情况后告诉他,张小姐是他命中注定的克星,若两人长期在一起,肯定会让刘先生霉运不断,刘先生对这个"半仙"的话深信不疑。

张小姐觉得既可笑又可恨,可笑男友封建愚昧,从大学起5年的深厚感情竟然还不如"半仙"的一句话;恨那些"半仙"信口开河,拆散了他们。

33. 问:刘先生和张小姐是什么关系?
34. 问:刘先生在病情治疗后不见起色的情况下去做什么了?

35. 问：刘先生对"半仙"的话相信吗？
36. 问：刘先生和张小姐的关系最后怎么样了？

37 到 40 题是根据下面一段话：

　　机器人能操刀施行外科手术？科学家预计最早也要到 2010 年，机器人会"站"在手术台上进行像摘除盲肠这类较常规外科手术。然而，这种机器人并非真正意义上的机器人外科医生，因为它并不具备很高的人工智能，它的一切动作来源于外科医生的指令。真正的第一代机器人外科医生或许要到 2040 年才会出现，它们仅有细菌大小，但威力可不小。它们进入人的机体，在完全与外界隔绝的情况下，以最快的速度找到那些有害的微生物体、畸形的血液细胞及癌细胞并自动地将其清除掉。

37. 问：机器人操刀施行外科手术已成现实了吗？
38. 问：预计 2010 年，机器人能做什么手术？
39. 问：第一代机器人外科医生预计什么时候出现？
40. 问：第一代机器人外科医生有多大？

第十一套试题

一、听力理解

（40题，约30分钟）

第一部分

说明：1—15题，在这部分试题中，都是两个人的简短对话，第三人根据对话提出一个问题，请你在四个书面答案中选出惟一恰当的答案。

1. A. 买饮料 B. 卖饮料 C. 喝饮料 D. 搬饮料
2. A. 书包 B. 钱包 C. 行李 D. 身份证
3. A. 当中学教师 B. 当大学教师 C. 当银行职员 D. 当海关的检验员
4. A. 八块三 B. 六块一 C. 六块三 D. 十块五
5. A. 价格太高 B. 衣服并不怎么漂亮 C. 她穿上太老气 D. 颜色太鲜亮
6. A. 太苦恼 B. 遇到了高兴事 C. 想多喝 D. 身体好
7. A. 医生 B. 警察 C. 教师 D. 记者
8. A. 认为自己不算能说 B. 认为自己很能说
   C. 认为男的能说 D. 认为男的才算能说
9. A. 羡慕 B. 愉快 C. 感动 D. 高兴
10. A. 变坏了 B. 变难看了 C. 把钱看得太重了 D. 不重视友情了
11. A. 今天去 B. 今天不去 C. 改天去 D. 明天去
12. A. 300元 B. 380元 C. 480元 D. 500元
13. A. 基本符合 B. 不符合 C. 符合 D. 没提到
14. A. 爬红山没有力 B. 没有劲爬红山 C. 爬红山没意思 D. 爬红山有意思
15. A. 要认真 B. 要有耐心 C. 要吃热豆腐 D. 不能吃热豆腐

第二部分

说明：16—40题，在这部分试题中，你将听到几段简要的对话或讲话。每段话之后，你将听到几个问题，请你在四个书面答案中选出惟一恰当的答案。

16. A. 北京人 B. 天津人 C. 新疆人 D. 乌鲁木齐人

17. A. 5 代　　　　　B. 6 代　　　　　　C. 7 代　　　　　　D. 8 代
18. A. 新疆的　　　　B. 天津的　　　　　C. 乌鲁木齐的　　　D. 没提到
19. A. 刘老还要写一本书　　　　　　　　B. 第二本书两年后出版
    C. 第二本书已写了 40 篇　　　　　　D. 第二本两年后完稿
20. A. 缺乏相互理解　B. 缺乏物质支持　　C. 缺乏交流　　　　D. 缺乏沟通
21. A. 4 个　　　　　B. 一半　　　　　　C. 没有一个　　　　D. 一个
22. A. 30 分钟　　　　B. 不到 10 分钟　　C. 10 分钟以上　　　D. 10 分钟左右
23. A. 说他们　　　　B. 骂他们　　　　　C. 打他们　　　　　D. 鼓励他们
24. A. 少责备　　　　B. 少批评　　　　　C. 少鼓励　　　　　D. 多鼓励
25. A. 杀人　　　　　B. 模仿网络游戏犯罪　C. 绑架　　　　　　D. 抢劫
26. A. 喜欢玩游戏　　B. 学习还可以　　　C. 喜欢上网聊天　　D. 品质并不差
27. A. 20%～30%　　　B. 40%～50%　　　　C. 40% 多　　　　　D. 50% 多
28. A. 第一　　　　　B. 第二　　　　　　C. 第三　　　　　　D. 第四
29. A. 遗传　　　　　B. 缺乏锻炼　　　　C. 用眼卫生习惯不好 D. 营养结构不合理
30. A. 80 万　　　　　B. 800 万　　　　　C. 8000 万　　　　　D. 不清楚
31. A. 孩子的能力　　B. 孩子的健康　　　C. 孩子的成长　　　D. 中国的国际竞争力
32. A. 合作能力差　　B. 责任心不强　　　C. 知识欠缺　　　　D. 适应能力不强
33. A. 950 万个　　　　B. 没提到　　　　　C. 900 多万个　　　　D. 2000 万个
34. A. 4.5% 左右　　　B. 4.5%　　　　　　C. 26%　　　　　　　D. 没提到
35. A. 第三次　　　　B. 第四次　　　　　C. 第五次　　　　　D. 第六次
36. A. 2003 年，进入第二个高校扩招年　　B. 大量的高校扩招生毕业
    C. 光北京高校毕业生就达 11 多万人　　D. 北京今年高校毕业生比去年增加了 26%
37. A. 2000 年的春天　B. 2000 年的秋天　　C. 2001 年的春天　　D. 2001 年的秋天
38. A. 第二条　　　　B. 惟一的一条　　　C. 2001 年的第一条　D. 不清楚
39. A. 美国　　　　　B. 日本　　　　　　C. 意大利　　　　　D. 法国
40. A. 海尔路　　　　B. 海尔冰箱　　　　C. 海尔集团　　　　D. 没有提到

二、阅读理解

(35题,约30分钟)

说明:40—75题,每段文字后都有几个问题,每个问题都有ＡＢＣＤ四个答案,请阅读后根据每题要求选择惟一恰当的答案,并在答卷相应字母上画一横道。

41

　　我所在城市的公安系统响应上级号召,前一阵子开始实行"禁酒令"。这一旨在树立勤政廉政良好作风的做法果然立竿见影——饭店里喝酒的民警不见了,于是人们对此很是赞扬了一番。

41. 句中划线词语正确的一个是：
　　A. 系(jì)　　　　B. 应(yīng)　　　C. 禁(jìn)　　　D. 好(hào)

42

　　利用国际互联网,做网络广告的例子越来越多,受益的商家也越来越多,不胜枚举。仅举一个发生在我们身边的例子:哈尔滨啤酒有限公司于1997年11月末通过"瀛海威时空"在国际互联网上制作和发布了自己的广告,在短短的二十几天内就收到世界各地40多个国家和地区厂家的 E-mail,洽谈业务,寻求合作,真正地实现了哈啤人要走向世界的梦想。在当今数字化生存的社会里,网络广告的作用会越来越明显。当前,许多经理、厂长已经开始关注网络广告了,但他们还迟迟下不了决心。为什么? 因为他们还不十分了解国际互联网,误认为计算机太复杂,计算机网络就更复杂,那是技术人员用的东西。其实,今天的网络已不像前些年那样神秘莫测,而是,只要你挪动并按一按那个拖着一根小尾巴的"鼠标",就什么都有了。

42. 文中词语"不胜枚举"中的"胜"字之意为：
　　A. 胜利　　　　　　　　　　　　　B. 赢
　　C. 非常　　　　　　　　　　　　　D. 表示不能做或做不完

43—45

　　受计划经济观念文化的支配,现在看一个地方领导干部有没有作为,只看施政成效,不　43　施政成本。只看架了多少桥,栽了多少花,种了多少树……至于成本,这么多的钱是从哪里来的,是从什么渠道来的,以什么名目来的,老百姓是否能够承受,却从来没问过。虽然政绩的投入与产出之间的关系不像经济活动的投入与产生关系那么直接,那么容易掌握,但是政绩也应该被看作是扣除成本之后的盈余,公共行政也要追求以最小的投入取得最大的社会效益。如果一项既不经济又效率低下的行政决策即便能增进公共利益,我们也不认为这是

171

一项好的决策。在不计成本的政绩评价的鼓励之下,现在有些地方政府和行政官员为了尽快出"政绩",以实现政绩利益最大化,不惜付出巨大的政绩成本。有些基层干部最怕的就是领导急于出政绩,害怕动不动就发起"人民城市人民建"、"人民事情人民办"的活动。特别是如此创造政绩的行政官员被提拔之后,就会有更多的后来者效仿他们。

43. 文中43处应该填写的字是:

　　A. 算　　　　　　B. 看　　　　　　C. 管　　　　　　D. 计

44. 下列哪一句不符合文中观点?

　　A. 政绩的投入与产出之间的关系比经济活动的投入与产出的关系直接。

　　B. 经济活动的投入与产出的关系,容易掌握。

　　C. 政绩的投入与产出之间的关系不容易掌握。

　　D. 经济活动的投入与产出的关系是直接的。

45. 这篇文章的主题是:

　　A. 政绩只看施政成效　　　　　　　　B. 政绩要计成本

　　C. 如何实现政绩利益最大化　　　　　D. 提拔行政官员是不过问成本的

46—47

　　财政部、国家税务总局负责人日前在参加全国政协举办的提案协商座谈会时分别 __46__ ,国家将对个人所得税税制进行综合改革。财政部副部长廖晓军介绍,国家将进行个人所得税税制改革,实行综合与分类相结合的征税办法:区别不同类别的个人所得税,设立一档或多档税率;简化工薪所得税率档次,减轻工薪阶层税负;建立以扣代缴为主、个人申报为辅的税收征管体制。

46. 文中46应该填写的词语是:

　　A. 表明　　　　　　B. 表示　　　　　　C. 表现　　　　　　D. 显示

47. 实行综合与分类相结合的征税办法包括几个方面?

　　A. 一个　　　　　　B. 两个　　　　　　C. 三个　　　　　　D. 四个

48—50

　　1986年秋天,我离开斯坦福回国了。不料1987年2月间,我 __48__ 意外地收到他的来信,说是根据他最近看到的一些文献资料,我一年前所患的胃溃疡,可能是由一种被称为"幽门曲杆菌"引起的,叮嘱我找医生复查,以便进一步治疗。我便去了北京协和医院做这种检查,并做了体检。结果出来后,医生告诉我,他们也已注意到国外医学杂志上的有关材料,证实我的胃溃疡确是由于这种病菌引起的。我 __49__ 医嘱治疗了一个多月,老病胃溃疡从此未再出现。

　　我给帕索大夫 __50__ 了一封信,将最新的检查和治疗情况告诉了他,同时深切感谢他的关怀。

48. 文中48外应该填写的词语是:

　　A. 很　　　　　　B. 才　　　　　　C. 竟　　　　　　D. 却

49. 文中49处应该填写的词语是：
   A. 按　　　　B. 遵　　　　C. 依　　　　D. 照
50. 文中50处应该填写的词语是：
   A. 写　　　　B. 通　　　　C. 发　　　　D. 回

51－52

此园在市区西南部，建于1950年。建在辽阔的水面上，是市内最大的公园。园内有三湖（东湖、西湖、南湖）和九岛，湖与岛之间由小桥、甬路、桃柳堤连接，水边建有亭、台、楼、廊，使此既有江南___51___，又有北方情趣。公园中心为文化区，建成休息长廊、露天剧场与阅览室，不远处有游泳场、滑冰场。公园南部有个500亩的动物园，___52___着120多种珍禽异兽。

51. 文中51处应填写的词语是：
   A. 风貌　　　B. 样子　　　C. 面貌　　　D. 风味
52. 文中52处应该填写的词语是：
   A. 养育　　　B. 喂养　　　C. 饲养　　　D. 培养

53－56

塔里木大酒店诚聘：1. 前厅部：大堂经理、接待员、行李员；2. 销售部：美工、企划、销售代表；3. 培训部：英语老师、文秘；4. 餐饮部：服务员、宴会预订主任；5. 康乐部：会所销售经理、主任、会所协调主任、会所接待部经理；夜总会推广主任；迎宾、DJ服务员、吧员、模特、公关经理、桑拿按摩技术熟手、健身中心服务员、健身教练、游泳教练。要求：五官端正，有相关工作经验者优先，一经录用，待遇___53___，1～4项请与人力资源部联系：6630101－5156、5265。第5项请在每日14点以后与康乐部联系：6630101－3011、3012

53. 文中53处应该填写的词语是：
   A. 好　　　　B. 厚　　　　C. 偏高　　　D. 从优
54. 文中没有提到的是：
   A. 行李员　　B. 司机　　　C. 吧员　　　D. 文秘
55. 与人力资源部联系的是：
   A. 1、2、5项　B. 1、4、5项　C. 3、4、5项　D. 2、3、4项
56. 企划人员属于：
   A. 前厅部　　B. 培训部　　C. 康乐部　　D. 销售部

57－60

"踏青"最初的活动是清明扫墓。这一活动虽到唐玄宗时才得以"诏令编入五礼，永定为式"，但早在春秋时期郑国一带就已经相沿成俗。"踏青"一词的正式使用直到北宋才得以普遍推广，其中有一个相当沉重的故事。柳永是北宋时期"婉约派"代表作家，他的《乐章集》收

词将近200首,其中表现歌妓生活的作品感情沉重、流传甚广。然而柳永的一生却落魄潦倒,尝尽了人生的"宦游滋味"。他寄情于歌妓并非沉湎酒色,通过歌妓们歌唱自己的作品来宣泄心中的苦,所以他对那"烟花伴侣"怀有深深的负疚:"系我一生心,负你千行泪。"也正是这种知己之交,才使得那些风月佳丽对他情深义重。当柳永梦断红尘时,众多歌妓纷纷慷慨解囊,在乐游原上为之买地建坟。每年清明前后,汴京城里的名妓们都会云集乐游原,到柳永的坟上挂纸祭扫,时人唤做"上风流冢",久而久之便形成了"踏青"的风俗。

57. 最早的"踏青"活动是在:
 A. 唐朝 B. 清明 C. 春秋时期 D. 战国时期

58. "踏青"一词正式普遍推广在:
 A. 汉朝 B. 宋朝 C. 唐朝 D. 清朝

59. 柳永的《乐章集》是表现歌妓的作品,其写作目的在于:
 A. 沉湎酒色 B. 与"烟花"为伴 C. 宣泄心中的苦 D. 看破红尘

60. 柳永的坟地在:
 A. 汴京城 B. 乐游原 C. 郑国 D. 风流冢

61—65

《中国教育报》3月28日报道 中国人民大学校长李文海教授日前指出:"教育学术界现在正面临着'六化'现象这种新的不正之风。"

李文海所说的"六化"现象是指:学术商品化,表现在一些教育研究人员急功近利、粗制滥造,追求速成;学术戏剧化,表现在一些研究内容怪诞猎奇,故作惊人之语,追求所谓"轰动效应";学术贵族化,表现在一些研究人员故弄__63__虚,堆砌名词概念,把简单的问题复杂化;学术时尚化,表现在一些研究者跟风媚俗,迎合取巧,流行什么就研究什么;学术江湖化,表现在一些研究人员互相吹捧包装,拉帮结伙;学术功利化,表现在一些研究人员东拼西凑,抄袭剽窃,违反学术规范。

专家们认为,这"六化"基本可以概括近年来教育学术界出现的一些不正之风,必须引起教育界高度重视。

专家们呼吁广大教育工作者共同营造良好的教育学术环境,通过教育研究育己、育人,创造出更多更好的学术精品,孕育出中国的教育学派、中国的教育家。

61. 下面哪一项不是文中"六化"的内容
 A. 学术功利化 B. 学术时尚化 C. 学术专业化 D. 学术商品化

62. 抄袭剽窃,属于"六化"中的:
 A. 学术戏剧化 B. 学术时尚化 C. 学术贵族化 D. 学术功利化

63. 文中63处应该填写的词语是:
 A. 心 B. 玄 C. 假 D. 空

64. 文中"猎奇"一词,其词意为:

　　A. 荒诞离奇　　　　　　　　　　B. 搜寻奇异的事情

　　C. 急于求目前的成效和利益　　　D. 故意玩弄使人迷惑的欺骗手段

65. 文中"六化"现象针对的是:

　　A. 商界　　　B. 文艺界　　　C. 教育界　　　D. 文化界

66—67

　　"三农"问题,问题何在?一种传统的判断是农民税赋过重,与此相应简单应手的一招就是减税,特别是取消各种杂派,不过这种简单应手能否最终解决农民税赋过重的问题呢?温家宝同志3月6日参加人大湖北团讨论时引用国内研究成果解释所谓"黄宗羲定律",点出了这种简单应手的缺陷。他指出:"历史上税费改革进行过不止一次。像唐朝时的'两税法'、明朝时的'一条鞭法'、清代时的'摊丁入亩'等等。每次税费改革后,由于当时社会政治环境的局限性,农民负担在下降一段时间后会涨到一个比改革前更高的水平,走向了原先改革目的的反面,明清时期的思想家黄宗羲称之为'积累莫返之害',这就是所谓的历史上有名的'黄宗羲定律'。"

66. "摊丁入亩"一词中的"丁"字之意就为:

　　A. 从事某些职业的人　　　　B. 天干的第四位

　　C. 蔬菜等切成的小块　　　　D. 指人口

67. "黄宗羲定律"是指:

　　A. 税改后税费更高　　　　　B. 税改后税费更低

　　C. 税费税改前高,税改后低　 D. 税费税改前低,税改后略高

68—70

　　山东省沂南县原政协副主席袁锋剑,曾经是父老乡亲们的骄傲。可是,自他担任蒙阴县副县长兼高速公路建设指挥部常务副总指挥以后,便为自己打起了小算盘;为了不"浪费"自己的聪明才智,为了退休后能过上"不寒酸"的生活,他频频利用手中的权力慷国家之__68__。经法院审理查明,在1998年8月至2001年1月短短的两多时间里,袁锋剑在担任蒙阴县副县长兼蒙阴县高速公路建设指挥部常务副总指挥期间,利用职务之便,伙同他人采取另立账户、虚报冒领、虚开工程款发票、土地补偿款单据,销毁会计凭证等种种手段,贪污公款共计558万余元,收受他人贿赂折合人民币6.4万元。作为这起特大贪污、受贿案的主角,袁锋剑被法院一审以贪污罪及受贿罪,数罪并罚判处死刑,缓期2年执行,剥夺政治权利终身,并没收全部个人财产。

68. 文中68处应填写的词语是:

　　A. 财　　　B. 慨　　　C. 道　　　D. 富

69. 文中"打起了小算盘"之意是：
   A. 用算盘(一种计数用具)来计数　　B. 比喻计划、打算
   C. 搞阴谋　　　　　　　　　　　　D. 一种游戏
70. 下面哪一种方法不是文中提到的？
   A. 另立账户　　B. 吃"回扣"　　C. 销毁会计凭证　　D. 虚开工程发票

71—75

　　如今报纸、电视发布的天气预报已不再是以往"晴天、多云、雷雨大风"之类的"简要报告"。气象预报的涵盖面愈来愈广,各种气象"指数"预报越来越多。

　　人体舒适度指数:在静风条件下,当环境气温在17～24℃时人体感觉非常适宜,超出此范围,无论过冷、过热,工伤的发生都会增加。在制作人体舒适度指数时,依据气温的变化,分为不同的等级,预报时分为9级。其中5级为最舒适,大于5级偏暖,低于5级偏冷。

　　晨练指数:一年四季气候多变,风、霜、雨,都不适宜晨练,早晨气压过低,湿度过大,天气闷热,有雾,空气质量太差,都会对晨练者造成不同程度的影响。晨练指数分为5级,1级最差,不适宜晨练,5级最好。

　　穿衣指数:穿衣指数分为7级,其中3级相当于春秋天的着装,小于3级偏暖,大于3级偏冷,盛夏着装指数是1级,最冷季节是7级。

　　紫外线指数:波长为275320nm(纳米)的紫外线对人体危害最大,气象部门通过发布紫外线指数预报,提醒人们减少户外活动,一定要在户外活动的,必须采取相应防护措施。紫外线指数分为5级,1级最弱,5级最强。

　　风寒指数:当环境气温降低到－4℃以下时,如果人体未充分采取保暖措施,机体产热量低于散热量,就会出现热的负平衡,时间过久会使机体受到损伤。冬季日最高气温小于等于10℃时,气象部门就要发布风寒指数。风寒指数分为4级,4级最冷。

　　中暑指数:气象部门根据不同的气象__74__素组合,将中暑的大气环境分为两类:一类是干热环境,其特点是气温高、日辐射强、湿度低,一般相对湿度在40%以下;第二类是湿热环境,特点是高温高湿,辐射并不强,即闷热天气,下列气象条件就易使人中暑:(1)相对湿度85%,气温30℃～31℃;(2)相对湿度50%,气温38℃以上;(3)相对温度30%,气温40℃以上。中暑指数分为4级,4级最容易中暑。

71. 下列哪一项不是"气象"指数？
   A. 晨练指数　　B. 穿衣指数　　C. 消费指数　　D. 中暑指数
72. 人体舒适度指数,预报时分为：
   A. 5级　　　　B. 9级　　　　C. 7级　　　　D. 4级
73. 盛夏着装指数是：
   A. 7级　　　　B. 4级　　　　C. 5级　　　　D. 1级

74. 文中74处应填写的词语是：

   A. 因　　　　　　B. 要　　　　　　C. 元　　　　　　D. 色

75. 下列哪一组是指数级别相同的一组？

   A. 晨练指数/紫外线指数；穿衣指数/风寒指数

   B. 风寒指数/中暑指数；人体舒适度指数/穿衣指数

   C. 晨练指数/紫外线指数；风寒指数/中暑指数

   D. 晨练指数/人体舒适度指数；紫外线指数/风寒指数

三、书面表达

（16题，40分钟）

第一部分

（15题，10分钟）

说明：76－85题，在每题的语句中有一划横线处，题后有ＡＢＣＤ四个答案，其中只有一个可以放入横线处使语句表达通顺。请找出来并在答卷字母上画一横道。

76. ＿＿＿＿＿＿＿，留学比利时最大的问题无疑还是语言上的困扰。
    A. 从大多数学生中　　　　　　　　B. 到大多数学生的时候
    C. 对于大多数学生来讲　　　　　　D. 在多数学生下

77. 麻烦你把这本书捎给他，＿＿＿＿＿＿＿。
    A. 省得我再跑一趟　　　　　　　　B. 我省得再跑一趟
    C. 我省得再一趟跑　　　　　　　　D. 再省得我跑一趟

78. 宝石＿＿＿＿＿＿＿混在垃圾里，＿＿＿＿＿＿＿仍然晶莹夺目。
    A. 无论……都……　　　　　　　　B. 要……以免……
    C. 如果……就……　　　　　　　　D. 哪怕……也……

79. ＿＿＿＿＿＿＿各方都有合作的愿望，＿＿＿＿＿＿＿不能达成协议。
    A. 除非……否则……　　　　　　　B. 之所以……是因为……
    C. 只有……才……　　　　　　　　D. 不管……都……

80. ＿＿＿＿＿＿＿我们的科学技术赶上了世界选进水平，＿＿＿＿＿＿＿还要学习人家的长处。
    A. 一……就……　　　　　　　　　B. 即使……也……
    C. 既然……就……　　　　　　　　D. 越……越……

81. 一天，陈刚遇到了＿＿＿＿＿＿＿。
    A. 来长沙打工的一位从家乡来的　　B. 一个从家乡来长沙打工的老乡
    C. 从家乡来打工的长沙一位老乡　　D. 一位老乡从家乡长沙来打工的

82. 在实际生活中，我们中国人的择偶途径还是＿＿＿＿＿＿＿。
    A. 从亲朋介绍来看　　　　　　　　B. 从亲朋介绍来说
    C. 以亲朋介绍为主　　　　　　　　D. 除了亲朋介绍外

83. ＿＿＿＿＿＿＿，目前贫困人口有多少？
    A. 以世界范围说　　　　　　　　　B. 按世界范围分
    C. 把世界范围看　　　　　　　　　D. 从世界范围看

84. 我国尚无完善的老年人社会保障制度，_____。
    A. 尤其是广大农村老人的晚年更加艰难
    B. 即使是广大农村老人的晚年更加艰难
    C. 以免广大农村老人的晚年更加艰难
    D. 既然广大农村老人的晚年更加艰难

85. 改革开放以来，_____，上海港的货物吞吐量每年都在大幅度增加。
    A. 具备中国的大港口   B. 作为中国的大港口
    C. 成为中国的大港口   D. 看作中国的大港口

说明：86—90题，在这一部分里，每题的语句有ＡＢＣＤ四个划线的词语，去掉其中某一个词语会使句子变成病句。请划出这个不能删去的词语，然后在答卷的字母上画一横道。

86. 每天早上给一家人准备简单的早饭，然后送孩子去幼儿园，送完孩子自己才去上班。
    　A　　B　　　　　　　　　　　　　　　　　　　　　　　　　C　　　　D

87. 找回了新娘，一对新人一起来到男方的竹楼，婚礼才正式开始。
    　　A　　　B　　　　　　　　C　　　　　　　　D

88. 可是对这样的马草原上聪明的牧人却有独特的办法。
    　A　B　　　C　　　　　D

89. 奇怪的是，那只狼一直在远处叫，围着它们转，却不扑过来。
    　　　　　　A　　　B　　　　　　C　　　　　D

90. 张弓不好意思地低下了头，从此再也不敢吹牛了。
    　　　　　　　　　　A B　　　C　　D

第二部分

（作文，30分钟）

作文要求：1. 写作前认真阅读作文前的提示，按提示要求在规定的时间内写完。
　　　　　2. 用简化汉字书写。每个空格写一个汉字，汉字书写要清楚工整；每个标点符号占一个空格，标点符号要正确。
　　　　　3. 作文中不得出现跟考生有关的校名、地名及真人姓名。

作文提示：
写说明文要善于抓住事物的本质特点，要求语言简练，语句通顺。
写一篇介绍一个处所的说明文，350字左右，题目自拟。

四、听力理解录音材料

(40题,约30分钟)

第一部分

> 说明:1—15题,在这部分试题中,都是两个人的简短对话,第三人根据对话提出一个问题,请你在四个书面答案中选出惟一恰当的答案。

1. 男:给我来两瓶"乐百氏",再来两瓶"碰碰雪",一共多少钱?
   女:一共四块八。
   问:男的在干什么?

2. 女:你再找找,里面有什么贵重东西没有?
   男:里面倒是没多少钱,不过,身份证、钥匙,还有通讯录什么的,丢了可就麻烦了。
   问:他们找的最有可能是什么?

3. 男:蒋小云,你喜欢什么工作?
   女:我爸妈希望我去银行、邮局或海关工作,说那些单位待遇好,可我喜欢当老师,尤其是大学老师。大学老师地位又高,又有寒暑假。
   问:女的最喜欢干什么?

4. 女:唉,你买的屯河股票怎么样了?
   男:我是八块三买的,现又跌了两块二。
   问:男的所买的股票现在一股是多少钱?

5. 男:您看这件大衣怎么样?
   女:这件大衣挺漂亮,价钱也不贵,就是我穿颜色嫩了点儿。
   问:女的为什么不愿意买这件大衣?

6. 男:我从来没像今天这样喝这么多酒。
   女:人逢喜事精神爽,所以酒量才会大增的。
   问:男的为什么今天会喝这么多酒?

7. 女:呵,你的动作真快啊,这么一篇长篇大论一晚上就写出来了。
   男:唉,没办法,主编今天一大早就等着用稿子呢。
   问:男的最有可能是什么身份?

8. 男:你的嘴巴真够能说的,可称得上是"天下第一嘴了"。
   女:我这也叫能说啊?
   问:女的是什么意思?

9. 男：你们家孩子学习这么好,不用你多操心,真是有福气啊!
   女：光学习好又顶什么用,整天像个书呆子似的。
   问：男的持什么态度?

10. 女：我昨天看见赵杰了,两年不见,现在变得满身都是铜臭味。
    男：很多在商界混的人都这样,这也是可以理解的嘛。
    问：女的认为赵杰怎么了?

11. 男：我们今天还要去吗?
    女：今天不去啥时候去?
    问：女的是什么意思?

12. 女：这条裙子倒是挺漂亮,可我今天没带钱。
    男：卡上不是还有300元吗?再加上我钱包里刚好还有180元,刚好够。
    问：这条裙子多少钱?

13. 男：王芳,你看把刘志强推荐到你们医科大学当老师怎么样?
    女：我看过他的档案,他的专业学得挺不错,文章也写得好,可就是英语没有过四级。
    问：刘志强符合医科大招聘的条件吗?

14. 男：明天是五四青年节,我们爬红山去好吗?
    女：爬红山有什么劲。
    问：第二个人是什么意思?

15. 女：我都钓了快一个小时了,连一条鱼也没钓上来。
    男：慢慢来,心急吃不了热豆腐。
    问：男的认为钓鱼要怎么样?

第二部分

说明：16—40题,在这部分试题中,你将听到几段简要的对话或讲话。每段话之后,你将听到几个问题,请你在四个书面答案中选出惟一恰当的答案。

16到19题是根据下面一段对话。

女：刘老,您是一位独特的文化人物,多年来您收集了很多乌鲁木齐的资料,请问:是什么原因促使您写《乌鲁木齐掌故》的?

男：我的祖籍在天津,至今我们在新疆已生活了6代人,我对这片热土充满了由衷的热爱,有着深厚的感情。我深深感受到了乌鲁木齐的历史、经济、文化和民族风情,写这本书就是让世人了解它的现在和过去,展望它的未来。

女：那么今后您有什么打算?

男：我还要写一本有关掌故方面的书,不但要记录乌鲁木齐的风土人情,还要把视野投向全疆各地州。现在已写了40篇,预计两年后出版。

16. 问:刘老的祖辈们是哪儿的人?
17. 问:刘老他们的家族在新疆已生活了几代人?
18. 问:对话中刘老的书主要是写哪里的风土人情的?
19. 问:下面哪句话不对?

20 到 22 题是根据下面一段对话:
  女:现在的许多家长因为工作忙,和孩子缺乏交流、沟通和相互的理解。
  男:这种情况有日趋严重的趋势。
  女:是的,有一个调查显示,25 位家长每天能和孩子交流半小时的没有一个,交流 20 分钟的 4 个,绝大多数在 10 分钟以下。
  男:这可能就是现在很多孩子心理失衡的原因吧!
20. 问:下面哪一项不是家长和孩子之间所缺乏的?
21. 问:对 25 位家长的调查显示,和孩子每天交流达半小时的有多少?
22. 问:绝大多数家长和孩子交流多长时间?

23 到 26 题是根据下面一段对话:
  女:唉,现在的孩子真是说不得、打不得、骂不得。
  男:对当今的孩子教育还要讲究策略,要少责备、少批评、多鼓励,否则他才不吃你那一套呢。
  女:可像他这样整天上网玩游戏也不是什么好事啊,现在的孩子不管紧点能行吗?你看那电视上演的,有青少年犯罪的,有偷窃、绑架的、抢劫的,太可怕了。
  男:你放心,咱儿子除了爱玩玩游戏,其他学习、品质方面还是没有大问题嘛!
23. 问:当今的孩子在教育上只能怎么样?
24. 问:下面哪一项不是教育孩子的策略?
25. 问:下面哪一项犯罪对话中没有提到?
26. 问:关于儿子下面的哪种说法不对?

27 到 29 题是根据下面一段话:
  据新华社报道,我国小学生近视发病率为 20%～30%,中学生为 40%～50%,发病率已由 1998 年的世界第 4 位上升到第 2 位。中小学生视力不良率因何居高不下?据专家分析,主要原因之一是缺乏应有的体育锻炼;二是没有养成良好的用眼卫生习惯,包括看书写字时坐姿不正确,长时间卧床看书,看电视、长时间上网,玩电脑游戏等;三是营养结构不合理;四是学习负担重、心理压力大。
27. 问:中学生的近视发病率为多少?
28. 问:目前中国的中小学生近视率在世界上排名第几?
29. 问:下面哪一项近视原因文中没有提到?

30 到 32 题是根据下面一段话：

据新华社报道,清华大学教授刘西拉指出,8000 万独生子女教育是一个战略性的大问题,必须引起重视。如果这批人不教育好,将影响中国的国际竞争力,其潜在影响将在未来四五十年内爆发出来。刘西拉说,很多独生子女饭来张口,衣来伸手,合作能力、责任心、适应能力、受挫折能力比较差,要引起全社会关注。他建议,从学龄前一直到大学,都应把独生子女当成一件大事来抓,包括普及独生子女教育知识、对学生进行普遍的心理测试、开展有针对性的各种集体活动等。

30. 问：中国的独生子女有多少？
31. 问：如果这批独生子女教育不好,从战略性的角度看将会影响到什么？
32. 问：下面哪一项不是独生子女所具有的特点？

33 到 36 题是根据下面一段话：

来自劳动和社会保障部的消息说,2003 年,我国将千方百计扩大就业,力争新增 950 万个就业岗位,城镇登记失业率控制在 4.5% 左右。新一年我国的就业形势依然严峻。中国社会科学院社会学研究所副所长李培林指出。目前,中国的失业问题进入建国以来的第五次高峰,各类失业人员大约有 2000 万。2003 年,下岗人员开始走出再就业服务中心,过去在下岗职工中隐含的失业问题将完全显化。同时作为高校扩招后的第二个毕业年,大量本科毕业生进入市场,光北京高校毕业生就达 11.2 万人,增加 26%。

33. 问：2003 年,我国力争新增的就业岗位有多少个？
34. 问：2003 年,城镇失业率力争控制为多少？
35. 问：目前,中国失业问题已进入建国以来的第几次高峰？
36. 问：下面哪句话不对？

37 到 40 题是根据下面一段话：

故事从 2001 年的春天说起,在美国的坎姆顿市举行了一个特殊的命名揭牌仪式。这个城市的一条街道,以来自中国的一家企业的名字命名,"海尔路"成为美国目前惟一一条以中国企业品牌命名的道路。从 1991 年开始,海尔利用 10 年的时间,先后在欧洲的意大利、法国、美洲的美国等地设立了海外生产线基地、设计中心和营销网络。或许海尔今天的成功,在中国的企业界尚不具备普遍性,但它为中国企业参与国际竞争进行了积极的探索；世上本没有路,走的人多了也就成了路……

37. 问：故事是从什么时候说起的？
38. 问："海尔路"是美国坎姆顿市第几条以中国企业的名字命名的一条街道？
39. 问：下面哪个国家不是海尔的海外生产和营销基地？
40. 问：谁为中国企业参与国际竞争进行了积极的探索？

第十二套试题

一、听力理解

（40题，约30分钟）

第一部分

说明：1—15题，在这部分试题中，都是两个人的简短对话，第三人根据对话提出一个问题，请你在四个书面答案中选出惟一恰当的答案。

1. A. 市场　　　　　B. 商店　　　　　C. 旅馆　　　　　D. 酒店
2. A. 衣服　　　　　B. 裤子　　　　　C. 鞋　　　　　　D. 袜子
3. A. 值了一晚上夜班　　　　　　　　B. 开了一晚上车
   C. 写了一晚上论文　　　　　　　　D. 上了一晚上网
4. A. 经商的　　　　B. 办工厂的　　　C. 开公司的　　　D. 教书的
5. A. 看人要从门缝里看　　　　　　　B. 看人不能从门缝里看
   C. 不要瞧不起人　　　　　　　　　D. 要改掉门缝里看人的坏习惯
6. A. 他的英语水平很高　　　　　　　B. 他的英语水平很低
   C. 他的英语水平足可以当外交官　　D. 他的英语水平还不够好
7. A. 10:00　　　　 B. 9:30　　　　　C. 9:00　　　　　D. 10:30
8. A. 旅行社　　　　　　　　　　　　B. 出版社
   C. 两个地方都不去　　　　　　　　D. 两个地方都去
9. A. 不好　　　　　B. 确实不错　　　C. 很一般　　　　D. 不清楚
10. A. 讥笑　　　　　B. 讽刺　　　　　C. 轻蔑　　　　　D. 讨厌
11. A. 他是天底下最笨的人　　　　　　B. 他是天底下最聪明的人
    C. 他不会成为天底下最笨的人　　　D. 他还没有笨到这种程度
12. A. 我们白辛苦了　　　　　　　　　B. 祝贺您成功了
    C. 虽然辛苦，但是却有收获　　　　D. 我们终于成功了
13. A. 女的嫌时间太长　　　　　　　　B. 女的嫌时间太短
    C. 女的嫌时间不够　　　　　　　　D. 女的等不急
14. A. 短时间内完不成　　　　　　　　B. 不确定多长时间

C. 不需要多久　　　　　　　　　　　D. 马上就能完成
15. A. 同意录用　　B. 不同意录用　　C. 没有回答　　D. 考察后再做决定

第二部分

说明：14—40题，在这部分试题中，你将听到几段简要的对话或讲话。每段话之后，你将听到几个问题，请在四个书面答案中选出惟一恰当的答案。

16. A. 喜欢　　　　　B. 一般　　　　　C. 不喜欢　　　　D. 没提到
17. A. 3个月　　　　B. 6个月　　　　 C. 7个月　　　　 D. 1年
18. A. 她身边　　　　B. 姥姥家　　　　C. 在北京　　　　D. 在英国
19. A. 没提到　　　　B. 爷爷　　　　　C. 她爸爸　　　　D. 她妈妈
20. A. 因为她已经长大　　　　　　　　B. 因为她已经上学
    C. 因为她特别听话　　　　　　　　D. 这是她的感觉
21. A. 中国人　　　　B. 美国人　　　　C. 英国人　　　　D. 不知道
22. A. 非常想　　　　B. 不太想　　　　C. 不想　　　　　D. 想也不想
23. A. 勇敢　　　　　B. 聪明　　　　　C. 漂亮　　　　　D. 善良
24. A. 不会　　　　　B. 会　　　　　　C. 也许会　　　　D. 不清楚
25. A. 会　　　　　　B. 不会　　　　　C. 或许会　　　　D. 没提到
26. A. 舒心　　　　　B. 健康　　　　　C. 能与家人团聚　D. 经济富裕
27. A. 健康和舒心　　B. 经济富裕　　　C. 与家人团聚　　D. 没提到
28. A. 物质生活　　　B. 亲情和生活质量　C. 金钱　　　　　D. 再教育
29. A. 乌市一中　　　B. 乌市实验中学　C. 新疆大学　　　D. 新疆艺术学院
30. A. 乌鲁木齐市　　B. 乌市一中　　　C. 清华大学　　　D. 没提到
31. A. 举办美术展　　　　　　　　　　B. 举办艺术设计展
    C. 进行艺术和美术专项测试　　　　D. 可被留校
32. A. 需要　　　　　B. 不需要　　　　C. 只需要单独考试　D. 不清楚
33. A. 电影　　　　　B. 节目　　　　　C. 电视频道　　　D. 电视节目
34. A. 旅游频道　　　B. 娱乐频道　　　C. 电影频道　　　D. 旅游娱乐频道
35. A. 旅游探险　　　B. 传奇　　　　　C. 动物星球　　　D. 世界博览
36. A. 沸点现场　　　B. 动物明星　　　C. 阳光之旅　　　D. 旅游探险
37. A. 第9个　　　　B. 第10个　　　　C. 第11个　　　　D. 第12个
38. A. 近5000亿公斤　B. 5000多亿公斤　C. 5000亿公斤　　D. 没提到
39. A. 水稻　　　　　B. 棉花　　　　　C. 海产品　　　　D. 水果
40. A. 第一位　　　　B. 第二位　　　　C. 第三位　　　　D. 第四位

二、阅读理解

(35题,30分钟)

说明:41—75题,每段文字后都有几个问题,每个问都有ＡＢＣＤ四个答案,请阅读后根据每题要求选择惟一恰当的答案,并在答卷相应字母上画一横道。

41

在革命即<u>将</u>取得全面胜利的新形势下,毛泽东在党的七届三中全会上明确告诫全党同志:"夺取全国胜利,这<u>只</u>是万里<u>长</u>征走完<u>了</u>第一步。""中国的革命是伟大的,但革命以后的路程更长,工作更伟大,更艰苦。"

41. 句中划线词拼音正确的一个是:
  A. 将(jiàng)   B. 只(zhǐ)   C. 长(zhǎng)   D. 了(liǎo)

42—43

"石油换食品"所购的物资和服务有24大项,包括食品、医药卫生用品、排雷、电力、通讯、农用灌溉、教育、房屋修建、安置__42__失所人员和石油工业设备及零部件等,已大大超出单纯的食品范围,这些都是伊拉克维持经济和社会生活正常运转的重要因素。迄今为止,伊拉克已获准的购买合同达440亿美元,其中270亿美元的物资和设备已经运抵伊拉克。通过这个计划,伊购买了107亿美元的食品,20亿美元的药物和医疗器具。这些物资改善了伊拉克人民的生活。然而,"石油换食品"计划仍是在维持对伊制裁的前提下实行的,不能从根本上改变其经济状况和人民生活。

42. 文中<u>42</u>处应填写的词语是:
  A. 流浪   B. 流亡   C. 流放   D. 流离

43. 根据短文,下列不正确的一句是:
  A. 伊拉克已获准的购买合同达440亿美元。
  B. 伊拉克购买了270亿美元的食品。
  C. "石油换食品"计划不能从根本上改变伊拉克经济状况和人民生活。
  D. 根据短文,"石油换食品"有24大项,已大大超出单纯的食品范围

44—45

联合国宪章上有关安理会的章节中其实并无"否决权"一说,但规定凡非程序性决议案,必须得到安理会15个理事国中至少9票以上赞成,并且5个常任理事国中没有一国投反对票才能通过。因此常任理事国投反对票一般即被称为行使否决权。

谁也没想到,这一当初旨在加强大国团结与合作的规定,在二战结束之后,尤其是冷战期间成了两个阵营对决的工具。特别是美国和前苏联在安理会的斗争中多次动用否决权,使许多国家开始质疑这一体制的合理性。据统计,截至去年底,5大常任理事国共252次行使否决权。其中最多的俄罗斯(包括前苏联)共121次动用否决权,美国76次投下反对票,英国和法国行使否决权的次数分别为32次和18次,而中国仅5次投下反对票,尤其是前苏联,仅在1946年至1965年间就曾106次投下反对票,占同期安理会五个常任理事国行使否决权总数的90%以上,以至于1957年至1985年间担任前苏联驻联合国大使的葛罗米柯得了个"摇头先生"的外号。但自从1991年前苏联解体之后,继承其安理会常任理事国席位的俄罗斯至今仅两次动用否决权。

44. 据短文,通过非程序性决议案必须至少:
    A. 15 票　　　　　B. 9 票以上　　　　C. 5 票　　　　　D. 525 票

45. 据短文,最多动用否决权的国家是:
    A. 美国　　　　　　　　　　　　　B. 俄罗斯(包括前苏联)
    C. 中国　　　　　　　　　　　　　D. 联合国

46—47

双林寺——在平遥西南七公里处,原名中都寺。传说,佛祖释迦牟尼在印度一深山幽谷中圆寂时,四周各有两株大树,为了纪念释迦牟尼成佛的历程,就把中都寺改名双林寺。该寺院规模宏大,周围建有城堡。双林寺于北魏时期(386~534)始建,有宋、元、明、清代彩塑艺术宝库之称。

46. 文中"圆寂"一词的意思是:
    A. 周围寂静　　　　　　　　　　　B. 一定范围的圆形场地
    C. 佛教用语,称僧尼死亡　　　　　D. 孤独生活

47. 改"中都寺"为"双林寺"的原因是:
    A. 中都寺周围各有两株大树　　　　B. 中都寺周围到处是树林
    C. 中都寺周围建有城堡　　　　　　D. 为了纪念释迦牟尼成佛的经历

48—50

兰州大滩村村民罢免庸村官

2003年3月31日上午10时,在兰州市西固区河口乡大滩村村委会院内,200多位大滩村村民在这里行使着自己最为神圣的权利——选举权。因为,在村民的眼里原任村干部不仅政绩平平、对在任期间的财务不公开,就连村民最为基本的生活前提——水源和土地的问题都不能解决,导致了全村经济不但没有长进,反而出现了大的滑坡。用村民自己的话说,今天他们将选取出自己真正称心如意的村干部,带动全村村民共同致富奔小康。

48. 短文标题中的"庸村官"是指：
    A. 姓庸的村官   B. 不平凡的村官
    C. 不高明或没有作为的村官   D. 胖村官
49. 短文中"政绩"一词的意思是：
    A. 政治成绩   B. 指官员在职期间办事的成绩
    C. 国家某一部门主管的业务成绩   D. 集成的成绩
50. 短文中的"滑坡"之意是：
    A. 一种自然现象   B. 比喻下降   C. 较大的困难   D. 变得落后

51—52

乌市新奥太公司诚聘

　　本公司特诚聘如下人员：1. 销售人员：大专以上学历，从事销售工作两年以上，具有良好的公关能力、开拓意识、不怕吃苦；2. 售后服务人员：大专以上学历，计算机、电子、医疗美容等专业，英语四级，诚实恳学和不怕吃苦者。应聘者务必请将个人简历，学历证明及一寸近照寄至：北京市西城区东公庄大街甲 4 号物华大厦 B 座 2103 室，邮编：100044，电话：0991－2628274。另：本公司诚意寻求在新疆有实力、有信誉的医疗器械公司代理产品。

51. 文中没有涉及的问题是：
    A. 学历   B. 专业   C. 外语   D. 年龄
52. 销售人员和售后服务人员均需要具有：
    A. 大专以上学历、开拓意识   B. 公关能力、英语四级
    C. 不怕吃苦的精神   D. 大专以上学历、不怕吃苦的精神

53—54

　　除了追求绿色、健康以外，快餐和方便食品也在消费者中间占据了越来越多的市场。现在的方便食品品种之多，花样之全令人瞠目。从传统的方便面、到现在的方便玉米、方便汤、方便菜、真是__53__无所不包。与这种潮流对应的是，不仅"肯德基"、"麦当劳"等"洋快餐"在中国各地不断增加连锁店，而且大大小小的中国风味饭店、营养快餐也如雨后春笋般__54__。

53. 文中53处应填写的最佳词语是：
    A. 各种各样   B. 多种多样   C. 五光十色   D. 五花八门
54. 文中54处应填写的词语是：
    A. 出现   B. 涌现   C. 产生   D. 露出

55—57

　　从像徐先生这样的普通家庭账本上的变化可以看出，随着我国经济的快速发展，我国的绝大部分城市居民家庭已经由"温饱型"向"小康型"及"富裕型"转变；人们消费结构也由"温

饱型"向"发展型"、"享受性"转变。在衣、食、住、行中,原先在居民生活中所占比例最高的"食品"消费比重下降,并且开始渐渐让位于"衣、住、行"。如今,人们消费食品要讲究绿色和健康。穿衣要注重个性和品牌,私房、私车更是大步走进普通居民家庭。商店___56___的各种商品多得让我们无从选择,城市生活消费方式正日趋呈现着个性化、多元化、现代化。

55. 根据短文内容,下面哪一句话正确?

    A. 我国的城市居民家庭已经由"温饱型"向"小康型"乃至"富裕型"转变。

    B. 我国的城市居民家庭已经由"温饱型"向"发展型"乃至"享受型"转变。

    C. 人们的消费结构也由"温饱型"向"发展型"乃至"富裕型"转变。

    D. 我国的绝大部分城市居民家庭已经由"温饱型"向"小康型"乃至"富裕型"转变。

56. 文中56处应填写的最佳词语是:

    A. 各种各样   B. 多种多样   C. 品种繁多   D. 琳琅满目

57. 下列哪一种方式不是城市消费的方式?

    A. 现代化   B. 私有化   C. 多元化   D. 个性化

58—60

最近,一位名叫马利奥·普利斯特的生物学教授发现原来植物也是有"体温"的,而且植物可以通过各种途径对自身的"体温"进行调节。通常植物的形状、颜色、朝向以有叶片的高度等都是影响植物"体温"的因素。许多植物会利用休眠的方式来抵御严寒的侵袭,某些特殊的植物甚至可以通过释放细胞内的能量来达到提高"体温"的目的。普利斯特认为植物之所以会有"体温",也许不仅是为了适应气候的变化,某些植物还通过调节"体温"的方式,散发出气味吸引那些采蜜的小昆虫,从而达到授粉的目的。

58. 影响植物"体温"因素不是:

    A. 朝向   B. 形状   C. 叶片的大小   D. 叶片的高度

59. 许多植物抵御严寒侵袭的方式是:

    A. 散发气味   B. 吸收水分   C. 多呼吸   D. 休眠

60. 植物也可以通过:

    A. 释放细胞内的能量来达到授粉的目的   B. 改变叶片的高度来达到授粉的目的

    C. 休眠来达到授粉的目的   D. 调节"体温"达到授粉的目的

61—64

5年来,越来越多的中国人和外国人正体会着、回味着人民币沉甸甸的含金量。而支撑着人民币坚挺不衰的,正是稳健的中国经济,是居全球第二位、超过2000亿美元的外汇储备。

到2001年,国内生产总值由1997年的74463亿元猛增到95933亿元,___62___价格因素,平均每年实际增长7.6%,不仅快于同期世界经济年增长3%左右的平均水平,同时也是世界上经济增长速度最快的国家之一。

人均国内生产总值已由6054元提高到7543元,平均每年实际增长6.6%。2002年以来,随着世界经济形势的逐步好转,特别是美国经济的回升,我国经济快速增长,上半年国内生产总值45536亿元,剔除价格因素,比上年同期增长7.8%。

伴随着经济的持续发展,我国的经济实力迅速提高,综合国力持续增强,目前已有__64__于世界经济大国的行列。国内生产总值按2001年当年平均汇率折算,约合11587亿美元;占世界经济总量的位次已经由1997年的第7位,迅速超过了意大利,提升到2001年的第6位,与排在第5位的美、日、德、法的差距也明显缩小。我国人均国内生产总值超过800美元,整体上已从20世纪90年代初期的世界低收入国家行列跃入世界中低收入国家行列。

61. 文中"坚挺"一词的意思是:
   A. 坚强有力 B. 硬而直
   C. 价格是上升趋势或稳定(多用于货币) D. 坚定、坚决

62. 文中62处应填写的最佳词语是:
   A. 剔除 B. 去除 C. 消除 D. 除去

63. 从1997年到2001年国内生产总值平均每年实际增长:
   A. 7.8% B. 6.6% C. 7.6% D. 3%

64. 文中64处应填写的词语是:
   A. 跻身 B. 跃入 C. 进入 D. 排列

65—67

东北二人转——流行于中国东北地区的曲艺,以当地民歌、大秧歌为基础,吸收"莲花落(lào)"的艺术形式演变而成。一般由两人表演,又唱又说又舞,以唱为主。也有一人表演的,称"单击头";两人以上扮成角色以戏曲形式表演的,称"拉场戏"。唱词多为七字句或十字句,曲调有主调、副调的区别。伴奏乐器有板胡、唢呐等,击节乐器为竹板、节子。

65. "落"为多音字,在"我把书落在家里了"的一句中"落"字应读:
   A. luò B. luō C. lào D. là

66. 东北二人转的伴奏乐器有:
   A. 板胡、竹板 B. 唢呐、竹板 C. 竹板、节子 D. 板胡、唢呐

67. 由两人以上扮成角色以戏曲形式表演的称:
   A. 大秧歌 B. 莲花落 C. 单出头 D. 拉场戏

68—69

延边风情——延边是中国朝鲜族聚居的地区。延吉城区的27万人口中,有半数以上是朝鲜族人。朝鲜族有自己的语言和文字。朝鲜文是拼音汉字,有40个字母,是把单音节语素叠成字块、构成方块形文字。朝鲜族喜欢素白色的服饰,妇女为短上衣、长裙子、船形纯胶鞋,有头顶东西的习惯;男人在短衣外面要加上一件坎肩,裤腿宽大。朝鲜族习惯吃生、冷、辣的

东西。民族风味小吃较多,冷面、打糕、鲜鱼、生拌牛肚、花样粘食等。

朝鲜族人民能歌善舞,无论是在城市还是在乡村,随处都可看到欢快的歌舞场面;也不管是男女青年还是白发老人,都能随着长鼓的节奏载歌载舞。

朝鲜族有尊老爱幼的好传统。每年八月十五日是传统的老人节,州里要举行盛大的文娱体育活动,各家各户都要准备__69__的宴席,祝福老人健康长寿。

68. 下面哪一样不是朝鲜族喜吃的食物:
    A. 打糕　　　　　B. 粘食　　　　　C. 糌粑(zānbā)　　　D. 冷面
69. 文中69应填写的词语是:
    A. 丰富　　　　　B. 盛大　　　　　C. 隆重　　　　　D. 丰盛

70—75

洞庭湖风景区——在湖南省北部。洞庭湖是中国第二大淡水湖。湖中有一孤岛称为"君山",此山生长的翠竹、茶树都很有名。岳麓山风景区——在长沙市湘江西岸。那里层峦叠翠,山涧幽深,而且,古迹众多,数不胜数。橘子洲风景区——在长沙城西的湘江之中,是湘江中的一个条形岛屿。那里地广江阔,水净沙明,橘树成林,风景如画。毛泽东游览橘子洲时,写下了诗词名篇《沁园春·长沙》。九嶷山风景区——在湖南省宁远县南。相传,舜帝安葬于此山,现存舜庙遗址、碑刻。庙前为舜帝二妃娥皇、女英两峰。浯溪碑林风景区——在湖南省祁阳县城西南,湘江西岸。《祁阳县志》载:"浯溪胜景,天地生成,一木一石,别饶雅趣"。苏仙岭风景区——在郴(chēn)州市东。山势峻秀,树木茂盛,"晴时早晚遍岭雾,阴雨连天满山云"。天子山风景区——在湘西桑植县。为水沉岩貌景观,有云雾、霞日、月夜、冬雪四大自然奇观。猛洞河风景区——发源于湘西龙山县境内。此风景区集溪水、森林、岩峰、溶洞、野生禽兽于一体,还能__72__到少数民族风土民情。桃花源风景区在湖南省桃源县。面临沅水,背倚群山,苍松翠竹,风景秀丽,因东晋诗人陶潜所写的《桃花源记》而闻名于世。

70. 有众多古迹的风景区是:
    A. 苏仙岭风景区　　　　　　　B. 桃花源风景区
    C. 岳麓山风景区　　　　　　　D. 天子山风景区
71. 毛泽的诗句《沁园春·长沙》写于:
    A. 猛洞河风景区　　　　　　　B. 橘子洲风景区
    C. 浯溪碑林风景区　　　　　　D. 九嶷山风景区
72. 文中72处应填写的词语是:
    A. 领会　　　　　B. 了解　　　　　C. 观赏　　　　　D. 领略
73. 《桃花源记》的作者是:
    A. 毛泽东　　　　B. 杜甫　　　　　C. 陶潜　　　　　D. 李白
74. 下列哪一项不是文中提到的内容:
    A. 祁阳县　　　　B. 桑植县　　　　C. 宁远县　　　　D. 衡阳县
75. 文中"九嶷山"一词中的"嶷"字读音为:
    A. níng　　　　　B. yí　　　　　　C. yī　　　　　　D. wēi

三、书面表达

（16题，40分钟）

第一部分

（15题，10分钟）

> 说明：76－85题，在每题的语句中有一划横线处，题后有ＡＢＣＤ四个答，其中只有一个可以放入横线处使语句表达通顺。请找出来并在答案字母上画一横道。

76. _____，中国的电视事业起步较晚。
    A. 在许多国家之下   B. 在许多国家之中
    C. 与许多国家相比   D. 与许多国家有关

77. _____，他怎能就这样离去呢？
    A. 到没有画出这样的作品之时   B. 在没有画出这样的作品之前
    C. 在没有画出这样的作品之上   D. 在没有画出这样的作品之后

78. 他们都从具体的事物写起，_____。
    A. 对我们展示了一个新奇的世界   B. 把我们展示了一个新奇的世界
    C. 将我们展示了一个新奇的世界   D. 为我们展示了一个新奇的世界

79. 苏州园林据说有一百多处，_____。
    A. 我到过的不过十多处   B. 不过十多处我的到过
    C. 十多处我到过的不过   D. 到过的我不过十多次

80. 可以说的_____，这里不再多写了。
    A. 不止以上写的当然这些   B. 当然不止以上写的这些
    C. 当然以上写的这些不止   D. 以上写的当然不止这些

81. 花儿如此美丽，_____。
    A. 世界上不喜欢它恐怕没有人   B. 恐怕世界上没有人不喜欢它
    C. 世界上没有人恐怕不喜欢它   D. 没有人不喜欢它世界上恐怕

82. 段元星_____穿着衣服，_____又习惯地抬头巡视着辽阔的星空。
    A. 先……然后   B. 一方面……一方面……
    C. 一边……一边   D. 又……又……

83. _____我多干点，_____不能累着你。
    A. 宁可……也……   B. 除非……否则……
    C. 既然……就……   D. 不是……而是……

84. 老年人＿＿＿＿有那么大的干劲，＿＿＿＿我们青年人呢？
    A. ……就……   B. 尚且……何况……
    C. 即使……也……   D. 一旦……就……

85. 形势逼人，当领导＿＿＿＿精通业务＿＿＿＿可。
    A. 不管……都……   B. 无论……都……
    C. 或者……或者……   D. 非……不……

说明：86－90题，在这一部分里，每题的语句中有ＡＢＣＤ四个划线的词语，去掉其中某一个词语会使句子变成病句。请找出这个不能删去的词语，然后在答卷的字母上画一横道。

86. 过了十多天，商人做完了生意，将要回家，忽然想起临走时妻子叫买梳子的事儿。
      A   B   C   D

87. 它的角像鹿，可它又和一般的鹿有点儿不一样。
              A B   C   D

88. 这种动物古代曾大量地生活在长江南北一带。
            A B   C   D

89. 在我学摄影之前，父母没照过相，照相机也只是远远地见过几回。
    A   B   C   D

90. 难怪他父母没照过相，要知道他的家乡是在深深的大山里。
                      A   B C D

第二部分

（作文:35分钟）

作文要求：1. 写作前认真阅读作文前的提示，按提示要求在规定的时间内写完。
2. 用简化汉字书写。每个空格写一个汉字，汉字书写要清楚工整；每个标点符号占一个空格，标点符号要正确。
3. 作文中不得出现跟考生有关的校名、地名和真人姓名。

作文提示：

写一篇介绍一种物品的作用的说明文，350字左右，题目自拟。要求要明确对象，围绕中心去说明，可以说明得深一些，也可以说明得浅一些，关键是让读者看明白。

四、听力理解录音材料

（40题，约30分钟）

第一部分

> 说明：1—15题，在这部分试题中，都是两个人的简短对话，第三人根据对话提出一个问题，请你在四个书面答案中选出惟一恰当的答案。

1. 女：您好，先生，想要点什么？
   男：我先看看菜单再说。
   问：他们谈话的地点在哪里？

2. 男：这双挺漂亮的，可只剩23号的了。
   女：唉，怎么只要我看上的就总没我穿的号！
   问：女的看上的是什么？

3. 女：唉，你怎么了，哈欠连天，好像没睡醒似的。
   男：我把毕业论文整了整，所以昨晚开了一晚上夜车。
   问：男的为什么没睡好觉？

4. 女：孙涛五年前就离开了讲台下海经商，如今在商界可是小有名气了。
   男：不过他也正好赶上了好时候。
   问：从谈话中可推断出孙涛以前是干什么的？

5. 女：走吧，别看了，这么贵的东西你能买得起嘛！
   男：你别老门缝里瞧人好不好？
   问：男的是什么意思？

6. 女：你的英语水平都快赶上外国人了。
   男：别逗了，要真是那样，早就去外交部工作了。
   问：第二个人是什么意思？

7. 女：小华，我昨天一上班就去找你，可你不在。
   男：昨天路上堵车了，我10点钟才来，迟到了半个小时。
   问：男的应该几点上班？

8. 男：小英，你说我去出版社工作好呢？还是去旅行社？
   女：我觉得去旅行社还可以到各地去旅游，而在出版社只能天天呆在办公室里。
   问：女的赞成男的去哪里工作？

9. 男：你觉得她唱歌唱得怎么样？
   女：你还别说，她唱得真不赖。

问：她唱歌怎么样？

10. 男：张华现在混得真不赖，都快成歌星了。

    女：不就是个唱歌的嘛，有什么了不起！

    问：女的是什么态度？

11. 女：可以说，你是天底下最笨的人了。

    男：不至于吧！

    问：男的是什么意思？

12. 男：我们的科研成果终于通过了国家的技术鉴定。

    女：太好了，真是没白辛苦。

    问：女的是什么意思？

13. 女：你到县里要一个星期才回来？

    男：怎么了？一个星期都等不急了？

    问：女的是什么意思？

14. 女：印染厂的评估现在进行得怎么样了？

    男：恐怕还得一段时间。

    问：男的是什么意思？

15. 女：厂长，这个人还是个大学生，你就录用她吧！

    男：那我也得看看她的实际能力。

    问：厂长是什么意思？

第二部分

说明：16—40题，在这部分试题中，你将听到几段简要的对话或讲话。每段话之后，你将听到几个问题，请你在四个书面答案中选出惟一恰当的答案。

16到19题是根据下面一段对话：

男：听说你的女儿非常可爱，你喜欢母亲这个角色吗？

女：当然喜欢啦！

男：一直是你自己抚养吗？

女：女儿从刚出生到7个月大，一直都是我自己带的。可女儿现在不在我身边，我离婚后，孩子被她爸爸带到英国去了。我们现在还在为孩子的抚养权问题发生争执。

男：噢，是这样。

16. 问：女的喜欢当母亲吗？

17. 问：女的自己带孩子带了多长时间？

18. 问：孩子现在在哪里？

19. 问：孩子现在的抚养权属于谁？

20 到 22 题是根据下面一段对话：

　　男：你工作这么忙，若孩子判给你，会对你的生活造成影响吗？
　　女：应该不会的，我的孩子特别乖，不会给我添麻烦。
　　男：你觉得孩子的抚养权会判给你吗？
　　女：可能不会，因为她的国籍是英国，但我还是不甘心。

20. 问：若由女的抚养孩子为什么不会给她带来麻烦？
21. 问：她的女儿现在是哪国人？
22. 问：女的想得到女儿的抚养权吗？

23 到 25 题是根据下面一段对话：

　　男：你希望你的孩子以后成为什么样的人？
　　女：希望她善良、聪明、勇敢，生活得开心、平静。
　　男：你想不想再要一个孩子？
　　女：我不想要了，现在的人活着就很累，不过我可能会领养孩子或者捐钱给孤儿院，我很喜欢小孩。

23. 问：下面哪一项不是女的寄予孩子的希望？
24. 问：女的还会再生孩子吗？
25. 问：女的以后会有孩子吗？

26 到 28 题是根据下面一段话：

　　5 年前，在对居民生活满意度调查中，人们选择生活中最向往的事情，排第一位的是"希望经济富裕"。现在，这个顺序发生了改变。近期，再一次调查居民"生活中最向往的事情"，结果显示，排第一位的是"健康和舒心"，其后是"能与家人团聚"。而"希望经济富裕"只排到了第三位。这种变化说明，随着收入的增多，老百姓已经不把赚钱看得像以往那么重要，而把提高生活质量和注重家庭亲情放到重要位置。与 5 年前相比，可以看出，老百姓对自己生活的评价与预期更加乐观，对自己生活质量也更加满意。

26. 问：5 年前人们最向往什么？
27. 问：现在人们生活中的第一愿望是什么？
28. 问：现在中国的老百姓把什么放在重要位置？

29 到 32 题是根据下面一段话：

　　4 月 21 日，清华大学美术学院生源基地实验学校在乌鲁木齐市一中挂牌，这是清华大学首次在疆设立生源基地实验学校。

　　乌市一中党委书记由聆迪说，挂牌后，每年寒假，一中都将派优秀毕业生，参加由清华举办的冬令营。在那里，学生们将接受艺术设计及美术专项测试，成绩优秀者可获得清华大学颁发的《艺术设计及美术高水平合格证书》,持该证,高考时可直接参加文化课统考。

另外,如学生参加高考时其文化课选考科目分数高于我区、市控制的重点院校调档分数线者即将被清华大学美术学院录取。

29. 问:清华大学美术学院生源基地在乌市哪所学校挂牌?
30. 问:每年寒假的冬令营是哪里举办的?
31. 问:冬令营期间将进行什么活动?
32. 问:专项水平合格者是否需要参加文化课的统考?

33到36题是根据下面一段话:

从6月6日起,乌鲁木齐电视台UTV-5套将正式改名为旅游娱乐频道。

据频道负责人介绍说,旅游娱乐频道是由原来的文体娱乐频道改版而来的,改版后的频道设置将会有比较大的变化,首先是专业频道的专业定位更强了。其次,频道的特点也更明晰了。

在专业定位方面,加大了对旅游类、娱乐类节目的投入,专门从内地买回了4档经典的旅游节目:《动物星球》《旅游探险》《世界环境博览》《全球环境资讯》等。

除了从内地引进的这些新鲜热辣的文体娱乐节目外,旅游娱乐频道还将发挥新疆本土旅游、文化资源的优势,推出两档自己创作的栏目《阳光之旅》和《行游脉动》。同时,每天23小时的一部国际、国内经典影片,将它和其他影视类频道明显地分开,也就是说,从6月6日起,这个频道将变为一个没有电视剧的专业定位很突出的频道。

33. 问:这篇短文是在介绍什么?
34. 问:乌鲁木齐电视台UTV-5,6月中旬以后将成为什么频道了?
35. 问:下面哪一种节目文中没有提到?
36. 问:下面哪种栏目是UTV-5自己推出的?

37到40题是根据下面一段话:

2002年10月16日,是世界第12个"世界粮食日",这一天,中国向联合国粮农组织交上了一份优秀的答卷。

国家统计局公布的数字显示,我国粮食产量于1996年突破5000亿公斤大关后连续几年稳定在这一水平。粮食生产和供给基本稳定,为整个国民经济持续快速健康发展奠定了坚实的物质基础。长期困扰我国的农产品供给严重不足的问题得到彻底解决,主要农产品产量实现了总量平衡,丰年有余。

另外,截至2001年,我国谷物、棉花、油菜籽、水果、猪牛羊肉等产品产量稳居世界第一位,茶叶居第二位,甘蔗居第三位,大豆居第四位。

中国是世界人口最多,粮食消费量最大的国家,中国更是一个曾对饥荒有过痛苦记忆的国家。然而今天,贫穷、饥饿、营养不良这些词汇已远离中国大地。

37. 问:2002年10月16日是世界第几个"世界粮食日"?
38. 问:2002年我国粮食产量是多少?
39. 问:下面哪种农产品的产量不是世界第一?
40. 问:中国的甘蔗产量居世界第几位?

第十三套试题

一、听力理解

（40题，约30分钟）

第一部分

说明：1—15题，在这部分试题中，都是两个人的简短对话，第三人根据对话提出一个问题，请你在四个书面答案中选出惟一恰当的答案。

1. A. 认为时间太短　　B. 认为时间太长　　C. 不同意他去　　D. 同意他去
2. A. 没等你回来，豆芽菜都做好了　　B. 你没回来，所以没做豆芽菜
   C. 我不想等你回来才做　　D. 我等不急了
3. A. 听说了　　B. 没听说　　C. 已经听说　　D. 早就听说了
4. A. 不走　　B. 走　　C. 想走　　D. 不想走
5. A. 应该反映　　B. 不要反映　　C. 没必要反映　　D. 有必要反映
6. A. 责骂　　B. 责备　　C. 唠叨　　D. 辱骂
7. A. 姐姐　　B. 妹妹　　C. 嫂子　　D. 姑姑
8. A. 女孩子不该练武术　　B. 女孩子应该练武术
   C. 女孩子需要练武术　　D. 赞成女孩子练武术
9. A. 称赞　　B. 喜欢　　C. 讽刺　　D. 自嘲
10. A. 工资高　　B. 可出国　　C. 工作稳定　　D. 待遇好
11. A. 价格便宜　　B. 质量好　　C. 实用　　D. 价廉物美
12. A. 建议她去图书馆看　　B. 建议她去图书馆买
    C. 建议她去图书馆订　　D. 建议她去图书馆借
13. A. 因女婿是自己的亲戚　　B. 因为其他人都是外人
    C. 因为没有其他人选　　D. 她认为应把好处留给自己人
14. A. 想知道她是谁　　B. 认为男的不应和她有联系
    C. 对男的产生了怀疑　　D. 不想了解内幕
15. A. 想知道　　B. 不想知道　　C. 无所谓　　D. 不愿意知道

第二部分

说明：16—40题，在这部分试题中，你将听到几段简要的对话或讲话。每段话之后，你将听到几个问题，请你在四个书面答案中选出惟一恰当的答案。

16. A. 因他不认识　　　　　　　　　　B. 因她显得太年轻
    C. 因他还年青　　　　　　　　　　D. 因为自己已老了
17. A. 20多岁　　　B. 30多岁　　　C. 40多岁　　　D. 50多岁
18. A. 在路上相遇　B. 同学请客　　C. 同学聚会　　D. 一次会议
19. A. 老了　　　　B. 升官走了　　C. 到南方经商去了　D. 出国定居了
20. A. 那是他的志愿　　　　　　　　　B. 那是他报考的专业
    C. 偶然的巧合　　　　　　　　　　D. 没有原因
21. A. 工作轻闲　B. 工作地点不固定　C. 工作不稳定　D. 不清楚
22. A. 当官　　　B. 搞管理工作　　C. 搞技术工作　　D. 搞后勤工作
23. A. 赞扬　　　B. 称赞　　　　　C. 高兴　　　　　D. 讽刺
24. A. 企业管理　B. 主持人　　　　C. 机关干部　　　D. 服役军人
25. A. 近30%　　B. 30%　　　　　C. 30%左右　　　D. 没提到
26. A. 净化器　　B. 美容器材　　　C. 过滤器　　　　D. 加湿器
27. A. 55岁～70岁　B. 5岁～14岁　C. 35岁～39岁　D. 40岁～50岁
28. A. 70岁以后　B. 5岁～14岁　　C. 35岁～39岁　　D. 55岁～70岁
29. A. 肝癌　　　B. 白血病　　　　C. 胃癌　　　　　D. 食管癌
30. A. 血管　　　B. 肺部　　　　　C. 肝部　　　　　D. 胃部
31. A. 镭射电影厅　B. 电影院　　　C. 家庭影院　　　D. 录像厅
32. A. 20世纪　　B. 20世纪90年代　C. 20世纪80年代　D. 没提到
33. A. 好莱坞大片　B. 电影《英雄》　C. 家庭影院　　D. 镭射电影厅
34. A.《英雄》　　B. 贺岁片　　　　C. 好莱坞影片　　D. 录像片
35. A. 中国　　　B. 泰国　　　　　C. 日本　　　　　D. 韩国
36. A. 日本　　　B. 美国　　　　　C. 英国　　　　　D. 韩国
37. A. 山东　　　B. 广东　　　　　C. 浙江　　　　　D. 黑龙江
38. A. 惠普公司　B. 戴尔公司　　　C. 海尔公司　　　D. IBM公司
39. A. 15.8%　　B. 17.3%　　　　C. 5.4%　　　　　D. 2.1%
40. A. 3460万台　B. 346万台　　　C. 3460台　　　　D. 不清楚

二、阅读理解

(35题,30分钟)

说明:41—75题,每段文字后都有几个问题,每个问题都有ＡＢＣＤ四个答案,请阅读后根据每题要求选择惟一恰当的答案,并在答卷相应字母上画一横道。

41

主人的盛情难却,我们只好接受。正是因为他的热情,我们才奔他这儿的。

41. 文中划线词拼音正确的一个是:

    A. 盛(chéng)   B. 难(nàn)   C. 为(wèi)   D. 奔(bēn)

42—43

    镜泊湖国家重点风景名胜区位于宁安市境内。约一万年前,火山爆发溢出的熔岩把牡丹江__42__,形成了中国最大的堰塞湖——镜泊湖。湖面面积90平方公里。湖区峰峦叠翠,湖水碧澄如镜,两岸林木丛生,为中国国家级重点风景名胜区。

42. 文中42处应填写的词语是:

    A. 割断   B. 中断   C. 截断   D. 切断

43. 镜泊湖得名的原因是:

    A. 有火山   B. 林木丛生   C. 湖水清   D. 面积大

44—46

    周恩来总理纪念碑位于市北石河子总场的一条林带前面,__44__市中心3公里。

    1965年7月5日,周恩来总理偕陈毅副总理出国归来,专程视察了石河子总场,并在这条林带中接见农场职工和上海支边青年代表。为了永久纪念,总场职工于1977年7月1日在这里建立此碑。碑体为钢筋混凝土结构,总高12.8米,碑身7.8米,瞻仰平台225平方米。碑的正面,镌有"敬爱的周恩来总理永垂不朽"12个镀金大字。纪念碑周围,松柏苍翠,田园如画。修建中,美国黑人领袖等国际友人曾参加了劳动。

44. 文中44处应填写的词语是:

    A. 离   B. 位于   C. 在   D. 距

45. 文中"镌(juān)"字可替换成:

    A. 刻   B. 印   C. 写   D. 绣

46. 文中没有提到的人物是:

    A. 陈毅   B. 支边青年   C. 美国黑人   D. 非洲黑人

47—50

《不扩散核武器条约》又称《防止核扩散条约》或《核不扩散条约》,是世界上最重要的核军备控制条约。1968年6月12日联合国大会通过了美苏制订的防止核扩散条约草案。1970年3月5日生效。1995年3月已有178个__47__国。该条约主要内容是:核国家保证不直接或间接地把核武器转让给非核国家,不援助非核国家制造核武器;非核国家保证不制造核武器,不直接或间接地接受其他国家的核武器转让,不寻求或接受制造核武器的援助,也不向别国提供这种帮助。条约中所说的核国家是指1967年1月1日以前进行过核武器试验的国家。尽管该条约具有明显的__49__,但它在防止核武器扩散、推动裁军、促进和平利用核能等国际合作方面发挥了积极作用。

47. 文中47处应填写的词语是:
   A. 联合   B. 赞同   C. 执行   D. 缔约
48. 下面哪一项不符合文中内容?
   A. 条约中所说的核国家是指1968年6月12日以前进行过核武器试验的国家
   B. 非核国家保证不制造核武器
   C. 核国家保证不直接或间接地把核武器转让给非核国家
   D. 非核国家不寻求或接受制造核武器的援助
49. 文中49处应填写的词语是:
   A. 缺点   B. 缺陷   C. 短处   D. 不足
50. 下列哪一项不是该条约的作用?
   A. 促进和平   B. 推动裁军
   C. 防止核武器扩散   D. 可间接援助非核国家

51—52

西柏坡时期,面对全国即将胜利的新形势,中国共产党人__51__实事求是、一切从实际出发的思想路线,提出了既要善于破坏旧世界,又要善于__52__新世界的要求,确定了工作重心由农村转到城市、由革命转向建设的战略思想。

51. 文中51处应填写的词语是:
   A. 坚定   B. 保持   C. 坚决   D. 坚持
52. 文中52处应该填写的词语是:
   A. 建立   B. 建设   C. 修建   D. 创造

53—56

现代医学证实,打呼噜可诱发多种疾病,其病理、生理基础就是缺氧。打呼噜的患者在每晚7小时的睡眠中出现严重的反复憋气、闭气、呼吸暂停现象,比正常人少呼吸20分钟至45分钟,导致机体缺氧,血液中的氧气浓度出现波动,时高时低,由此引起细胞代谢出现__55__

特别在动脉中、血液中脂肪代谢呈现超敏性,即在氧气供应不稳时,血脂分解混乱,已分解和未分解的混合在一起,无法运出,只好沉积在血管壁上,越积越厚,使动脉发生硬化。

同时打呼噜憋气时,血液中的二氧化碳无法排出,引起高碳酸血症。而刺激主动脉体和经动脉体的化学感应器使动脉血压病、冠心病、脑血管病、夜间睡眠中发生脑血管破裂和脑溢血,轻则压迫局部神经,出现口、眼歪斜,四肢瘫痪等,失去生活自理能力,重则导致夜间死亡,所以请每一个人都珍惜自己的生命。

53. 文中没有提到的疾病是:
 A. 动脉硬化　　B. 高碳酸血症　　C. 脑溢血　　D. 脑炎

54. 根据文章,正常人比打呼噜者每晚多呼吸:
 A. 20 分钟　　B. 45 分钟　　C. 20 至 45 分钟　　D. 65 分钟

55. 文中55处应填写的词语是:
 A. 混乱　　B. 紊乱　　C. 动乱　　D. 暴乱

56. 打呼噜而诱发多种疾病的病理、生理基础就是:
 A. 细胞代谢紊乱　　　　B. 血脂分解混乱
 C. 压迫局部神经　　　　D. 缺氧

57—59

人的角膜所需的氧气主要来源于空气,而空气中的氧只有溶解在泪液中才能被角膜吸收利用。白天睁着眼,氧气供应充足,眨眼动作对隐形眼镜与角膜之间的泪液有一种排吸作用,能促使泪液循环。但到了夜间,因睡眠时闭眼隔绝了空气,使眼角膜缺氧加重。如果长期让眼睛处于这种状态,轻者会使角膜周边产生新生血管,严重则会发生角膜水肿上皮细胞受损。若再遇细菌便会引起炎症,甚至形成溃疡。所以,专家们提醒,隐形眼镜的质量再高,夜间不使用时,也应及时取下。

57. 专家的观点是:

 A. 白天、夜晚均不应戴隐形眼镜。

 B. 白天可戴,夜晚则应摘下。

 C. 白天、夜晚不摘隐形眼镜均对眼睛有害。

 D. 质量高的隐形眼镜可不摘下,反之则应摘下。

58. 下面哪一句话不符合原文之意?

 A. 角膜所需的氧气主要来源于空气

 B. 空气中的氧能直接被角膜吸收利用

 C. 白天氧气的供应比夜晚充足

 D. 眼角膜缺氧的会使角膜周边产生新生血管

59. 下面哪一种病不是文中提到的?
 A. 角膜水肿　　B. 炎症　　C. 溃疡　　D. 失眠

60—62

1990年8月,伊拉克入侵科威特后,联合国安理会通过第661号决议,对伊拉克实行全面制裁。为减轻制裁对伊拉克人民的影响,1991年3月,当时的联合国秘书长加利派出代表团,实地评估伊人道主义状况。安理会在1991年8、9月分别__60__第706号和第712号决议,建议伊出售一定数量的石油以购买人民生活必需品,伊政府拒绝了该建议。

由于制裁,伊拉克人民生活不断恶化,1995年4月14日,安理会通过第986号决议,"作为伊拉克人民提供人道主义需求的临时措施",允许伊拉克在180天内出售价值20亿美元的石油用来购买人道主义物品,这就是"石油换食品"计划。1996年12月10日,联合国与伊拉克就决议操作细节达成协议,该计划开始执行。同年12月15日,第一桶"石油换食品"计划的原油出口。1997年1月,第一个购买合同被批准,第一批食品在同年3月抵达伊拉克。从那时起,安理会每半年审议一次计划执行情况,至今已执行了13期"石油换食品"计划。联合国从1998年开始增加伊出售石油的限额,以满足其除食品和医药外的需要,主要是基本设施维修和石油工业零部件购买等。1999年12月,伊石油出口限额被取消,其数量仍由安理会根据伊石油生产能力、国际油价和伊国内需求而定。

根据安理会的决议,目前伊拉克出售的石油所得,72%用于人道主人物资购买,25%用于海湾战争赔偿,2.2%用于联合国管理该决议执行的费用,0.8%用于监督伊销毁大规模杀伤性武器的监核会经费。伊政府每期的购买和分发计划,及与外国所签的合同都必须得到联合国制裁委员会批准。2002年5月14日,安理会通过第1409号决议,重新修改"石油换食品"计划的物资清单和购买合同批准程序,减少了需制裁委员会审批的项目。

60. 文中60处应填写的词语是:
    A. 经过   B. 通过   C. 同意   D. 支持
61. 从计划开始执行到第一批食品运抵伊拉克:
    A. 约3个月   B. 约一年   C. 180天   D. 约两年
62. 用于海湾战争赔偿的经费占总经费(伊拉克出售石油所得)的:
    A. 3/4   B. 1/8   C. 1/5   D. 1/4

63—64

库尔特:在战场时间最长

反对战争,拍摄战争而又死于战争,是这位被誉为呆在战场时间最长的战地记者的真实__63__。在40岁那年,他突然决定成为一名记者,在接下去的日子里,他把发生在斯里兰卡、库尔德地区、阿富汗、波斯尼亚、车臣、科索沃、东帝汶的重大事件在第一时间告诉了世界。2000年5月24日,库尔特·肖尔克被塞拉利昂叛军打死,而就在此前不久,他刚刚被授予自越战以来世界上最伟大的战地记者。

63. 文中63处应填写词语是:
    A. 反映   B. 写照   C. 描写   D. 情况

64. 文章中没有提到的地方是：

   A. 阿富汗　　　　B. 科索沃　　　　C. 赛拉利昂　　　　D. 老挝

65—70

老字号的变更让怀旧的人唏嘘不已，然而鸿春园的被兼并更似乎也是迫不得已，其每次的变化都有着时代的烙印。

在乌鲁木齐市档案馆的乌市档案中，记者见到鸿春园曾经的隶属单位，乌市饮食服务公司改制后于2001年下半年交来的档案材料。

《饮服公司大事记》中很明显能查到，1957年鸿春园饭馆由私营转为国营；1991年10月，自治区商业局批准鸿春园饭店为自治区二级企业；1998年，饮服公司将鸿春园包子馆、牛肉面馆改制为经济快餐厅。

同时，有关报道记载，在上世纪80年代，鸿春园在首府的西点屋，曾__66__了当时餐饮业西点先河。1996年，自从贷款盖了18层的新楼后，沉重的贷款利息压得鸿春园喘不过气来，所创效益不足以抵偿债务。据有关知情人士透露，新楼自盖起来后，利滚利使目前鸿春园饭店的负债达8000万元以上。

1999年时，鸿春园老楼部分已申请在乌市工商局改名为鸿盛园饭店，作为经营实体的分支机构。由此开始了鸿春园改制图存的新篇章，但丝毫没有改变鸿春园的__67__。

2001年以前在鸿春园工作过5年的一位厨师这样总结鸿春园的衰落，老食客吃传统菜认老牌子，但市场经济以后，许多老师傅被新兴的餐饮经营者挖走，老的国有企业薪酬体制留不住人，致使技术力量不够雄厚，饮菜质量不及以前。同时，现在人们吃饭在认老牌子和口味上更注重后者。

65. 文中"唏嘘"一词的意思：

   A. 吃惊　　　　　　　　　　　B. 可惜
   C. 不理解　　　　　　　　　　D. 哭泣后不由自主地急促呼吸；抽搭

66. 文中66处应填写的词语是：

   A. 是　　　　　B. 作　　　　　C. 开　　　　　D. 当

67. 文中67处应填写的词语是：

   A. 衰败　　　　B. 落后　　　　C. 衰落　　　　D. 失败

68. 据本文现代人吃饭更注重：

   A. 品牌　　　　B. 口味　　　　C. 环境　　　　D. 名声

69. 鸿春园成为经济快餐厅是在：

   A. 1957年　　　B. 1996年　　　C. 1999年　　　D. 1998年

70. 下面哪一因素不是鸿春园步履维艰的因素？

   A. 贷款利息　　B. 人才流失　　C. 饭菜质量不佳　　D. 开西点屋

71—73

2002年屡屡出事的小煤窑不绝于耳的爆炸声一直传到了2003年。1月2日,新年的第一个工作日,一次矿工家属上访才使隐瞒不报的甘肃省白银市小南沟煤矿特大瓦斯爆炸事故没有被深埋地下。

2002年12月22日晚9时20分许,甘肃省白银市平川区小南沟煤矿发生一起特大瓦斯爆炸事故,井下作业的15名矿工中,11人遇难,4人因距离爆炸点远而__71__免于难。事故发生后,小南沟煤矿管理者在草草施救未果的情况下,采取隐瞒不报的做法,企图通过私了而逃脱应有的责任。12月28日,这起特大安全事故的关键人物矿长张营见势不__72__,仓皇外逃了,但只在10天后即落网。

71. 文中71处应填写的词语是:
　　A. 幸　　　　　B. 以　　　　　C. 避　　　　　D. 不

72. 文中72处应填写的词语是:
　　A. 好　　　　　B. 妙　　　　　C. 料　　　　　D. 提

73. 作者对于"矿难私了"所表现的态度是:
　　A. 赞成　　　　B. 反对　　　　C. 没提到　　　D. 无法确定

74—75

随着膳食结构与营养水平的提高。我国的人均寿命也随之越来越长。"人生七十古来稀"。然而今天,70岁的寿命根本不算稀奇。2002年6月18日,四川乐山五通桥区116岁的杜品华拿到了上海大世界吉尼斯总部颁发的"最长寿的人"证书,正式成为世界上最长寿的老人。

平均预期寿命是反映人类健康水平、死亡水平的综合指标,其高低主要受社会经济条件和医疗水平等因素的制约。根据英国、法国、美国等经济发达国家的资料计算,他们的人平均预期寿命从41岁提高到64.6岁,用了整整100年的时间,平均第10年仅增长了2.36岁。而我国从1990年到2000年,人口平均预期寿命10年间提高2.85岁,已达71.4岁,比世界平均水平高5岁,比发展中国家和地区高出7岁。

74. 文中"膳食"一词是指:
　　A. 好吃的食物　　　　　　　B. 安排好了的食物
　　C. 有一定的搭配要求的食物　　D. 日常吃的饭和菜

75. 到2000年发展中国家的平均预期寿命是:
　　A. 70岁　　　　B. 64.6岁　　　C. 71.4岁　　　D. 64.4岁

三、书面表达

(16题,40分钟)

第一部分

(15题,10分钟)

说明:76—85题,在每题的语句中有一划横线处,题后有ＡＢＣＤ四个答案,其中只有一个可以放入横线处使语句表达通顺。请找出来并在答案字母上画一横道。

76. 我在留学的时候,_____。
    A. 在杂志上登过只几篇文章
    B. 只在杂志上登过几篇文章
    C. 几篇文章只在杂志上登上
    D. 只在杂志上文章几篇登过

77. 在这个过程中,_____。
    A. 我们当然也不能人的作用忘掉
    B. 当然也不能人的作用我们忘掉
    C. 人的作用我们忘掉当然也不能
    D. 当然我们也不能忘掉人的作用

78. _____,浮游生物受到毁灭性的损害。
    A. 被石油污染了的海洋中
    B. 石油被污染了的海洋中
    C. 海洋中的石油被污染了
    D. 污染了被石油的海洋中

79. 晚饭后,我们在公园里_____。
    A. 一会儿散步了
    B. 散了一会儿步
    C. 散步了一会儿
    D. 散一会儿步了

80. 不仅是大西洋,_____。
    A. 恐怕太平洋情况的也不例外
    B. 太平洋的情况恐怕也不例外
    C. 也不例外恐怕太平洋情况的
    D. 太平洋恐怕情况的也不例外

81. 他_____讲清了事情发生的经过,_____大家进行研究分析。
    A. 虽然……但是
    B. 首先……然后
    C. 即便……还……
    D. 非……不可

82. _____了解这种事所产生的影响。
    A. 我们尽可能多需要地
    B. 我们可能尽多需要地
    C. 我们需要尽可能多地
    D. 我们多尽可能需要地

83. _____这样,我们_____能既无愧于祖先,也无愧于子孙。
    A. 凡是……都……
    B. 不仅……而且
    C. 无论……都……
    D. 只有……才……

84. _____实际情况_____,这个要求既不现实,也不可能。
   A. 对……说　　B. 从……看　　C. 因……而　　D. 像……一样

85. 我们_____要发展经济,提高人民生活水平,_____也要抓好精神文明建设,提高国民素质。
   A. 既然……就……　　　　　B. 一方面……另一方面……
   C. 之所以……是因为……　　D. 即使……也……

说明:86—90题,在这一部分里,每题的语句中有ＡＢＣＤ四个划线的词语,去掉其中某一个词语会使句子变成病句。请找出这个不能删去的词语,然后在答卷的字母上画一横道。

86. 自从学了摄影以后,我们的业余时间大多用在创作上了,回家的次数越来越少了。
    A   B   C   D
87. 父亲再也不骂我是不务正业了。
    A B C   D
88. 它们真是我们在天空中看到的亮星掉到地球上来了吗?
    A   B   C   D
89. 他笑笑:"哪有什么秘方啊,管好你自己的嘴就行了。"
         A   B C   D
90. 女孩子常常要尝尝刚上市的新式饮料,但她们转了一圈,最后还是回到可口可乐上头来。
    A   B   C   D

第二部分

(作文,30分钟)

作文要求:1. 写作前认真阅读作文前的提示,按提示要求在规定的时间内写完。
　　　　　2. 用简化汉字书写。每个空格写一个汉字,汉字书写要清楚工整;每个标点符号占一个空格,标点符号要正确。
　　　　　3. 作文中不得出现跟考生有关的校名、地名和真人姓名。

作文提示:
写一封信给父母,向父母吐露心里的秘密,希望得到父母的指点,字数350字左右。

四、听力理解录音材料

(40题,约30分钟)

第一部分

> 说明:1—15题,在这部分试题中,都是两个人的简短对话,第三人根据对话提出一个问题,请你在四个书面答案中选出惟一恰当的答案。

1. 男:我要到广州出一个月的差。
   女:啊,这么说一个月以后你才能回来?
   问:女的是什么意思?
2. 男:妈,您身体不好,这些事为什么不等我回来再干呢?
   女:等你回来啊,豆芽菜都凉了。
   问:妈妈的话是什么意思?
3. 女:小王,小马的事你听说了吗?
   男:小马?什么事?
   问:男的听说小马的事了吗?
4. 女:老张,该下班了。
   男:我把手上的活儿干完再走,你先走吧,我加个班儿。
   问:男的现在走不走?
5. 女:刘科长,我已把这个情况向院里面反映了。
   男:这么点小事,谁让你反映了?
   问:男的是什么意思
6. 女:你整天不是打牌就是打麻将,真是太不像话了。
   男:那你说我整天呆在家里又能干什么。
   问:女的是什么态度?
7. 男:你看,你哥哥嫂子整天忙工作,也顾不上管燕燕的学习。
   女:爸,你就别瞎操心了,他们工作忙,不是还有我吗?
   问:女的最有可能是燕燕的什么?
8. 男:女孩子家家的,练习什么武术啊?
   女:都什么年代了,你还有这种思想?
   问:男的是什么意思?

9. 女：你们懂什么,这叫时髦!

   男：这也叫时髦？整个一个傻帽。

   问：男的持什么态度？

10. 女：小岩,毕业后我们去外企工作吧,外企工资高,待遇好,还可以出国。

    男：能去当然好啊。

    问：下面哪一项不是外企的优势？

11. 女：我认为去商场买过季的打折东西最划算,质量又好,价格又便宜。

    男：的确是这样。

    问：女的为什么认为去商场买过季的打折东西最划算？

12. 女：大伟,我想订上几本杂志。

    男：你为什么不去阅览室看呢？你们学校图书馆的阅览室又大,图书又全。

    问：男的是什么意思？

13. 女：俗话说肥水不流外人田,你就不能先考虑一下你的女婿吗？

    男：小丽,我不是不考虑,可大伙儿都在盯着我这个厂长。

    问：女的为什么认为父亲应先考虑女婿？

14. 女：你和她到底是什么关系？

    男：你别瞎琢磨了！

    问：女的是什么意思？

15. 女：你给公司赚了100万就觉得很得意是不是？

    男：你这话是什么意思？

    问：男的想知道女的说此话的原因吗？

第二部分

说明：16—40题,在这部分试题中,你将听到几段简要的对话或讲话。每段话之后,你将听到几个问题,请你在四个书面答案中选出惟一恰当的答案。

16到19题是根据下面一段对话：

女：我是刘雅丽,认不出我了？

男：噢,你好,你还这么年轻,走在街上我真不敢认。

女：多少年了？高中毕业后,有二十多年没见了吧？咱们五班的同学又聚到一起来了。

男：都老了,人也凑不齐了,有的人也找不到了。

女：是啊,现在是有的升官走了,有的下海到南方经商去了,有的出国定居了。

16. 问：走在街上男的为什么会不敢认女的？

17. 问：他们现在大概处在什么样的一个年龄段？

18. 问：他们在怎样的情况下聚到一起的？
19. 问：下面哪一项不是凑不齐的原因？

20 到 23 题是根据下面一段对话：
　　女：听说你学了地质？
　　男：石油钻探，也是阴差阳错，西北石油管理局在我们那里招工，我就去了。
　　女：很苦吧？
　　男：还行，游牧民族，习惯了。
　　女：没混上个一官半职？
　　男：没有，我在那儿搞技术。
　　女：哟，你还搞技术呢，当初上中学时你考试还常抄我的呢。
　　男：没那回事吧！
20. 问：男的为什么学了石油钻探？
21. 问：男的工作性质怎样？
22. 问：男的现在搞什么工作？
23. 问：对男的搞技术工作，女的持什么态度？

24 到 26 题是根据下面一段对话：
　　女：刘总，我想问你几个问题好不好？
　　男：好的，请说吧！
　　女：在过去三年里，你们公司的新产品销售收入占全年收入的多少？
　　男：占到 30% 左右。
　　女：你们都生产哪些产品？
　　男：主要是加湿器、净化器、过滤器等。
24. 问：男的是搞什么工作的？
25. 问：男的公司现在新产品的销售额占全年收入的多少？
26. 问：下面哪种产品不是男的公司生产的？

27 到 30 题是根据下面一段话：
　　随着年龄的增长，发生肿瘤的危险越来越大。一般恶性肿瘤最高发病率在 55 岁～70 岁年龄段，近年来肿瘤的发病年龄有年轻化趋势。我国肿瘤死亡率在 5 岁～14 岁年龄段最低，在 35 岁～39 岁年龄段增长速度最快，男性在 75 岁后稍有下降，女性保持继续上升的趋势。
　　统计资料显示，少年儿童期死亡最多的是白血病，青年期死亡最多的是肝癌和白血病；壮年期和老年期则以胃、食管、肝和肺等部位的肿瘤为主。正因如此，在考虑某些肿瘤的危险因素时，常常把年龄作为其中一项主要的参考因素。

27. 问:一般恶性肿瘤发病率最高的是哪个年龄段?
28. 问:肿瘤死亡率最低的是哪一年龄段?
29. 问:少年儿童期死亡最多的是什么病?
30. 问:老年人不易患哪种肿瘤?

31 到 34 题是根据下面一段话:

　　在我国,20 世纪 80 年代的录像厅和 20 世纪 90 年代中期的镭射电影厅,曾一度成了电影院的代名词,真正的电影院人迹稀少。20 世纪 90 年代中期以后,由盗版光碟培养起来的庞大的 VCD 家庭影院,几乎让城市里的录像厅和镭射电影厅销声匿迹。而正是这一时期引进的好莱坞大片,却使奄奄一息的电影院起死回生,成了城市文化的一道亮丽风景线。

　　可以说,正是 20 世纪 80 年代、90 年代火爆的录像带、碟片市场草创了影像市场,培养了观众,为电影进一步的发展奠定的原始基础。好莱坞大片的引进捡了个水到渠成的便宜,顺势而起的国产片,尤其是贺岁片,同样受益匪浅。几个月前《英雄》的市场运作的成功,足以说明,我国良性的电影市场已逐步形成。

31. 问:20 世纪 80 年代哪种影视形式最盛行?
32. 问:好莱坞大片是什么时期引进中国电影院的?
33. 问:是哪种影像挽救了电影院?
34. 问:什么影片的市场运作的成功说明了我国电影市场已进入良性循环?

35 到 37 题是根据下面一段话:

　　联合国粮农组织最新公布的一份报告显示,2002 年我国水产品出口额首次超过泰国,位居全球第一。

　　报告显示,2002 年我国水产品出口量和出口额分别为 208.5 万吨、46.9 亿美元,水产品出口份额约占全球的 7% 左右。主要出口产品为冻鱼、养殖虾类等,主要出口国为日本、美国、韩国和欧盟。出口贸易集中在山东、广东、辽宁、浙江、福建。

　　农业部渔业局有关负责人表示,由于我国水产品具有明显的资源和价格优势,所以有比较大的出口潜力。

35. 问:2002 年水产品出口居世界第二位的是哪个国家?
36. 问:下面哪一个国家不是文中提到的中国海产品主要出口的国家?
37. 问:下面哪个省不是我国出口水产品的贸易集中地?

38 到 40 题是根据下面一段话:

　　由于假日期间季节性的需求,戴尔电脑公司第一季度一举取代惠普公司,重新夺得全球最大个人电脑制造商这一称号。

　　美国市场研究调查机构国际数据公司称,戴尔公司第一季度出售的个人电脑在全球市场上占有17.3％的份额,惠普电脑以15.8％的市场占有率屈居第二,排名第三的是IBM公司,市场占有率为5.4％。

　　IDC指出,第一季度全球个人电脑的总生产量为3460万台,与去年同期相比,增长了2.1％,这主要得益于消费者更换旧式笔记本电脑所带来的实际利益。

38. 问:目前哪个公司是全球最大的个人电脑制造商?
39. 问:第一季度戴尔公司出售的个人电脑在全球市场占多少份额?
40. 问:第一季度全球个人电脑总生产量是多少?

第十四套试题

一、听力理解

（40题，约30分钟）

第一部分

> 说明：1—15题，在这部分试题中，都是两个人的简短对话，第三人根据对话提出一个问题，请你在四个书面答案中选出惟一恰当的答案。

1. A. 小王的　　　　B. 小刘的　　　　C. 我的　　　　D. 小孙的
2. A. 着急也解决不了问题　　　　B. 不需要着急
   C. 没必要着急　　　　　　　　D. 应该着急
3. A. 她爸的年龄　B. 他爸的身体健康　C. 他爸的生活　D. 男的不管他爸
4. A. 出国　　　　B. 旅游　　　　C. 留学　　　　D. 找工作
5. A. 计划可以实现了　B. 计划落空了　C. 计划完不成了　D. 计划书被打湿了
6. A. 想问问几点了　B. 想看书　C. 太晚了，快睡吧　D. 时间还早
7. A. 应辞去这份工作　B. 应该振作起来　C. 应把罐子打破　D. 不应干这份工作
8. A. 男的是否想去深圳工作　　　B. 男的是否想去深圳上学
   C. 让男的去深圳工作　　　　　D. 让男的去深圳考察
9. A. 今天来有事相求　　　　　　B. 我有事才来的
   C. 没有事也可以来　　　　　　D. 只是看看他
10. A. 不想去了　　　　　　　　　B. 他家也买电脑了
    C. 他家也买了宽带子　　　　　D. 他家的电脑也可上网了
11. A. 爷爷　　　　B. 爸爸　　　　C. 叔叔　　　　D. 舅舅
12. A. 打招呼　　　B. 打电话　　　C. 找人　　　　D. 没干什么
13. A. 男孩子不能太调皮　　　　　B. 男孩子要会调皮
    C. 男孩子应该调皮点　　　　　D. 男孩子麻烦太多
14. A. 得到这个任务　　　　　　　B. 没得到这个任务
    C. 完成这个任务　　　　　　　D. 什么都不能干
15. A. 男的像个姑娘　　　　　　　B. 男的不该呆在家里
    C. 男的不要出门　　　　　　　D. 男的要多看书

第二部分

> 说明：16—40题，在这部分试题中，你将听到几段简要的对话或讲话。每段话之后，你将听到几个问题，请你在四个书面答案中选出惟一恰当的答案。

16. A. 同学请客 B. 家里请客
    C. 同学聚会聊得开心 D. 没提到
17. A. 主持人 B. 工人 C. 干部 D. 商人
18. A. 工人 B. 农民 C. 没工作 D. 没提到
19. A. 提了 B. 没提 C. 一开始就提了 D. 没说明
20. A. 科学院 B. 药学院 C. 设计院 D. 医院
21. A. 公司经理 B. 公司秘书 C. 公司职员 D. 公司顾问
22. A. 药品 B. 服装 C. 建材 D. 没提到
23. A. 愿意 B. 不愿意 C. 还没确定 D. 不清楚
24. A. 他们两人所在的当地买的 B. 商店买的
    C. 水果的原产地买的 D. 没提到
25. A. 贵 B. 不贵 C. 不算太贵 D. 很便宜
26. A. 谦虚点儿 B. 好好学习 C. 很自信 D. 有信心
27. A. 表妹 B. 姐姐 C. 姨姨 D. 对象
28. A. 地中海 B. 戛纳 C. 法国 D. 不清楚
29. A. 600名 B. 3000名 C. 3600名 D. 300名
30. A. 因为他们没有获奖 B. 因为他们太忙
    C. 因为没有邀请他们 D. 怕SARS的传播和恐怖活动
31. A. 42个 B. 56个 C. 5个 D. 46个
32. A. 200万 B. 205万 C. 1500万 D. 100万
33. A. 提高劳动者素质 B. 引进外贸
    C. 加大出口 D. 发展农业
34. A. 1000人 B. 1500人 C. 5000人 D. 1万人
35. A. 1997年 B. 1996年 C. 2000年 D. 2002年
36. A. 粮食人均占有量 B. 每人每天的热能供给
    C. 蛋白质摄入量 D. 粮食人均收入
37. A. 20% B. 10% C. 22% D. 30%
38. A. 经济问题 B. 改革开放 C. 出口创汇 D. 农业问题
39. A. 授粉 B. 育苗 C. 套纸袋 D. 采摘
40. A. 高 B. 差不多 C. 低得多 D. 低一点

二、阅读理解

(35题,30分钟)

说明:41-75题,每段文字后都有几个问题,每个问题都有ＡＢＣＤ四个答案,请阅读后根据每题要求选择惟一恰当的答案,并在答卷相应字母上画一横道。

41

　　从石河子市出发往蒙古庙,行至50公里处,便是农八师151团的紫泥泉种羊场,它以培育成"中国美利奴羊军垦型"良种羊而扬名,游客如有兴趣,可在此停车休息参观。

41. 句中划线词拼音正确的一个是:

　　A. 行(háng)　　B. 便(pián)　　C. 种(zhòng)　　D. 兴(xìng)

42

　　吴局长上任不到半年,就先后安排了5个亲属进局里工作,最近又把刚毕业的小姨子插进局党委办公室里专门负责接听电话。

　　这天,吴局长突然收到一封信,信封上写着"吴局长亲收",觉得很奇怪,打开一看上面写道:

　　尊敬的吴局长:

　　您好!

　　我们全体职工一致决定给您出一道智力题,请您根据自身的情况,选择一个答案,这样做,也是对领导素质水平的一种测试吧。

　　题目是这样的:"器"作为一个汉字,取其结构型,共有以下四种解释:一、人人都想吃狗肉,于是把一条狗包围起来。二、这条狗全身都是嘴,正在狂妄地向四周吠叫。三、一条狗想从周围的洞里钻出去,但身子大,洞口小,没有成功。四、人人都在议论一条狗,而这条狗却装聋作哑,不当一回事。请问四个答案中,你选哪一个呢?

　　什么人呀狗呀的,乱七八糟的,吴局长看着信,百思不得其解,最后决定拿回家问问老婆。

　　老婆是一位语文老师,智商很高,一看鼻子都气歪了。

42. 从这段话中我们可以知道答案一定是:

　　A. 第一种　　B. 第二种　　C. 第三种　　D. 第四种

43－45

　　近日从恩施市咸丰县黄金洞乡一位居民家里,发现了珍藏20年的胡锦涛同志交生活费的票据。

据保存这些票据的罗幸然介绍，这是1984年胡锦涛陪同胡耀邦、乔石到恩施__43__时留下的。票据上填写的日期是1984年4月8日，生活费金额是每人贰角整，并盖有"咸丰县黄金洞公社革命委员会财务专用章"。

罗幸然介绍。1984年4月8日，胡耀邦一行在黄金洞乡视察。吃过午饭，工作人员找到时任黄金洞公社伙食团总务的罗幸然，执意要交生活费。根据安排，罗幸然不收。胡锦涛对他说：中央领导同志到地方考察工作，一定要按当地生活标准交纳生活费，你们是贫困山区更应该交。

43. 文中43处应该填写的词语是：
    A. 检查　　　　B. 调查　　　　C. 视察　　　　D. 察看
44. 这篇文章写于：
    A. 1984年　　　B. 1965年　　　C. 1948年　　　D. 2003年
45. 当时，胡锦涛陪同哪些领导去恩施的？
    A. 胡耀邦和罗幸然　　　　　　B. 乔石和罗幸然
    C. 胡耀邦和乔石　　　　　　　D. 乔石和黄金洞公社伙食团总务

46—47

西柏坡精神作为在伟大历史转折__46__形成的一种革命精神，继承和发展了井冈山精神、延安精神等党的优良传统和作风，形成了自己特有的内涵。

46. 文中46处应该填写的词语是：
    A. 时间　　　　B. 时候　　　　C. 时期　　　　D. 时代
47. 根据文意可以替换"发展"的词语是：
    A. 发挥　　　　B. 发扬　　　　C. 发奋　　　　D. 开展

48—50

在将革命由__48__胜利引向全国胜利的重要历史转折关头，党中央在西柏坡__49__召开了会议，明确要求人民解放军要敢于打前所未有的大仗，敢于夺取全国胜利，这__50__了西柏坡精神中彻底革命、勇于胜利的革命精神。

48. 文中48处应该填写的词语是：
    A. 部分　　　　B. 局部　　　　C. 地方　　　　D. 局限
49. 文中49处应该填写的词语是：
    A. 及时　　　　B. 按时　　　　C. 准时　　　　D. 届时
50. 文中50处应该填写的词语是：
    A. 展现　　　　B. 表现　　　　C. 体现　　　　D. 显示

51—54

百花村软件园职业培训中心

非常时期我们真情奉献！

郑重承诺：人手一机，上机时间不限，一期不过，下期免费重修。

上课时间：上午、下午、业余、双休每周均有新班开课。

计算机类：电脑基础班（从零开始）——130元

人事厅职称考试计算机培训——350元

办公自动化及中级上岗证——350元

计算机组装、网络管理实战班——450元

平面设计实战班——480元

广告建筑三维动画影视装潢设计班——700元

英语类：成人英语启蒙班——100元

新概念英语1册零起点基础班——280元

新概念英语2册基础班——280元

中学生外教口语班——300元

中学生语法词汇班——200元

与新疆财院 54 开办注册会计师培训班。

地址：乌市中山路141号（百花村软件园七楼D702）

电话：7793791　　　　7793799

51. 从零起点开始和启蒙的班有：
    A. 一个　　　B. 二个　　　C. 三个　　　D. 一个也没有
52. 文中54处应该填写的词语是：
    A. 一起　　　B. 联合　　　C. 共同　　　D. 一并
53. 下面哪一项文中没有提到？
    A. 收费标准　B. 报名时间　C. 联系方法　D. 上课时间
54. 这是一份：
    A. 教学计划　B. 报名通知　C. 招生广告　D. 寻人启事

55—57

　　按照国际法的规定，"解除武装"是指交战一方在战争结束后或是为了避免战争的发生，而主动解散军队、交出武器的行动。"解除武装"不同于战时的"投降"。"投降"是 55 方承认自己战败而要求对方停止战斗的一种方式，而"解除武装"一般是交战双方妥协的产物，是"不战而屈人之兵"的一种具体表现形式。

　　"解除武装"的主要内容包括：解散成建制的正规军队，只保留适当的边防及内卫力量；销毁所有的大规模杀伤性武器及远程、攻击性武器，并将相关的研制、生产能力置于国际社会监督之下；寻找合适方式妥善安置退伍军人，避免使其再次流入社会武装等一系列相关事项。

55. 文中55处应该填写的词是：
    A. 作战　　　　　B. 打仗　　　　　C. 交战　　　　　D. 战斗

56. 可以做这篇文章的标题的一句是：
    A. 什么叫"国际法"　　　　　　　　B. 什么叫"投降"
    C. 什么叫"社会武装"　　　　　　　D. 什么叫"解除武装"

57. 下列哪一项不属于"解除武装"的主要内容？
    A. 解散成建制的正规军队
    B. 销毁所有的大规模杀伤性武器
    C. 寻找合适方式妥善安置退伍军人
    D. 承认自己战败而要求对方停止战斗

58—61

"哪个学校出现了乱收费问题，要撤销校长的职务！"新任教育部部长周济对遏制学校乱收费现象的蔓延态度坚决。在教育部近日举行的全国教育系统治理中小学乱收费工作电视电话会议上，周济强调，由于种种原因，学校乱收费现象并未得到根本扭转，有的还相当严重。

必须进一步采取切实措施，坚决予以治理。周济同时提出，2003年全国高校的收费标准也要继续保持稳定不再提高，不再设立新的收费项目。高校招收的专升本学生、体育艺术类特长生、预科生、定向生应与同等学力层次学生执行同样的收费项目和标准，除按规定收取学费、住宿费外，不得额外再收取其他任何费用；民办二级学院、网络学院、计算机软件学院、中外合作办学机构的收费，在严格、科学核算平均培养成本的前提下，原则上可实行按成本收费的办法，具体收费标准须经省级政府批准。他说，一些普通高校将国家下达的计划内招生指标转到所属民办二级学院并借机高收费的做法是错误的，要坚决予以制止。

58. 文中"遏制"一词的含义是：
    A. 用力阻止　　　B. 制止；控制　　　C. 不允许　　　D. 抵制

59. 下面哪句话不是文中之意？
    A. 学校乱收费，就撤销校长的职务
    B. 2003年全国高校的收费标准不再提高
    C. 2003年全国高校不再设立新的收费项目
    D. 学校乱收费现象基本得到扭转

60. 不可实行按成本收费的学校有：
    A. 网络学校　　　　　　　　　　　B. 公办高等学院
    C. 民办二级学校　　　　　　　　　D. 中外合作办学机构

61. 按成本收费的标准须：
    A. 经国家教育部门批准　　　　　　B. 经省级政府批准

C. 经本学校党委批准　　　　　　D. 经周济部长批准

62—65

吕日周的告别长治,让我又一次认识了什么叫"有口皆碑"。报纸上说,在赴太原上任的这个早晨,有数万长治群众为他送行。眼含热泪的群众打出的大红横幅上写道:"金杯银杯不如老百姓的口碑,吕书记有口皆碑!"

长治百姓对吕日周的恋恋不舍,同时也让我再一次领教了"口碑"的无用。如果"口碑"真的有用,为什么留不住吕日周? 好的"口碑",是流血流汗流出来的,是真枪干出来的,是以心换心换来的,弥足珍贵。可是在现有的任免选拔干部机制中,"口碑"却难登大雅之堂,一万人的"口碑",不如一个官员的一句肯定,因为,"口碑"上不了组织部的档案袋,成不了常委提拔干部的依据,群众评议成了点缀。

民意闲谈中,政声人去后,盼望着让"口碑"值钱,让"口碑"也硬起来。

62. 文中"有口皆碑"之意是:
　　A. 人人都在谈有关碑的事　　　　B. 比喻人人称赞
　　C. 群众口头上的话语都刻在碑上　　D. 群众的评议

63. 文中"大雅"之意是:
　　A. 不粗俗　　　B. 风雅　　　C. 文雅　　　D. 正式

64. 好的"口碑":
　　A. 是流血流汗流出来的　　　　　B. 是真刀真枪干出来的
　　C. 是以心换心换来的　　　　　　D. 以上均是

65. 百姓的"口碑"不如官员的一句肯定,下列哪一项不是原因?
　　A."口碑"上不了组织部的档案袋
　　B."口碑"成不了常委会提拔干部的依据
　　C."口碑"成了点缀
　　D."口碑"太通俗,难登大雅之堂

66—69

温家宝总理到外地视察、调研或开会,对于用餐有三点要求:不让任何人陪,自己一个人静悄悄地吃;饭菜够吃即可,不得剩下;饭菜质量有十二字经:清清淡淡,汤汤水水,热热乎乎。温总理的要求,或许会令那些接待惯了上级领导的官员感到为难,可是却让老百姓感到温暖和平易,看到了一个党的高级干部的高风亮节。

自己静悄悄地吃,无须说那些不痛不痒的话,也不必为那些套近乎拍马的话勉强挤出笑容,更无须你敬我我敬你,斗酒劝酒。自己静悄悄地吃,也节省时间,提高效率。温总理的"清清淡淡,汤汤水水,热热乎乎"的标准,肯定不会是鲍鱼龙虾、燕窝鱼翅。相比较而言,倒是一碗面条、两盘小菜;或一盘饺子,两头大蒜;或豆浆油条加小米粥,好像更合乎"清淡、汤水、热乎"的要求。或曰:这不就是咱老百姓的家常便饭吗?没错,总理来自人民,心系人民,服务人民,和咱老百姓吃一样的饭菜不是很正常吗?

自己静悄悄地吃,既然有这么多好处,愿各级领导干部们下去视察时也学学温总理用餐的三点要求,自己吃饭静悄悄。

66. 温家宝总理对于饭菜质量的要求是:
    A. 清清淡淡   B. 汤汤水水   C. 热热乎乎   D. 以上均是

67. 温总理的要求,对官员而言:
    A. 感到温暖   B. 感到平易近人   C. 感到为难   D. 感到难以理解

68. 文中"不痛不痒的话"是指:
    A. 不让人感觉到疼痛,也不让人感到痒的话
    B. 没有主见的话
    C. 无关紧要的话
    D. 不带刺激的话

69. 文中"拍马屁"的意思是指:
    A. 拍马屁股   B. 谄媚奉承;吹捧
    C. 拍摄马的形象   D. 轻轻地打马

70—75

时下,"村务公开"、"税务公开"、"校务公开"等名目繁多的公开活动在各行各业__70__。实践证明,"公开"在增强党员干部清正廉洁、密切干群关系、带富一方①百姓等方②面起着积极作用。

一方③经济在党委政府的正确领导下取得实效,通过"政务公开"公之于众,本无可非议。然而,在实际工作中,有些部门或单位只报喜不报忧,在墙上公开的只是一些贴金的"面子政绩",对于一些有损群众利益,阻碍当地经济发展的不良行为,惟恐群众知晓,捂得严严实实,这种只求"政绩公开",不让"政误公开"的做法,不但抹杀了群众的知情权,更重要的是助长了形而上学的歪风,影响上级有关部门的正确决策,阻碍当地经济的健康发展。

其实,在一个地方或单位,党员干部的言谈话语皆在群众的眼皮底下,群众要求党员干部行得端,做得正,他们有权知道工作中存在的问题和难题,并希望通过"政误公开",正视差距,自查自纠,迅速整改。与此同时,也表明群众有着密切党群干群关系的愿望,只有党群干群关系融洽,党的各项方④针政策才能落到实处,社会主义现代化建设的宏伟目标才能实现。

以公开促公正,以公正树形象。"政务公开"不能只唱赞歌,不能只是一种摆设,一种姿态,更不能当成蒙蔽群众的假公开;而"政误公开"恰恰是一剂医治个别好大喜功、玩弄花架子、哗众取宠之徒的良药。客观地看待问题,解决问题,使"政务公开"成为名副其实的公开,这是我们目前所面临的迫切任务。

70. 文中70处应填词语是：
   A. 流行   B. 盛行   C. 开展   D. 发展

71. 文中划线处哪个"方"字含有"方向和目标"之意：
   A. ①   B. ②   C. ③   D. ④

72. 文中"公之于众"中的"之"的含义是：
   A. 的（助词）
   B. 它、它们/他、他们（代词，限于做宾语）
   C. 这；那
   D. 往（书）

73. 文中"形而上学"之意为：
   A. 哲学中探究宇宙根本原理的部分
   B. 同辩证法相对立的世界观或方法论
   C. 用孤立、静止、片面的观点看世界，认为一切事都是孤立的，永远不变的
   D. 以上均是

74. 下面哪一个词文中没出现？
   A. 无可非议   B. 哗众取宠
   C. 名副其实   D. 清廉公正

75. 替换划线句子部分的最好一项是：
   A. 解决问题，要客观地看待问题，使"政务公开"成为名副其实的公开，这是我们目前所面临的迫切任务。
   B. 我们目前所面临的迫切任务就是客观地看待问题，解决问题，使"政务公开"成为名副其实的公开。
   C. 要使"政务公开"成为名副其实的公开，就要客观地解决问题，看待问题，这是我们目前所面临的迫切任务。
   D. 客观地看待问题，解决问题，使"政务公开"成为名副其实的公开的迫切任务是我们目前所面临的。

三、书面表达

（16题，40分钟）

第一部分

（15题，10分钟）

说明：76—85题，在每题的语句中有一划横线处，题后有ＡＢＣＤ四个答案，其中只有一个可以放入横线处使语句表达通顺。请找出来并在答卷字母上画一横道。

76. 他觉得没必要天天铺床，_____。
    A. 反正每天晚上会躺下睡觉　　　　B. 反正都会躺下睡觉每天晚上
    C. 每天晚上都反正会躺下睡觉　　　D. 反正每天晚上都会躺下睡觉

77. _____我怎么劝，他_____不听。
    A. 不管……都……　　　　　　　　B. 既然……就……
    C. 尽管……但……　　　　　　　　D. 只要……就……

78. 为了生活，我_____学习，_____在一所学校兼课。
    A. 有的……有的……　　　　　　　B. 一边……一边……
    C. 是……还是……　　　　　　　　D. 如果……那么……

79. _____我不愿意去，_____他不让我去。
    A. 不仅……还……　　　　　　　　B. 只要……就……
    C. 无论……都……　　　　　　　　D. 不是……而是……

80. 这些生物的命运，_____。
    A. 其他同类要比悲惨得多　　　　　B. 比其他同类要悲惨的多
    C. 要比悲惨得多其他同类　　　　　D. 要其他同类比悲惨得多

81. 现在，_____到太阳落山，人们_____不敢出门了。
    A. 因为……所以……　　　　　　　B. 除非……才……
    C. 一……就……　　　　　　　　　D. 非但……还……

82. 因为我们要分两次投递，您收到报纸的时间要晚一些，_____我们深表歉意。
    A. 因此给你对带来的不便　　　　　B. 对因此给您带来的不便
    C. 对因此不便的给您带来　　　　　D. 对因此给您不便的带来

83. 现在在市场上叱咤风云的大企业，_____？
    A. 又有哪一个不是从中小企业成长起来的呢
    B. 哪一个又有不是从中小企业成长起来的呢
    C. 不是从中小企业成长起来的又哪一个有呢
    D. 从中小企业不是成长起来的又有哪一个呢

84. _____，是一种极品高档香料。
    A. 提取玫瑰油的从玫瑰花中　　　　B. 从玫瑰花中玫瑰油的提取
    C. 玫瑰油的从玫瑰花中提取　　　　D. 从玫瑰花中提取的玫瑰油

85. 适量的矿物质可以补充人体微量元素的需要,但是_____。
   A. 大部分矿物质被人体不能吸收　　B. 大部分矿物质不能被人体吸收
   C. 被人体矿物质大部分不能吸收　　D. 不能被人体大部分矿物质吸收

> 说明:86—90题,在这一部分里,每题的语句中有ＡＢＣＤ四个划线的词语,去掉其中某一个词语会使句子变成病句。请找出这个不能删去的词语,然后在答卷的字母上画一横道。

86. 流星常常出现<u>在</u>离地面80—120公里的高空,每夜都可以看到<u>一些</u>流星。
    　　　　Ａ　Ｂ　　　　　　　　　　　　　　　　　Ｃ　　　　　Ｄ

87. 现在外面有<u>什么</u>醒酒的药,我<u>没有</u>试过,<u>不知</u>功效<u>如何</u>。
    　　　　　Ａ　　　　　　Ｂ　　　Ｃ　　　Ｄ

88. 他有位<u>30多岁</u>的同事,每餐必饮,<u>早晨</u>起床<u>之后</u>的第一件事<u>就</u>是找酒瓶。
    　　　Ａ　　　　　　　　　　Ｂ　　　Ｃ　　　　　　　　Ｄ

89. <u>我</u><u>这个人</u>还有一个好处,就是趣味广泛,大至天下大事,小至草木鱼虫,都<u>有</u>兴趣爱<u>好</u>。
    Ａ　Ｂ　　　　　　　　　　　　　　　　　　　　　　　　　　　Ｃ　　　　Ｄ

90. 国内外<u>重大</u>足球比赛<u>的</u><u>实况</u>,我每场必看,只是我好胜心<u>强</u>,中国队受挫,我就生气。
    　　　Ａ　　　　　Ｂ　Ｃ　　　　　　　　　　　Ｄ

第二部分

(作文,35分钟)

> 作文要求:1. 写作前认真阅读作文前的提示,按提示要求在规定的时间内写完。
> 　　　　2. 用简化汉字书写。每个空格写一个汉字,汉字书写要清楚工整;每个标点符号占一个空格,标点符号要正确。
> 　　　　3. 作文中不得出现跟考生有关的校名、地名和真人姓名。

作文提示:

请仔细观看下面的漫画,联系现实生活实际,按要求作文。

要求:1. 文体不限。2. 自拟文题。3. 字数在350字左右。

等爸

四、听力理解录音材料

(40题,约30分钟)

第一部分

> 说明:1—15题,在这部分试题中,都是两个人的简短对话,第三人根据对话提出一个问题,请你在四个书面答案中选出惟一恰当的答案。

1. 男:小王,小刘把我的光盘给小孙了没有?
   女:不清楚,我今天还没见着他。
   问:光盘是谁的?

2. 女:你看,红红烧成这个样子了,你哥哥嫂子还不回来,真是急人了。
   男:光着急又有什么用啊,现在不是已经打着退烧针嘛!
   问:男的是什么意思?

3. 女:虽然我爸年龄不算大,可他有高血压,所以我还是放心不下。
   男:没事儿,这儿有我呢,你放心走吧!
   问:女的最担心的是什么?

4. 男:现在有好多人都想出国镀镀金,回来好找工作。
   女:可不是嘛,我们学院的80%的人都是留过洋的。
   问:他们在谈论什么话题?

5. 男:这下可好了,我们的计划全泡汤了。
   女:想开点儿,这次不行,以后还有机会嘛。
   问:男的是什么意思?

6. 女:都几点了,你还看书?
   男:这书是借人家的,明天得还人家。
   问:女的是什么意思?

7. 男:现在没有文凭走到哪儿都吃不开,这份工作干得真没劲儿!
   女:那你也不应该破罐子破摔呀!
   问:女的是什么意思?

8. 女:你想来深圳?
   男:我只是想来这儿考察考察?
   问:女的问话的意思是什么?

9. 男：说吧，你今天来找我有什么事？
    女：难道非得有事才能来吗？
    问：女的是什么意思？

10. 女：老王，怎么不见你爱人来办公室上网了？
    男：我家也装上宽带了。
    问：老王的爱人为什么不到办公室上网了。

11. 女：马局长真是个孝子啊！又买了一大堆东西回家。
    男：也没什么，一点营养品给老爷子补补身子。
    问：老爷子是马局长的什么人？

12. 男：喂，你好，麻烦你帮我叫一下吴波。
    女：吴波上自习还没回来，我和她住一个宿舍，你有什么事需要转告她吗？
    问：他们在干什么？

13. 男：我那小孙子呀，调皮得没法儿说。
    女：男孩子要不调皮，那麻烦就大了。
    问：女的是什么意思？

14. 男：你能把这个任务拿下来吗？
    女：没问题。
    问：女的能干什么？

15. 女：你怎么像个姑娘似的，大门不出二门不迈？
    男：我想静静地在家里看会儿书。
    问：女的是什么意思？

第二部分

说明：16—40题，在这部分试题中，你将听到几段简要的对话或讲话。每段话之后，你将听到几个问题，请你在四个书面答案中选出惟一的恰当的答案。

16到19题是根据下面一段对话：

男：惠芳，你喝酒了？
女：今儿个见了许多多年不见的同学，聊得挺开心。
男：都是干嘛的？
女：干什么的都有，有当官的、做生意的、有俩发了财的，还有一个当了副部级干部，也有一般工人。
男：这么多能耐的同学，你没问问谁能帮你找份工作？
女：哪好意思啊。

16. 问：女的为什么喝了酒？
17. 问：下面哪一种职业的人对话中没有提到？
18. 问：女的是干什么工作的？
19. 问：女的向同学提出找工作的事了吗？

20 到 23 题是根据下面一段对话：

  女：刘奇，听说你都当上院长了？
  男：我这个院长也只是小小芝麻官一个，将来你看病可以来找我，听说你现在生意做大了，你们公司都做什么呀？
  女：什么都做。
  男：咱们是不是可以做点生意？
  女：你有什么呢？
  男：药品生意怎么样？
  女：不行不行，对于医药界我还是个外行。

20. 问：男的在哪里工作？
21. 问：女的有可能是什么人？
22. 问：女的是做什么生意的？
23. 问：女的愿意做药品生意吗？

24 到 27 是根据下面一段对话：

  男：由于开会，也来不及买别的，给您带了点水果。
  女：小明啊，你还跟小姨客气什么，唉哟，这南方的水果多贵呀！
  男：不贵，在当地买价格还能接受，小芳这次高考考得怎么样？
  女：她自己说没问题，现在这些孩子，就是不知道谦虚。
  男：聪明的孩子总是很自信。
  女：好不好，还得等到成绩出来才能算。

24. 问：水果是在哪里买的？
25. 问：买的水果贵吗？
26. 问：女的认为现在的孩子应该怎么样？
27. 问：小芳应该是男的什么人？

28 到 30 题是根据下面一段话：

  今日，戛纳电影节开幕，在这个靠近地中海的法国小城，各大旅馆早已被来自世界各地的电影人和影迷定满。

  面对 SARS，戛纳影展负责人维罗尼克·凯位说，他们将要求所有被邀请的来宾都先在本国接受健康检查,然后持证明前来,她还补充说,影星们用不着戴口罩出现。

另一种担心来自恐怖主义的袭击,对此法国已经在原来当地600名警察的基础上增加了三千名安全人员,安全检查将不亚于去年对所有明星的行李都进行检查的程度。

不过,受SARS疫情及恐怖活动阴影的双重影响,大明星参加亮相的意愿不太高。

28. 问:戛纳电影节在哪个国家开幕?
29. 问:这次电影节共有多少负责安全工作的人员?
30. 问:为什么一些大明星不太情愿亮相?

31到34题是根据下面一段话:

自治区党委和政府研究决定,从今年下半年开始,在全疆56个县市,其中包括南疆5地州的42个县市,对城镇和农村条件较差的205万中小学在校生,实行免交书本费和学杂费,让所有贫困适龄儿童都能够接受国家的九年义务教育。

南疆农村经济相对滞后,固然存在很多方面的原因,但与劳动者素质不高是有绝对关系的,因此,加快南疆经济发展,必须要把提高劳动者素质作为一项十分紧迫的工作摆上重要日程,抓紧抓好。

要加强南疆师资力量,在全疆范围内采取对南疆对口支教措施。要继续办好内地高中班。自治区已经向国家申请,从现在起到2007年,内地高中班招生要由去年的1500人逐步增加到1万人。

与此同时,在一些条件较好的地县所在地,举办边远贫困地区的初中班,初步打算,三年内办到5000人左右。

31. 问:南疆将有多少个县市的学生享受免交书本费和学杂费优惠政策?
32. 问:享受优惠政策的学生人数将达到多少?
33. 问:要想加快南疆经济发展,必须把什么工作提到重要日程上来抓?
34. 问:去年内地高中班的招生人数是多少?

35到37题是根据下面一段话:

在2002年6月世界粮食首脑会议上,中国农业部部长杜青林的一席话更是掷地有声:"1996年以来,中国农产品供求实现了总量平衡、丰年有余的历史性转变。中国粮食的人均占有量、每人每天的热能和蛋白质摄取量都已达到世界平均水平。中国用不到世界10%的耕地养活了占世界22%的人口。"

资料显示,我国目前的粮食储备率为20%,我国的粮食安全状况在世界处于中上水平。中国正在以自己的实力向世界证明:中国完全有能力养活自己,中国的粮食安全状况更不会为世界带来恐慌和忧虑。

35. 问:中国农产品从哪一年开始不再依赖进口,达到了供求平衡?
36. 问:下面哪一项没有达到世界平均水平?

37. 问：中国目前的粮食储备率为多少?

38到40题是根据下面一段话：

　　以前一提WTO,中国农民就头疼,加入WTO会给农业带来挑战,意味着整个农业产品结构需要调整。农业问题是中国的头等大事。在2001年的经济工作会上,首先提到的是农业;"十五"计划,农业也摆在了开篇的位置,可见党和政府对农业的重视程度。

　　北京师范大学研究经济学的副教授钟伟向记者讲了这样一件事：他在山东遇到一个果农,这个果农对他说,尽管美国佛罗里达的柑橘小姐说是到中国推销美国橘子,但这一点儿都不可怕,因为种植水果依旧是劳动密集型产业,每朵花开花要授粉,苹果、梨挂果要用纸袋子套上去,最后还要小心翼翼地摘下来,所有这些都是非常繁重的劳动。一个中国农民拖家带口,可以看管10亩果园,年薪在四五千元人民币左右,而一个美国农业产业工人只能照看5亩果园,年薪要上万美元。我们的竞争力是显而易见的。

38. 问：什么问题是中国的头等大事？
39. 问：关于水果成长过程的劳动下面哪一项录音中没有提到？
40. 问：中国的一个农民和美国的一个产业工人相比收入怎么样？

第十五套试题

一、听力理解

（40题，约30分）

第一部分

说明：1—15题，在这部分试题中，都是两个人的简短对话，第三人根据对话提出一个问题，请你在四个书面答案中选出惟一恰当的答案。

1. A. 昨晚加班了 B. 昨晚一夜没睡着 C. 昨晚打架了 D. 昨晚做了一夜的梦
2. A. 相信 B. 不相信 C. 没表态 D. 半信半疑
3. A. 砍价 B. 买衣服时选质料 C. 选衣服 D. 卖衣服
4. A. 医生 B. 护士 C. 教师 D. 学生
5. A. 答应了 B. 没答应 C. 答应过 D. 没答应过
6. A. 鞋子 B. 皮带 C. 领带 D. 衬衣
7. A. 我不能给爸爸说 B. 我不好意思给爸爸说
   C. 我没法儿当面跟爸爸说 D. 在爸爸面前不好意思说
8. A. 徒有虚名 B. 名副其实 C. 名扬天下 D. 有名无实
9. A. 七点 B. 七点半 C. 八点 D. 八点半
10. A. 我试你看 B. 我试穿一下，你看行不行
    C. 我只能试一试 D. 我试着演一演
11. A. 不想去 B. 想去就去
    C. 不想去就不去 D. 想去而去不成
12. A. 被人骗了 B. 太贵了 C. 被人打了 D. 买了榔头
13. A. 每天都锻炼身体 B. 每天都跑步
    C. 只要不刮风下雨都跑步 D. 每天跑步，风雨无阻
14. A. 让李明出血 B. 让李明死
    C. 让李明请客 D. 请李明吃饭
15. A. 搭出租车回来 B. 自己骑车回来
    C. 搭李明的车回来 D. 李明把她接回来

第二部分

说明：16—40题，在这部分试题中，你将听到几段简要的对话或讲话。每段话之后，你将听到几个问题，请你在四个书面答案中选出惟一恰当的答案。

16. A. 旅行　　　　　B. 参加婚礼　　　C. 游玩　　　　　D. 执行任务
17. A. 他晕船　　　　B. 要照顾爱人　　C. 爱人不让他去　D. 不清楚
18. A. 小雅　　　　　B. 小张　　　　　C. 小南　　　　　D. 没提到
19. A. 学习　　　　　B. 抱书　　　　　C. 看小说　　　　D. 上网
20. A. 中学生　　　　B. 大学生　　　　C. 大学老师　　　D. 护士
21. A. 学生　　　　　B. 妻子　　　　　C. 儿媳　　　　　D. 女儿
22. A. 学习知识　　　B. 学习做人　　　C. 拉帮结派　　　D. 不清楚
23. A. 搞调查　　　　B. 破案　　　　　C. 聊天　　　　　D. 不清楚
24. A. 常州　　　　　B. 上海　　　　　C. 通州　　　　　D. 朝州
25. A. 杀人罪　　　　B. 抢劫罪　　　　C. 诈骗罪　　　　D. 绑架罪
26. A. 2亿元　　　　 B. 350万元　　　 C. 600万元　　　 D. 6000万元
27. A. 拖拉机　　　　B. 汽车　　　　　C. 东风卡车　　　D. 出租车
28. A. 7辆　　　　　 B. 10辆　　　　　C. 350辆　　　　 D. 没提到
29. A. 辛苦　　　　　B. 车多　　　　　C. 市场信息灵　　D. 政府的支持
30. A. 有　　　　　　B. 没有　　　　　C. 曾经有过　　　D. 没说明
31. A. 打针　　　　　B. 换药　　　　　C. 看病　　　　　D. 抽血
32. A. 打针　　　　　B. 换药　　　　　C. 技术　　　　　D. 体力
33. A. 动手能力强　　B. 干活不细心　　C. 干活勤快　　　D. 胆大泼辣
34. A. 工人　　　　　B. 农民　　　　　C. 商人　　　　　D. 学生
35. A. 自己照顾自己　　　　　　　　　B. 拜托亲人看护
    C. 委托父母照顾　　　　　　　　　D. 一起带走
36. A. 父母给的钱太多　　　　　　　　B. 缺乏教育
    C. 没有学上　　　　　　　　　　　D. 缺少父母的呵护教育
37. A. 不好好学习　　B. 不听父母教育　C. 贪吃贪玩　　　D. 上网吧
38. A. 父亲　　　　　B. 母亲　　　　　C. 老人　　　　　D. 无人看护
39. A. 经常打架斗殴　　　　　　　　　B. 经常出入网吧
    C. 经常旷课　　　　　　　　　　　D. 经常出入录像厅
40. A. 因父母离异　　　　　　　　　　B. 父母早年去世
    C. 没提到　　　　　　　　　　　　D. 父母一方外出打工

二、阅读理解

(35题,30分钟)

说明:41—75题,每段文字后都有几个问题,每个问题都有ＡＢＣＤ四个答案,请阅读后根据每题要求选择惟一恰当的答案,并在答卷相应字母上画一横道。

41

发烧友盛善说:"虽然玩飞机代价很高,但整个过程令人<u>兴</u>奋,而且这不是人人<u>都</u>可以拥有的爱好。现在我不管向谁提起这事儿,他都会用羡慕的眼光看<u>着</u>我,让人感觉<u>好</u>极了。"

41. 句中划线词拼音正确的一个是:
 A. 兴(xìng)　　B. 都(dū)　　C. 好(hǎo)　　D. 着(zhe)

42

据新华社洛杉矶5月14日电(记者张小军)　美国10家最大的有线电视经营商近日宣布,它们将从2003年1月1日开始,以数字电视信号向用户提供高清晰度电视节目,以打破目前数字电视市场的僵局。该计划将在100个装备高容量有线网的最大市场中实施。

此次包括美国在线——时代华纳集团等10大有线电视经营商的举动,是美国有线电视业迄今为止对数字电视"最强劲的支持"。为了支持这项承诺,有线电视经营商将立即订购数字电视用的机顶盒解码器,以便直接对新一代数字电视机传送数字电视信号。

42. 这篇短文的标题最合适的是:
 A. 美国的数字电视　　　　　B. 新一代数字电视机
 C. 数字电视有望打破僵局　　D. 最强劲的支持

43—45

长期以来,大蒜已成为人们生活中不可缺少的食品之一。据专家们介绍:大蒜中含有多种人体需要的如抗癌、杀菌、防痢疾、冠状动脉硬化、防心脏病、杀死结核杆菌、消除体内淤血的大蒜素及其降解物,随着人们生活水平的不断提高,大蒜的用途和带来的巨大市场　43　,越来越引起社会各界的高度重视。目前,大蒜被世界各地推崇为十大保健蔬菜品种之一。勤劳、聪慧的麦盖提人看准了大蒜潜在的市场潜力,2000年,该县聘请有关农业专家进行土质化验,在该县八乡首次推行麦套蒜的种植模式1700余亩,在土地、水量不增加的前提下,每亩可增加收入300元左右,这种模式着实让农民群众尝到了甜头。

2001年,该县从山东苍山整整调运16车皮的优质大蒜良种,将大蒜的套种面积一下子扩大到2.6万亩,目前,大蒜长势喜人,丰收在望。

43. 文中43处应该填写的词语是：
    A. 潜力　　　　B. 能力　　　　C. 吸引力　　　　D. 实力
44. 麦盖提县大量推广种植大蒜是在：
    A. 2000年　　　B. 2001年　　　C. 2002年　　　　D. 1999年
45. 下列哪一项不是大蒜素的作用？
    A. 防心脏病　　　　　　　　　　B. 抗癌
    C. 杀死结核杆菌　　　　　　　　D. 防软骨病

46—48

"信用卡"是银行发放给单位和个人的一种特制的卡片，是一种特殊的"信用凭证"。当前，它已__46__全球，越来越受到人们的喜爱。

信用卡的制作是经过精心设计的，既美观又实用。它的正面印有信用卡图案、发卡银行的名称、卡名（如：牡丹卡、金穗卡……）、号码、持卡人姓名的汉语拼音、有效期限等等。它的反面，上方有一条黑色的磁带，上面记录着持卡人的资料和个人密码，供自动柜员机或销售点终端阅读、__48__使用，还印有发卡银行的简短声明。

这小小一张卡片功能还不小哩！首先，信用卡可以代替现金。当你在特约商店里买东西时，再不用"一手交钱、一手交货"了！只要让售货员"刷刷卡"就行了；如果你在某个特约的宾馆住了几天，在某个大饭店吃了几顿饭后，只要交上信用卡，就自动地结账了；如果你外出旅游、出差或购物，需要在外地支取现金，你可以在外出之前在当地发卡银行存入一笔现金，到达目的地后，再持卡到联网的银行取出现金，方便极了；甚至发卡银行还允许你在规定的限额内进行短期"透支"。

不难看出，有了信用卡，不仅采购、结账十分方便，更重要的是：不再为随身携带大量现金提心吊胆、坐立不安了。即便信用卡不慎丢失，只要卡上的密码没有泄露出去，就不会造成任何损失。

发行、推广信用卡，对国家也十分有利：它可以减少货币的发行量和现金的流通量，极大地节省了为设计、印制、运输、存储、清点现钞而消耗的人力、物力和财力，它还可以大大减少各种贪污腐败、逃税漏税、盗窃抢劫等犯罪行为的发生；它有力地促进了商业电子化、金融电子化事业，加速了我国的现代化建设。

46. 文中46处应该填写的词语是：
    A. 传遍　　　　B. 传播　　　　C. 流传　　　　D. 风靡
47. 根据文意，第4自然段中的"即便"一词，可以替换成词语：
    A. 以便　　　　B. 即使　　　　C. 既然　　　　D. 无论
48. 文中48处应该填写的词语是：
    A. 辨别　　　　B. 鉴别　　　　C. 鉴定　　　　D. 分辨

49—50

6月6日，"自治区先进妇女能手"、和田县罕艾日克乡克孜热克村党支部书记肉孜尼亚孜汗站在果实__49__的核桃树下，__50__不住内心的喜悦。她任该村党支部书记13年来，带领群众发展特色林果业，使村民增收有了门路。

49. 文中49处应填写的词语是：

  A. 丰富   B. 硕大   C. 累累   D. 成熟

50. 文中50处应填写的词语是：

  A. 掩饰   B. 掩盖   C. 遮盖   D. 控制

51—52

彩电出现色斑，用专业__51__来说叫做"受磁"。彩电显示彩色图像是用电子轰击荧光屏上的彩色荧光粉实现的。为了__52__地还原颜色，电子必须精确打击所对应的荧光粉。而当彩色显像管前的罩板因某种原因受了磁以后，电子将受影响不能准确轰击所对应的荧光粉，从而造成畸变，形成色斑。

51. 文中51处应填写的词语是：

  A. 用语   B. 术语   C. 语言   D. 词语

52. 文中52处应填写的词语是：

  A. 精确   B. 准确   C. 明确   D. 确实

53—56

新华社兰州6月14日电（记者张月） 在"小资"一词风行之后，都市人又开始__53__"小私"生活：私佣、私宴、私家侦探、私人顾问、私人秘书……社会学家认为，这一现象的出现说明，越来越多的中国人已经不愿再随波逐流，转而追求与众不同的私人空间。

28岁的刘鑫是一家网站的副总。他告诉记者，自己的网站正是因为"私人"二字得以生存。两年前，学法律的他看准了"私人"市场，决定创办一家专门提供私人顾问服务的网站，没想到点击率非常高，还发展了大批固定会员。

刘鑫说，在网站上，针对婚姻家庭、纠纷防范、择业跳槽等方面的咨询服务特别受欢迎，人们都希望通过虚拟的网络说出自己的隐私，请专家给予建议和指导。一位会员留言说："这种一对一的'网上私人顾问'真正做到了方便、快捷、保密、实用。"

社会学家认为"小私"现象与中国的社会发展密切相关。在物质文明不断发展的过程中，"重集体而轻个人""重共性而轻个性"的中国传统观念正受到挑战。从心理学上分析，"小私"实际上企图将自己从人群中划分出来，从而拥有自己独立的话语权。因此，这些看似物质化的需求，实际上是中国人精神需求的又一升级。

53. 文中53处应填写的词语是：

  A. 倾向   B. 喜欢   C. 羡慕   D. 青睐

54. 本文所谈的问题是一个：
    A. 隐私的问题　　　　　　　　　B. 资产阶级的问题
    C. 心理问题　　　　　　　　　　D. 社会的问题
55. 下列哪一些不是"网上私人顾问"的优点？
    A. 方便　　　　B. 保密　　　　C. 快捷　　　　D. 实惠
56. "小私"生活是一种：
    A. 个人需求　　　　　　　　　　B. 物质需求
    C. 精神需求　　　　　　　　　　D. 求新求异的心理需求

57—61
　　传说著名高僧一灯大师藏有一盏"人生之灯"，灯芯镶有一颗__57__500年之久的硕大夜明珠。此珠晶莹剔透，光彩照人。得此灯者，经珠光普照，便可超凡脱俗，超越自我，品性高洁，得世人尊重。有三个弟子跪拜求教怎样才能得此__58__珍宝。一灯大师听后哈哈大笑，他对三个弟子讲，世人无数，可分三品：时常损人利己者，心灵落满灰尘，眼中多有丑恶，此乃人中下品；偶有损人利己，心灵稍有微尘，恰似白璧微瑕，不掩其辉，此乃人中中品；终生不损人利己者，心如明镜，纯净洁白，为世人所敬，此乃人中上品。人心本是水晶之体，容不得半点尘埃，所谓"人生之灯"，就是一颗干净的心灵。人生天地间，要想活得堂堂正正，俯仰无愧，就要学会不断擦拭自己的心灵，为自己的心灵除尘。做人当自省，面对是非恩怨，当从检点自己开始。遭遇坎坷泥泞，切记不可损人利己。只要心中无愧，自可面对人世间的一切风雨；做人当自重，只要你不让心灵被灰尘所掩，让丑恶所擒，你就永远是你灵魂的主人，人生又岂能不讲品位！
　　人生中，你可以没有显赫的威名，可以没有万贯家资，可以不是伟人巨子，可以不是达官显贵，但是，只要你拥有一颗洁白无瑕的心灵，干干净净，你的灵魂就可以直面上天。

57. 文中57处应填写的词语是：
    A. 经历　　　　B. 经过　　　　C. 历时　　　　D. 起过
58. 文中58处应填写的词语是：
    A. 罕见　　　　B. 稀罕　　　　C. 稀世　　　　D. 稀有
59. "为世人所敬"一句中的"为"可替换成：
    A. 为了　　　　B. 成为　　　　C. 因为　　　　D. 被
60. "此乃人中下品"中的"乃"字，意思是：
    A. 是、就是　　B. 于是　　　　C. 才　　　　　D. 你、你的
61. 与"家徒四壁"一词意思相反的词语是：
    A. 白璧微瑕　　B. 堂堂正正　　C. 达官显贵　　D. 万贯家资

62—63
　　果蝇与人类在进化上关系较远，却保留了一些与人类相似的生物特性。

美国斯坦福大学研究人员新培育出一种"糖尿病果蝇",并希望能借助这些小"患者"更深入理解人类糖尿病的发病机理,进而寻找新的治疗途径。

目前,一些科学家正在研究利用于细胞移植的办法,来<u>63</u>无法分泌胰岛素的人体胰岛细胞,治疗I型糖尿病。"糖尿病果蝇"有可能为此提供一个有用的研究模型。

62. 意思与本文划线句子相符的一句话是：
   A. 果蝇与人类在进化上关系较近,因而保留了一些与人类相似的生物特征。
   B. 果蝇与人类在进化上关系较远,却保留了一些与人类相似的生物特征。
   C. 果蝇与人类在进化上关系较近,却没能保留一些与人相似的生物特征。
   D. 果蝇与人类在进化上关系较远,故没有研究价值

63. 文中63处应填写的词语是：
   A. 修理   B. 修改   C. 修复   D. 修养

64—66

本人于2003年8月下午在苏州路附近丢失一黑色公文包,包内装有李振勇身份证、车钥匙、信用卡及票据,如有拾到者请与苏州路上海大众申华公司刘芳联系,电话：8228230、13009671990、13009668466、3838740,本人将__70__感激,当面酬谢。

64. 这篇短文是：
   A. 广告   B. 寻人启事   C. 寻物启事   D. 感谢信

65. 下列哪一样东西文中未提到？
   A. 信用卡   B. 身份证   C. 票据   D. 车库钥匙

66. 文中70处应填写的词语是：
   A. 真正   B. 专门   C. 不胜   D. 好好

67—68

健康包括完好的心理状态,现代人要善于调节心理,心情不佳时,可通过变更不利环境、自我安慰、适度地__67__,以及多看好书、多交益友等提高人格品质,改善心理状况。有专家倡导,经常唱歌,有益健康。因为唱歌有益大脑的逻辑思维,且唱歌时声带、肺部、胸肌等能得到良好锻炼。

67. 文中67处应填写的词语是：
   A. 发泄   B. 宣泄   C. 泄气   D. 泄劲

68. 根据本文,心情不佳时,可通过下列哪种方式改变不利影响？
   A. 独自解决,不去跟任何人交流   B. 一醉方休
   C. 把身边能砸的东西砸掉   D. 多看好书

69—72

1932年春天,乌鲁木齐居民中传说欧亚航空公司的飞艇快来了。于是一传十,十传百,引起千万人的关注。因为全城的人谁也没见过飞艇是个啥样,所以大家的好奇心特别强烈。大约在5月的一天,人们从早晨就上到自己住的房顶等待看飞艇,一直到了中午时刻,果然从东南方向由远到近,天空中出现了形状似巨型橄榄的奇特飞行物,没有翅膀,还发出隆隆响声,从头顶飞过向西北方向飞去,速度缓慢,原来这就是大家盼望已久的飞艇。这件让边城群众大开眼界的事,竟成了当时人们交谈的热门话题。

据有关资料介绍,在飞行器家庭中,飞艇有别于飞机和直升飞机,被列为"轻于空气的飞行器",和气球同归一类。19世纪80年代后期,飞艇即开始进入实用阶段。到20世纪30年代,飞艇成了盛极一时的空中交通工具,然而自40年代开始,飞艇业日渐衰败,一度几乎销声匿迹。因为当时飞艇容易发生爆炸事故,加上大型飞机的出现和民航事业的发展,飞艇逐渐被飞机所代替。尽管如此,当年生活在边城的各族居民,能在祖祖辈辈没有见到飞机之前,有幸一睹飞艇在晴空翱翔的情景,也是一件值得回味的往事。

69. 飞艇成了人们的热门话题的原因不是下列哪一项?

A. 好奇心　　　　　　　　　　B. 飞行物奇特

C. 使群众大开眼界　　　　　　D. 人们都想去坐一坐飞艇

70. "形容隐藏起来或不公开出现"是下列哪一个词的含义?

A. 大开眼界　　B. 盛大一时　　C. 销声匿迹　　D. 日渐衰败

71. 根据本文,下列哪一句不正确?

A. 飞艇和飞机没什么区别　　　B. 飞艇和气球同归一类

C. 飞艇的形状似巨型橄榄　　　D. 飞艇没有翅膀

72. 下列哪项不是飞艇被飞机所代替的主要原因是?

A. 飞艇容易发生爆炸事故　　　B. 大型飞机出现

C. 民航事业的发展　　　　　　D. 速度减慢

73—75

近日,自治区人民医院开始启用三把"刀"疗法为肿瘤和癌症患者治疗。该医院是西北五省区首家引进三刀的医院。

这三把"刀"名为"中子刀"、"伽玛刀"、"诺力刀",是一种放射治疗法,其中含有放射生物学、物理学、计算机等多门学科。

中子刀

中子刀是一种融核物理、核医学、自动化控制、计算机软件等为一体的大型高科技放射治疗设备,能够最大程度地杀灭肿瘤组织而保护正常组织。

它适用于治疗人体腔道部位肿瘤和浅表性肿瘤,主要针对子宫体癌、子宫颈癌、子宫内癌、口腔癌、食道癌、直肠癌、黑色素癌、皮肤癌、乳腺癌等。

使用中子刀疗法，患者不需麻醉、不需动手术、没有创伤、没有任何不适感，可以完整地保留患者的各个功能器官。治疗结束后，患者可以自行回家。

诺力刀

诺力刀利用无创伤立体定位技术，可对体内的病变组织进行高精度聚焦式照射，使病变组织短期内发生放射性坏死。

诺力刀主治疾病为肿瘤和癌症，例如脑角质瘤、肿块移瘤、垂体瘤、脑膜瘤、听神经瘤、鼻咽癌、口咽癌、喉癌、肺癌、肝癌、肾癌、膀胱癌等。

伽玛刀

伽玛刀也是一种以治疗人体颅脑疾病为主的大型高科技立体定向放射外科治疗设备。使用伽玛刀疗法属于一次性治疗，它可以一次性大剂量照射病变组织使之坏死，病人治疗后便可重返工作。

颅内动静脉畸形、胚胎瘤、黑色素瘤及其他眼、耳、鼻等头部良恶性肿瘤、帕金森氏病、癫闲、原发性三叉神经痛等疾病在伽玛刀的治疗范围内。

目前，三刀的治疗技术是最先进的治疗肿瘤及癌症的技术。

73. 文中没谈及的是：
   A. 放射生物学　　　B. 物理学　　　　C. 药物学　　　　D. 计算机
74. 中子刀适用于以下病症：
   A. 肾癌　　　　　　　　　　　　　　B. 直肠癌
   C. 帕金森氏病　　　　　　　　　　　D. 原发性三叉神经痛
75. 属于一次性治疗的是：
   A. 诺力刀　　　　B. 中子刀　　　　C. 伽玛刀　　　　D. 三把"刀"

三、书面表达

(16题,40分钟)

第一部分

(15题,10分钟)

说明:76—85题,在每题的语句中有一划横线处,题后有ＡＢＣＤ四个答案,其中只有一个可以放入横线处使语句表达通顺。请找出来并在答卷字母上画一横道。

76. 用这种药_____会染上艾滋病,_____这种药是从一万名献血者提供的血液中提取出来的。
    A. 要想……就要……　　　　　　　　B. 不但……而且……
    C. 就因为……才……　　　　　　　　D. 之所以……是因为……

77. 至于这本书该怎么处理,张伟说,_____把东西放在家里,_____做点好事,以适当的价格拍卖出去。
    A. 既……又……　　　　　　　　　　B. 尽管……可是……
    C. 与其……不如……　　　　　　　　D. 无论……都……

78. 这本袖珍书中的文字十分清晰,_____。
    A. 为了不用放大镜来看　　　　　　　B. 甚至不用放大镜来看
    C. 既然不用放大镜来看　　　　　　　D. 以便不用放大镜来看

79. 从事发到现有没有人能提供有力的线索,_____。
    A. 尤其交警方面破案无从下手　　　　B. 以便交警方面破案无从下手
    C. 况且交警方面破案无从下手　　　　D. 以至于交警方面破案无从下手

80. 5月20日,_____,环卫工人金新凌晨5点就起床了。
    A. 像每一个20年来一样的清晨　　　　B. 像20年来的每一个清晨一样
    C. 每一个20年来像清晨的一样　　　　D. 清晨像每一个20年来的一样

81. 危险固然可怕,_____。
    A. 比危险更可怕的但麻痹大意人的是　B. 人的麻痹大意比危险但更可怕的是
    C. 但人的麻痹大意比危险更可怕的是　D. 但比危险更可怕的是人的麻痹大意

82. 世界上有些秘密本来就不该说穿,_____,那我就说吧!
    A. 要我说不过你既然　　　　　　　　B. 不过要我说你既然
    C. 不过你既然要我说　　　　　　　　D. 我说不过你既然要

83. 孩子懂事后,我常跟他们说:_____好好地念书,以后_____会有出路。
    A. 因为……所以……　　　　　　　　B. 虽然……但是……

C. 尽管……却……　　　　　　　　D. 只有……才……

84. ＿＿＿＿在制造业上卓有成效的国家，几乎＿＿＿＿是世界一流的国家
　　A. 就是……也……　　　　　　　B. 凡是……都……
　　C. 无论……都……　　　　　　　D. 除非……才……

85. 一个人＿＿＿＿，可就没命了。
　　A. 从20米高的楼顶摔到地上　　　B. 摔到地上从20米高的楼顶
　　C. 20米高的从楼顶摔到地上　　　D. 到地上摔从20米高的楼顶

说明：86－90题，在这一部分里，每题的语句中有ＡＢＣＤ四个划线的词语，去掉其中某一个词语会使句子变成病句。请找出这个不能删去的词语，然后在答卷的字母上画一横道。

86. 19岁开始，我在家乡的一所中学当代课老师，除了语文、数学之外，别的课我都教过。
　　　　　　　　　　　　　　A　　B　　　　　　　　　　　　　　　　　　　　　C　D

87. 我喜欢乘飞机，你却一定要坐火车，咱们只好各走各的了？
　　　　　　　A　　　B　　　　　　　　　　C　　　D

88. 我在城里工作后，父亲便再没有来过我这儿。
　　　A　　B　　　　　　C　　D

89. 一家人在田野里尽情地玩着，一直到天黑才回来。
　　　　　　　　　　　　　　A　B　　C　D

90. 你一直在瞒着我，但我什么都知道了。
　　　A　B　　　　　　　C　D

第二部分

（作文，30分钟）

作文要求：1. 写作前认真阅读作文前的提示，按提示要求在规定的时间内写完。
　　　　　2. 用简化汉字书写。每个空格写一个汉字，汉字书写要清楚工整；每个标点符号占一个空格，标点符号要正确。
　　　　　3. 作文中不得出现跟考生有关的校名、地名和真人姓名。

作文提示：

　　仔细阅读下面的漫画，自选角度，联系实际，按要求作文。

　　要求：1. 文体不限。2. 题目自拟。3. 字数在350字左右。

四、听力理解录音材料

(40题,约30分钟)

第一部分

说明:1—15题,在这部分试题中,都是两个人的简短对话,第三人根据对话提出一个问题,请你在四个书面答案中选出惟一恰当的答案。

1. 女:才几点,你就睡了?
   男:昨晚一夜没合眼,我的两个眼皮儿早就开始打架了。
   问:男的为什么这么早睡觉?

2. 女:你难道不相信我吗?
   男:凭什么相信你?
   问:男的相信女的吗?

3. 女:买衣服时,你杀价一定要狠,否则就会吃大亏的。
   男:这方面还是你们女人有经验。
   问:女人在哪方面有经验?

4. 女:需要拍片子吗?
   男:不需要了,没伤着骨头,只是蹭破了点儿皮,我给你开点药膏回去擦擦就好了。
   问:男的是什么身份?

5. 女:你不是答应了吗?现在怎么又变卦了呢?
   男:现在情况发生了变化。
   问:男的答应过女的吗?

6. 女:这是"金利来"品牌,原价一百八,现价五十元。
   男:可现在大热天的没法打呀?
   问:"金利来"有可能是什么商品的牌子?

7. 男:当着老爷子的面儿,我怎么好意思那样说呢?
   女:这有什么不好说的?
   问:男的是什么意思?

8. 女:请尝尝我们新疆的哈密瓜。
   男:唉呀,真是名不虚传啊!
   问:新疆的哈密瓜怎么样?

9. 女：班车七点就走了，你怎么才来呀？
   男：有个急诊病人需要处理一下，所以晚了半个钟头。
   问：现在几点？

10. 男：你能扮演好这个角色吗？
    女：我试试看。
    问：女的是什么意思？

11. 女：李奎，我们老同学都说好了，"五·一"大假去云南旅游，到时候你也得去。
    男：这里就我一个，哪能说走就走？
    问：男的是什么意思？

12. 男：你看，我这手表怎么样？480元一块。
    女：你肯定挨了榔头了。
    问：女的是什么意思？

13. 男：你家老王的身体真好。
    女：他主要靠锻炼，每天跑10公里，刮风下雨，雷打不动。
    问：下面哪一句最能体现老王锻炼身体的毅力？

14. 女：咱们下班后去找李明，太不够朋友了，中了大奖吭都不吭一声。
    男：对，咱们得让他放放血。
    问：男的是什么意思？

15. 女：孙强，你骑车来接我吧？
    男：我正忙呢，你搭个车自己回来得了。
    问：根据对话，女的可能怎么回来？

第二部分

说明：16—40题，在这部分试题中，你将听到几段简要的对话或讲话。每段话之后，你将听到几个问题，请你在四个书面答案中选出惟一恰当的答案。

16到18题是根据下面一段对话：

女：张医生，大伙都在划船呢，你看他们玩儿得多开心，你怎么不去？
男：我走了小雅怎么办？
女：要不这样吧，你跟他们去划船，我来照顾梅老师，别人不会把你的新娘抢走的。
男：那好，小南，一切都交给你了。

16. 问：他们在干什么？
17. 问：男的为什么一开始没去划船？
18. 问：谁是男的的新娘？

19到22题是根据下面一段对话：

男：你这学上得也太随便了,整天抱着个小说不放,考试你能过关吗？
女：没问题,教的那点东西我早会了,保证考好就是了。
男：你别太骄傲了？
女：我没骄傲呀。
男：我提醒你,在大学里不光要学知识,更重要的是要学会怎么做人,和同学的关系、老师的关系要处理好。
女：我知道了,爸,本小姐一定遵命。

19. 问：男的认为女的整天都在干什么？
20. 问：女的是什么身份？
21. 问：女的是男的的什么人？
22. 问：男的认为在大学里什么最重要？

23到25题是根据下面一段对话：

男：常小敏,我们向你调查一些情况。
女：没问题,只要是我知道的。
男：你和庞小龙是怎么认识的？
女：我和庞小龙是中学同学,中学毕业后就再没跟他联系了,因为我父母调到了上海,我也就跟着离开了常州。请问他怎么了？
男：据我们掌握的资料看,他很可能与一起抢劫案有关。

23. 问：男的在干什么？
24. 问：女的老家在什么地方？
25. 问：庞小龙犯的是什么罪？

26到29题是根据下面一段话：

湖北省枣阳市兴隆镇这些年可真发了。春节前夕,驾车回家过年的农民喜气洋洋地对记者说：托国家大发展的福,2002年全镇运输业实现产值2亿元,创利税6000多万元。

施朝江是兴隆镇里的运输大户,10年前从一台拖拉机跑运输起家,现在全家光东风卡车就有7辆。2001年全家营运收入达350万元。老施说,跑运输是个辛苦活,并不是车轮一转就赚钱,赚钱的诀窍在于市场信息灵,为把握信息,71岁的老施还学电脑,亲自到镇政府建立的全国信息网上找信息。

26. 问：2002年全镇运输业创利税多少元？
27. 问：10年前施朝江家是靠什么跑运输的？
28. 问：现在兴隆镇的运输业产值是多少？
29. 问：老施认为,跑运输的诀窍在哪里？

30 到 33 题是根据下面一段话：

最近，在山东省济南中心医院，来了批男护士。这些来自济南卫生学校99级护理专业的学生，是省城综合性医院里的第一批男护士。

男护士蔡可杰说：刚来时，病人不习惯，看到我们与女护士没多少区别时，才愿意让我们服务。记者看到打针、换药、抽血，男护士做起来样样不逊色。尤其是在护理重病号，在急诊、手术室和护理泌尿科男病人时都非常需要男护士。一位在骨外科病房刚做完手术的男病号需要翻身，男护士刘伟亭一人就帮着病人翻了身。在旁的女护士说，以往我们几个女护士一起动手都很费劲。

一名护士长说："这些男护士动手能力强，干活勤快，胆大泼辣也不乏细心。"他们得到了医护人员和病人的认可。

一位研究护理工作的人士说，尽管医院非常需要男护士，不少学生也选择了这个专业，但由于人们的传统观念和习惯，小伙子做护理工作，还是不被一些人理解。马上就要走向社会的男护士还要经受考验。

30. 问：以前省城综合性医院里有男护士吗？
31. 问：下面哪一项不是护士的工作？
32. 问：男护士在哪方面比女护士有优势？
33. 问：关于男护士下面哪种评价不对？

34 到 36 题是根据下面一段话：

如今，农民进城打工已经十分普遍。笔者注意到，这些进城打工的农民，大多将未成年子女丢在乡下的家中，有条件的拜托亲友代为看护；无条件的，则一走了之。这些农民认为，自己外出打工挣了钱，就可以供子女上学，成名成材，因此在金钱上尽量满足"留守子女"的需求。但孩子的成长，仅仅靠金钱是不够的，缺少了父母的呵护教育，年幼的孩子很容易染上不良行为，甚至走向违法犯罪。

34. 问：如今，进城打工的都是什么人？
35. 问：对于进城打工的农民孩子的生活安排，下面哪种情况短文中没有提到？
36. 问：年幼的孩子为什么容易染上不良行为，甚至走上违法犯罪的道路？

37 到 40 题是根据下面一段话：

15岁的初二学生小耿，父母常年在外打工。因长期脱离父母的管束，小耿养成了贪吃贪玩的习惯，经常出入网吧、录像厅，迟到旷课是常事，学习一塌糊涂。更糟的是，由于受地摊色情读物的毒害，小耿竟铤而走险，深夜潜入学校女宿舍，触犯刑律。

类似的教训非常多。笔者最近对本地一所初级中学402名学生进行抽样调查，结果发现，父母外出打工的有81人，占被调查学生总数的20％，这81名学生中，有26人整个失去了父母的监护,有55人成了人为的单亲家庭子女。如此现状,孩子的健康成长问题能不让人担忧?

37. 问:小耿养成了什么样的坏习惯?
38. 问:15岁的小耿由谁看护?
39. 问:下面哪一项不是小耿所为?
40. 问:为什么其中的55人成了人为的单亲家庭子女?

附： 试 题 答 案

第一套题答案

（一）

1. C 2. B 3. D 4. C 5. A 6. C 7. B 8. A 9. B 10. C 11. B 12. D 13. C 14. A
15. B 16. B 17. C 18. B 19. D 20. C 21. A 22. D 23. B 24. C 25. D 26. C
27. D 28. A 29. C 30. B 31. C 32. A 33. D 34. A 35. C 36. D 37. A 38. B
39. D 40. B

（二）

41. C 42. D 43. A 44. D 45. C 46. B 47. B 48. B 49. C 50. C 51. B 52. D
53. D 54. B 55. D 56. B 57. C 58. B 59. C 60. C 61. D 62. B 63. C 64. D
65. D 66. B 67. D 68. B 69. D 70. C 71. B 72. D 73. A 74. B 75. C

（三）

76. B 77. C 78. C 79. A 80. C 81. A 82. C 83. B 84. D 85. B 86. D 87. B
88. A 89. A 90. C

第二套题答案

（一）

1. D 2. D 3. B 4. D 5. C 6. A 7. C 8. D 9. C 10. B 11. B 12. A 13. B 14. B
15. C 16. C 17. B 18. C 19. A 20. D 21. C 22. D 23. B 24. C 25. A 26. D
27. D 28. D 29. B 30. B 31. D 32. C 33. B 34. D 35. A 36. C 37. D 38. D
39. B 40. C

（二）

41. C 42. A 43. C 44. D 45. B 46. B 47. B 48. D 49. C 50. D 51. B 52. D
53. C 54. C 55. C 56. B 57. D 58. A 59. B 60. D 61. C 62. B 63. D 64. C
65. B 66. C 67. A 68. C 69. D 70. B 71. D 72. B 73. A 74. C 75. D

（三）

76. A 77. B 78. B 79. D 80. A 81. C 82. D 83. A 84. A 85. C 86. C 87. C
88. B 89. B 90. D

第三套题答案

（一）

1. C 2. C 3. D 4. B 5. B 6. A 7. B 8. C 9. D 10. A 11. D 12. A 13. A 14. C
15. D 16. B 17. C 18. D 19. A 20. B 21. B 22. D 23. B 24. B 25. D 26. C

27. A 28. A 29. D 30. B 31. C 32. C 33. C 34. A 35. D 36. B 37. C 38. B
39. A 40. A

(二)

41. B 42. D 43. D 44. C 45. C 46. D 47. B 48. C 49. D 50. A 51. B 52. C
53. D 54. C 55. D 56. A 57. A 58. D 59. A 60. B 61. D 62. D 63. D 64. C
65. A 66. B 67. C 68. C 69. D 70. B 71. C 72. D 73. B 74. D 75. C

(三)

76. D 77. A 78. B 79. A 80. C 81. B 82. D 83. B 84. D 85. A 86. A 87. A
88. A 89. C 90. B

第四套题答案

(一)

1. D 2. A 3. C 4. D 5. A 6. D 7. B 8. D 9. A 10. D 11. C 12. D 13. A 14. B
15. C 16. D 17. C 18. D 19. C 20. C 21. A 22. B 23. C 24. C 25. A 26. A
27. A 28. B 29. A 30. D 31. D 32. C 33. A 34. C 35. D 36. A 37. C 38. A
39. D 40. C

(二)

41. D 42. A 43. D 44. D 45. B 46. C 47. D 48. B 49. B 50. A 51. D 52. C
53. D 54. D 55. A 56. B 57. A 58. C 59. C 60. B 61. D 62. A 63. B 64. C
65. C 66. D 67. C 68. B 69. C 70. D 71. A 72. D 73. B 74. D 75. B

(三)

76. A 77. B 78. C 79. B 80. C 81. A 82. B 83. A 84. B 85. A 86. C 87. C
88. C 89. C 90. D

第五套题答案

(一)

1. C 2. D 3. B 4. A 5. B 6. B 7. B 8. D 9. B 10. A 11. D 12. A 13. C 14. D
15. A 16. D 17. C 18. A 19. B 20. B 21. A 22. C 23. C 24. B 25. D 26. B
27. B 28. A 29. D 30. A 31. C 32. D 33. C 34. B 35. A 36. C 37. B 38. D
39. B 40. C

(二)

41. D 42. D 43. C 44. D 45. B 46. B 47. C 48. D 49. C 50. A 51. C 52. A
53. A 54. B 55. B 56. C 57. A 58. B 59. C 60. C 61. C 62. C 63. C 64. C
65. D 66. C 67. A 68. C 69. A 70. A 71. D 72. C 73. A 74. B 75. B

(三)

76. D 77. B 78. B 79. A 80. D 81. C 82. A 83. B 84. A 85. B 86. C 87. C
88. D 89. C 90. A

第六套题答案

(一)

1. B 2. D 3. A 4. C 5. C 6. C 7. D 8. B 9. D 10. C 11. A 12. D 13. B 14. C
15. B 16. C 17. B 18. B 19. B 20. B 21. C 22. C 23. B 24. A 25. D 26. D
27. C 28. A 29. B 30. C 31. D 32. B 33. B 34. C 35. A 36. B 37. C 38. C
39. A 40. D

(二)

41. D 42. A 43. D 44. C 45. D 46. A 47. D 48. B 49. C 50. D 51. B 52. A
53. C 54. C 55. D 56. B 57. D 58. C 59. D 60. B 61. C 62. D 63. B 64. C
65. A 66. D 67. C 68. D 69. C 70. C 71. D 72. C 73. A 74. D 75. C

(三)

76. C 77. B 78. C 79. C 80. B 81. D 82. A 83. C 84. B 85. C 86. C 87. C
88. D 89. B 90. D

第七套题答案

(一)

1. C 2. B 3. C 4. B 5. B 6. C 7. B 8. C 9. A 10. C 11. B 12. B 13. C 14. B
15. B 16. A 17. C 18. D 19. B 20. B 21. A 22. A 23. A 24. B 25. D 26. B
27. D 28. B 29. B 30. B 31. C 32. C 33. B 34. D 35. B 36. C 37. B 38. B
39. C 40. C

(二)

41. D 42. B 43. B 44. D 45. D 46. A 47. C 48. A 49. B 50. B 51. A 52. C
53. D 54. B 55. D 56. D 57. D 58. C 59. B 60. A 61. D 62. D 63. B 64. B
65. D 66. B 67. A 68. D 69. B 70. B 71. C 72. D 73. B 74. C 75. D

(三)

76. C 77. D 78. A 79. D 80. A 81. B 82. D 83. D 84. C 85. B 86. A 87. C
88. D 89. C 90. C

第八套题答案

(一)

1. A 2. C 3. A 4. B 5. B 6. C 7. A 8. B 9. B 10. D 11. B 12. C 13. C 14. D
15. B 16. B 17. A 18. A 19. C 20. D 21. B 22. B 23. C 24. B 25. B 26. C
27. D 28. D 29. C 30. C 31. B 32. C 33. B 34. C 35. D 36. C 37. A 38. D
39. B 40. B

(二)

41. B 42. C 43. D 44. A 45. C 46. B 47. C 48. D 49. D 50. D 51. C 52. B
53. C 54. B 55. D 56. D 57. A 58. C 59. A 60. C 61. B 62. D 63. B 64. D

65. D 66. C 67. C 68. A 69. D 70. C 71. C 72. A 73. B 74. D 75. D

(三)

76. C 77. B 78. A 79. D 80. C 81. A 82. D 83. D 84. D 85. A 86. A 87. A
88. A 89. C 90. D

第九套题答案

(一)

1. B 2. C 3. C 4. A 5. C 6. B 7. A 8. B 9. B 10. A 11. C 12. B 13. C 14. D
15. C 16. A 17. B 18. B 19. C 20. A 21. D 22. A 23. B 24. A 25. D 26. C
27. B 28. B 29. D 30. B 31. B 32. A 33. D 34. A 35. C 36. B 37. A 38. C
39. C 40. D

(二)

41. D 42. B 43. C 44. C 45. D 46. A 47. C 48. A 49. B 50. D 51. D 52. B
53. C 54. B 55. C 56. C 57. B 58. A 59. A 60. A 61. A 62. C 63. D 64. C
65. B 66. C 67. B 68. C 69. C 70. B 71. C 72. B 73. C 74. A 75. B

(三)

76. C 77. A 78. D 79. B 80. A 81. B 82. B 83. D 84. B 85. B 86. A 87. B
88. A 89. B 90. B

第十套题答案

(一)

1. B 2. C 3. A 4. C 5. B 6. B 7. C 8. A 9. B 10. B 11. B 12. B 13. D 14. C
15. D 16. C 17. B 18. D 19. C 20. D 21. D 22. A 23. B 24. A 25. C 26. B
27. C 28. B 29. A 30. D 31. B 32. A 33. D 34. B 35. B 36. C 37. C 38. D
39. D 40. B

(二)

41. C 42. B 43. A 44. A 45. D 46. C 47. C 48. C 49. C 50. D 51. A 52. D
53. D 54. A 55. C 56. A 57. C 58. C 59. A 60. B 61. B 62. C 63. B 64. C
65. C 66. C 67. A 68. B 69. D 70. B 71. C 72. B 73. B 74. B 75. B

(三)

76. D 77. B 78. C 79. D 80. D 81. B 82. A 83. A 84. B 85. D 86. A 87. C
88. C 89. D 90. B

第十一套题答案

(一)

1. A 2. B 3. B 4. B 5. D 6. B 7. D 8. A 9. A 10. C 11. A 12. C 13. B 14. C
15. B 16. B 17. B 18. C 19. D 20. B 21. C 22. B 23. D 24. C 25. A 26. C
27. B 28. B 29. A 30. C 31. D 32. C 33. A 34. A 35. C 36. A 37. C 38. B

39. B 40. C

(二)

41. C 42. D 43. D 44. A 45. B 46. B 47. C 48. C 49. B 50. D 51. A 52. C
53. D 54. B 55. D 56. D 57. C 58. B 59. C 60. B 61. C 62. D 63. B 64. B
65. C 66. D 67. A 68. B 69. B 70. B 71. C 72. B 73. D 74. B 75. C

(三)

76. C 77. A 78. D 79. A 80. B 81. B 82. C 83. D 84. A 85. B 86. C 87. C
88. B 89. D 90. A

第十二套题答案

(一)

1. D 2. C 3. C 4. D 5. C 6. D 7. B 8. A 9. B 10. C 11. D 12. C 13. A 14. A
15. D 16. A 17. C 18. D 19. A 20. C 21. C 22. A 23. C 24. A 25. C 26. D
27. A 28. B 29. A 30. C 31. C 32. A 33. C 34. D 35. B 36. C 37. D 38. B
39. C 40. C

(二)

41. B 42. D 43. B 44. B 45. B 46. C 47. D 48. C 49. B 50. B 51. D 52. D
53. D 54. B 55. D 56. D 57. B 58. C 59. D 60. D 61. C 62. A 63. C 64. A
65. D 66. D 67. D 68. C 69. D 70. C 71. B 72. C 73. C 74. D 75. B

(三)

76. C 77. B 78. D 79. A 80. B 81. B 82. C 83. A 84. D 85. D 86. A 87. B
88. C 89. B 90. C

第十三套题答案

(一)

1. B 2. D 3. B 4. A 5. C 6. B 7. D 8. A 9. C 10. C 11. C 12. A 13. D 14. C
15. A 16. B 17. C 18. C 19. A 20. C 21. B 22. C 23. D 24. A 25. C 26. B
27. A 28. B 29. B 30. A 31. D 32. B 33. A 34. A 35. B 36. C 37. D 38. B
39. B 40. A

(二)

41. C 42. C 43. C 44. D 45. A 46. D 47. C 48. A 49. B 50. D 51. C 52. B
53. D 54. C 55. B 56. D 57. B 58. B 59. D 60. B 61. A 62. D 63. B 64. D
65. B 66. C 67. C 68. B 69. D 70. D 71. A 72. C 73. B 74. D 75. D

(三)

76. B 77. D 78. A 79. B 80. B 81. B 82. C 83. D 84. B 85. B 86. C 87. C
88. C 89. D 90. D

第十四套题答案

(一)

1. C 2. A 3. B 4. C 5. B 6. C 7. B 8. A 9. C 10. D 11. B 12. B 13. C 14. C
15. B 16. C 17. A 18. C 19. B 20. D 21. A 22. D 23. B 24. C 25. C 26. A
27. A 28. C 29. C 30. D 31. A 32. B 33. A 34. B 35. B 36. D 37. A 38. D
39. B 40. C

(二)

41. D 42. D 43. C 44. D 45. C 46. C 47. B 48. B 49. A 50. C 51. C 52. B
53. B 54. C 55. C 56. D 57. D 58. B 59. D 60. B 61. B 62. B 63. D 64. D
65. D 66. D 67. C 68. C 69. B 70. B 71. D 72. C 73. D 74. D 75. B

(三)

76. D 77. A 78. B 79. D 80. B 81. C 82. B 83. A 84. D 85. B 86. B 87. C
88. D 89. C 90. D

第十五套题答案

(一)

1. B 2. B 3. A 4. A 5. C 6. C 7. D 8. B 9. B 10. D 11. D 12. A 13. D 14. C
15. A 16. C 17. B 18. A 19. C 20. B 21. D 22. B 23. B 24. A 25. B 26. D
27. A 28. D 29. C 30. B 31. C 32. D 33. B 34. B 35. D 36. D 37. C 38. D
39. A 40. D

(二)

41. D 42. C 43. A 44. B 45. D 46. D 47. B 48. B 49. C 50. A 51. B 52. A
53. D 54. D 55. D 56. C 57. C 58. C 59. D 60. A 61. D 62. B 63. C 64. C
65. D 66. C 67. B 68. D 69. D 70. C 71. A 72. D 73. C 74. B 75. C

(三)

76. D 77. C 78. B 79. D 80. B 81. D 82. C 83. D 84. B 85. A 86. C 87. C
88. D 89. D 90. D

北京大学出版社最新图书推荐（阴影为近年新书）

名称	书号	定价
汉语教材		
新概念汉语（初级本Ⅰ）（英文注释本）	06449-7	37.00
新概念汉语（初级本Ⅱ）（英文注释本）	06532-9	35.00
新概念汉语复练课本（初级本Ⅰ）（英文注释本）（内附2CD）	07539-1	40.00
新概念汉语（初级本Ⅰ）（日韩文注释本）	07533-2	37.00
新概念汉语（初级本Ⅱ）（日韩文注释本）	06534-0	35.00
新概念汉语（初级本Ⅰ）（德文注释本）	07535-9	37.00
新概念汉语（初级本Ⅱ）（德文注释本）	06536-7	35.00
汉语易读（1）（附练习手册）（日文注释本）	07412-3	45.00
汉语易读（1）教师手册	07413-1	12.00
说字解词（初级汉语教材）	05637-0	70.00
中级汉语精读教程（1）	04297-3	38.00
中级汉语精读教程（2）	04298-1	40.00
初级汉语阅读教程（1）	06531-0	35.00
初级汉语阅读教程（2）	05692-3	36.00
中级汉语阅读教程（1）	04013-X	40.00
中级汉语阅读教程（2）	04014-8	40.00
汉语新视野-标语标牌阅读	07566-9	36.00
基础实用商务汉语（修订版）	04678-2	45.00
公司汉语	05734-2	35.00
国际商务汉语教程	04661-8	33.00
短期汉语教材		
速成汉语（1）（2）（3）（修订版）	06890-5/06891-3/06892-1	14.00/16.00/17.00
魔力汉语（上）（下）（英日韩文注释本）	05993-0/05994-9	33.00/33.00
汉语快易通-初级口语听力（英日韩文注释本）	05691-5	36.00
汉语快易通-中级口语听力（英日韩文注释本）	06001-7	36.00
快乐学汉语（韩文注释本）	05104-2	22.00
快乐学汉语（英日文注释本）	05400-9	23.00
口语听力教材		
汉语发音与纠音	01260-8	10.00
初级汉语口语（1）（2）（提高篇）	06628-7/06629-5/06630-9	60.00/60.00/60.00

中级汉语口语（1）（2）（提高篇）	06631-7/06632-5/06633-3	42.00/39.00/36.00
高级汉语口语（1）（2）（提高篇）	06634-1/06635-X/06646-5	32.00/32.00/32.00
汉语初级听力教程（上）（下）	04253-1/04664-2	32.00/45.00
汉语中级听力教程（上）（下）	02128-3/02287-5	28.00/38.00
汉语高级听力教程	04092-x	30.00
新汉语中级听力（上册）	06527-2	54.00
外国人实用生活汉语（上）（下）	05995-7/05996-5	43.00/45.00
实用汉语系列		
易捷汉语—实用会话（配4VCD）（英文注释本）	06636-8	书28.00/书+4VCD120.00
文化教材及读物		
中国概况（修订版）	02479-7	30.00
中国传统文化与现代生活-留学生中级文化读本（I）	06002-5	38.00
中国传统文化与现代生活-留学生高级文化读本	04450-X	34.00
文化中国-中国文化阅读教程1	05810-1	38.00
解读中国-中国文化阅读教程2	05811-X	42.00
报刊教材		
报纸上的中国—中文报刊阅读教程（上）	06893-X	50.00
报纸上的天下—中文报刊阅读教程（下）	06894-8	50.00
写作、语法教材		
应用汉语读写教程	05562-5	25.00
留学生汉语写作进阶	06447-0	31.00
实用汉语语法（修订本）附习题解答	05096-8	75.00
简明汉语语法学习手册	05749-0	22.00
预科汉语教材		
预科专业汉语教程（综合简本）	07586-3	56.00
HSK应试辅导书教材及习题		
HSK汉语水平考试模拟习题集（初、中等）	04518-2	40.00
HSK汉语水平考试模拟习题集（高等）	04666-9	50.00
HSK汉语水平考试词汇自测手册	05072-0	45.00
HSK汉语水平考试（初、中等）全真模拟活页题集（模拟完整题）	05080-1	37.00
HSK汉语水平考试（初、中等）全真模拟活页题集（听力理解）	05310-X	34.00
HSK汉语水平考试（初、中等）全真模拟活页题集（语法 综合填空 阅读理解）	05311-8	50.00